庐山西海

LU SHAN XI HAI

风景名胜区志

FENG JING
MING SHENG QU ZHI

庐山西海风景名胜区志编纂委员会　编

方志出版社
Publishing House of Local Records

图书在版编目（CIP）数据

庐山西海风景名胜区志 /《庐山西海风景名胜区志》编纂委员会编. — 北京：方志出版社，2017.9
ISBN 978-7-5144-2564-2

Ⅰ. ①庐… Ⅱ. ①庐… Ⅲ. ①风景名胜区-介绍-九江 Ⅳ. ①K928.705.63

中国版本图书馆CIP数据核字(2017)第244898号

庐山西海风景名胜区志

编　　者：庐山西海名胜风景区志编纂委员
责任编辑：李志瑜
出 版 人：翼祥德
出 版 者：方志出版社
地址　北京市朝阳区潘家园东里 9 号（国家方志馆 4 层）
邮编　100021
网址　http://www.fzph.org
发　　行：方志出版社图书经销中心
电话（010）67110600
经　　销：各地新华书店
印　　刷：南昌三联印务有限公司
开　　本：889×1194　1/16
印　　张：27
字　　数：358 千字
版　　次：2017 年 9 月第 1 版　2017 年 9 月第 1 次印刷
印　　数：0001~1200 册
ISBN　978-7-5144-2564-2　　定价：268.00 元

规 划 图

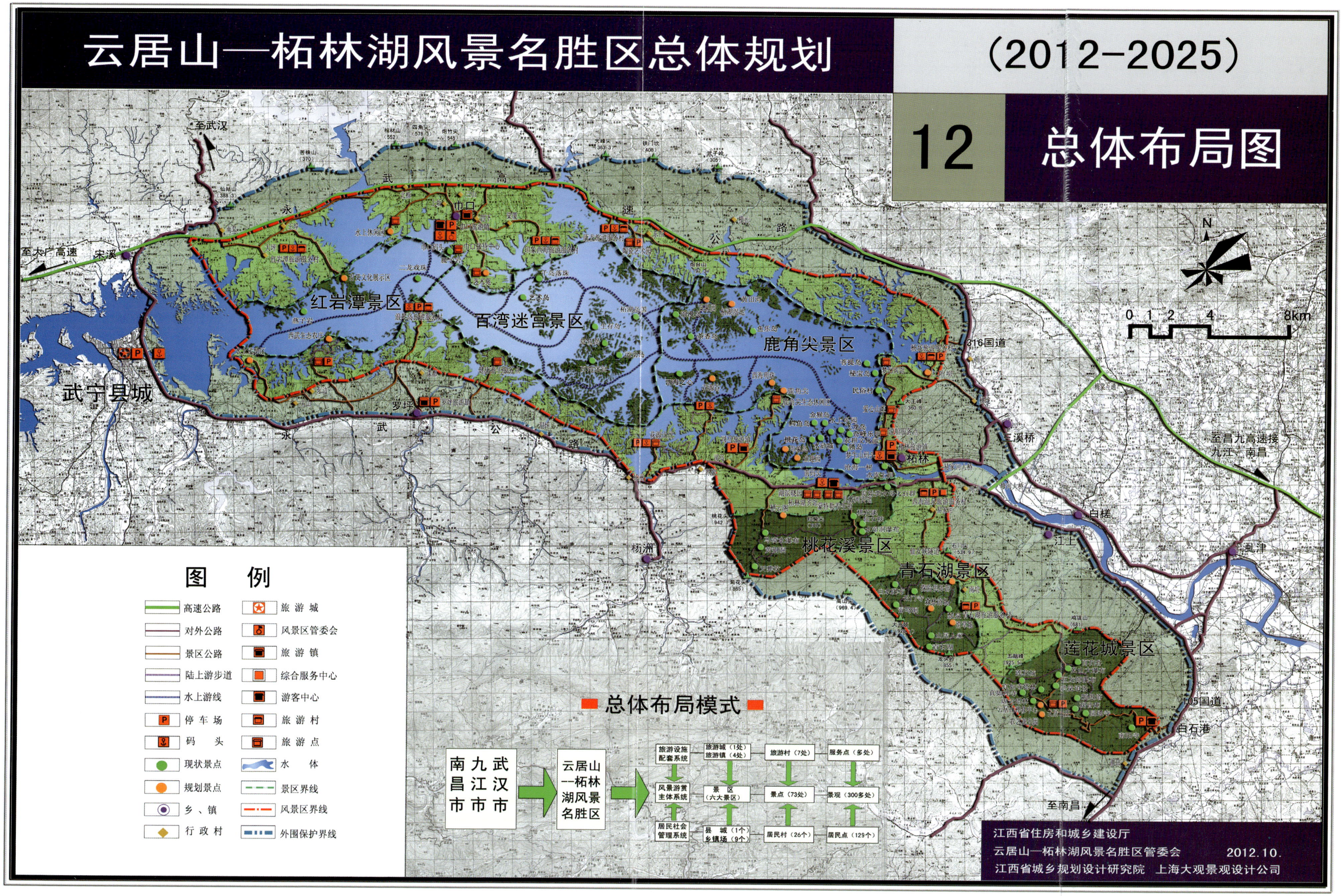

云居山—柘林湖风景名胜区总体规划
（2012–2025）
12
总体布局图
至武汉
至大广高速
宋溪
武宁县城
红岩潭景区
百湾迷宫景区
鹿角尖景区
桃花溪景区
青石湖景区
莲花城景区
巾口
罗坪
柘林
杨洲
三溪桥
白槎
江上
虬津
白石港
316国道
105国道
至昌九高速接九江、南昌
至南昌
永 武 高 速 公 路
永 武 公 路
N
0 1 2 4 8km
图 例
高速公路
对外公路
景区公路
陆上游步道
水上游线
停车场
码 头
现状景点
规划景点
乡、镇
行政村
旅游城
风景区管委会
旅游镇
综合服务中心
游客中心
旅游村
旅游点
水 体
景区界线
风景区界线
外围保护界线
总体布局模式
南昌市
九江市
武汉市
云居山—柘林湖风景名胜区
旅游设施配套系统
旅游城（1处）旅游镇（4处）
旅游村（7处）
服务点（多处）
风景游赏主体系统
景 区（六大景区）
景点（73处）
景观（300多处）
居民社会管理系统
县 城（1个）乡镇场（9个）
居民村（26个）
居民点（129个）
江西省住房和城乡建设厅
云居山—柘林湖风景名胜区管委会
2012.10.
江西省城乡规划设计研究院 上海大观景观设计公司

调整后土地利用规划图

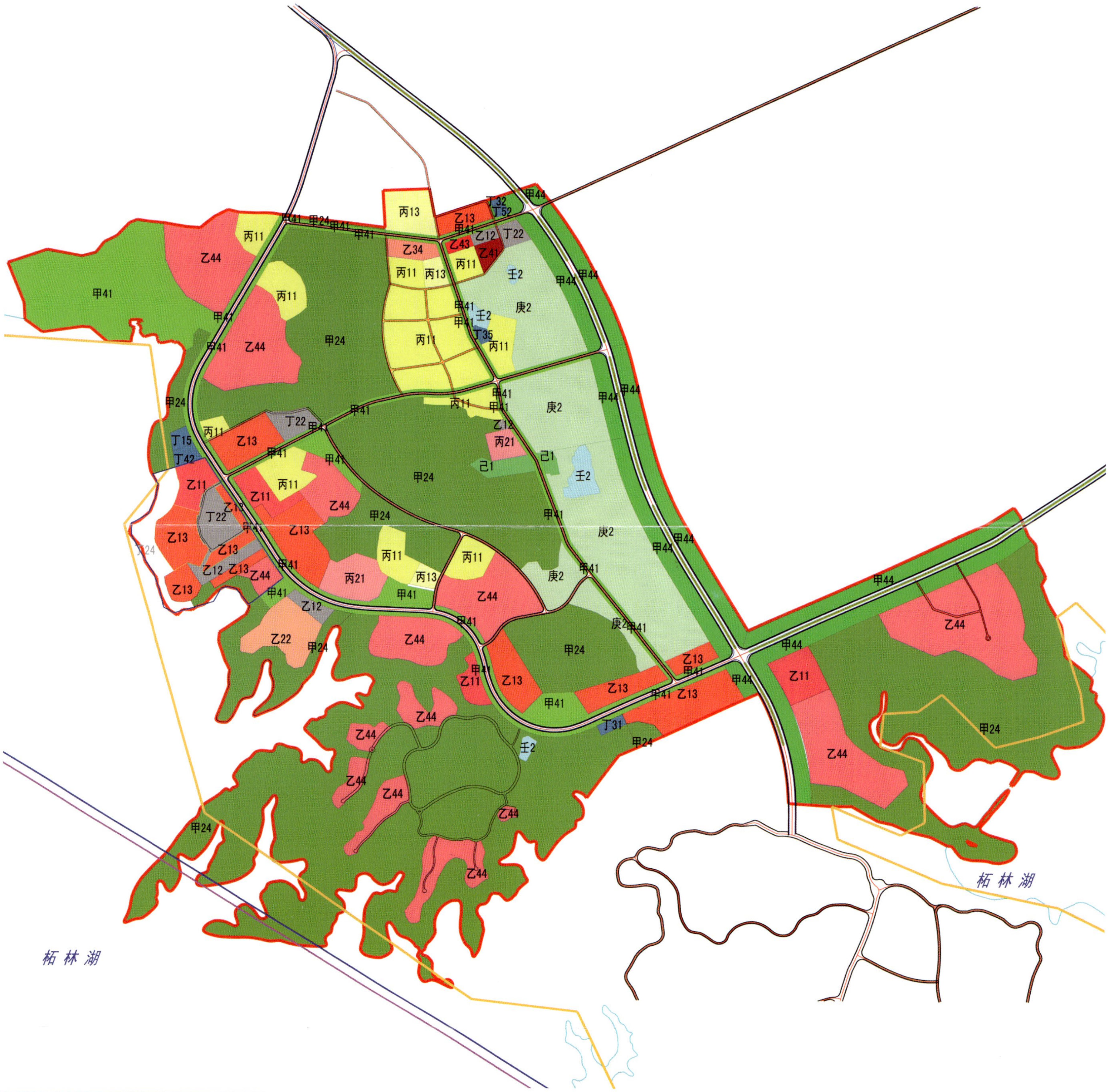

图例

甲24 风景林地	乙22 艺术表演用地	丙13 公共设施用地	丁32 供电用地	庚2 旱地
甲41 游憩场所用地	乙34 医疗用地	丙21 行政办公用地	丁35 通信用地	常水位线
甲44 游憩绿地	乙41 商贸服务用地	丁15 其他交通用地	丁42 雨水污水处理用地	核心景区线
乙11 餐饮服务用地	乙43 集贸市场用地	丁22 公共停车场用地	丁52 消防抗灾工程用地	一级保护区界线
乙12 旅游交通用地	乙44 旅馆用地	丁24 水运交通用地	壬2 湖泊、水库	二级保护区界线
乙13 游购娱健用地	丙11 住宅用地	丁31 供水用地	己1 果园	规划范围

巾口旅游镇中部组团地块调整后土地利用规划图 14

云居山—柘林湖风景名胜区
巾口西部启动区控制性详细规划

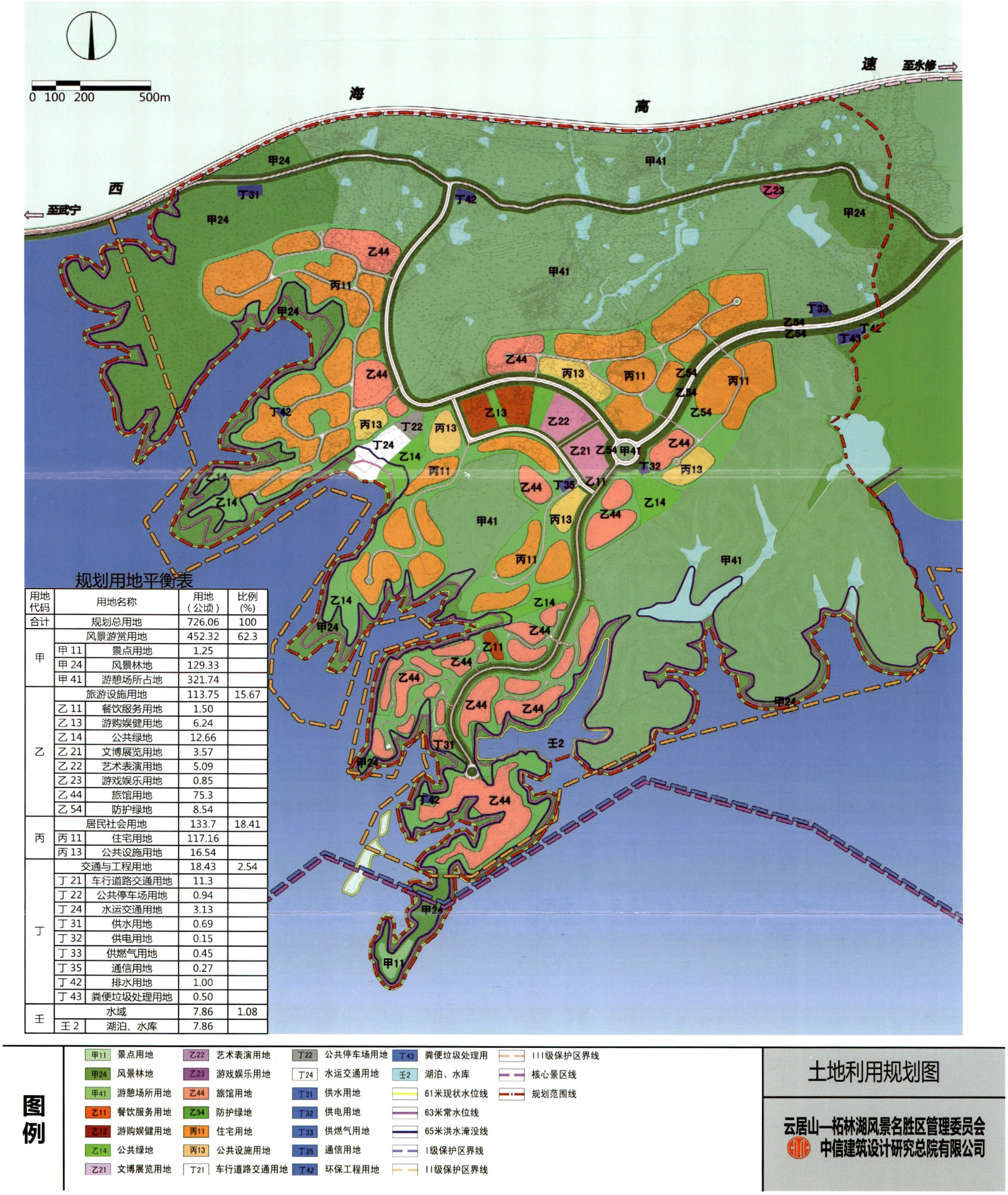

规划用地平衡表

用地代码		用地名称	用地（公顷）	比例(%)
合计		规划总用地	726.06	100
甲		风景游赏用地	452.32	62.3
	甲 11	景点用地	1.25	
	甲 24	风景林地	129.33	
	甲 41	游憩场所占地	321.74	
乙		旅游设施用地	113.75	15.67
	乙 11	餐饮服务用地	1.50	
	乙 13	游购娱健用地	6.24	
	乙 14	公共绿地	12.66	
	乙 21	文博展览用地	3.57	
	乙 22	艺术表演用地	5.09	
	乙 23	游戏娱乐用地	0.85	
	乙 44	旅馆用地	75.3	
	乙 54	防护绿地	8.54	
丙		居民社会用地	133.7	18.41
	丙 11	住宅用地	117.16	
	丙 13	公共设施用地	16.54	
丁		交通与工程用地	18.43	2.54
	丁 21	车行道路交通用地	11.3	
	丁 22	公共停车场用地	0.94	
	丁 24	水运交通用地	3.13	
	丁 31	供水用地	0.69	
	丁 32	供电用地	0.15	
	丁 33	供燃气用地	0.45	
	丁 35	通信用地	0.27	
	丁 42	排水用地	1.00	
	丁 43	粪便垃圾处理用地	0.50	
壬		水域	7.86	1.08
	壬 2	湖泊、水库	7.86	

云居山—柘林湖风景名胜区国际艺术园

控制性详细规划

图例

甲24	风景林地	乙43	集贸市场用地	丁24	水运交通用地	壬2	湖泊、水库	规划研究范围
甲44	野外游憩绿地	乙44	独立宿食用地	丁31	供水用地		II级与III级保护区界线	
乙14	公园绿地	丙11	住宅用地	丁32	供电用地		核心景区界线	
乙21	文博展览用地	丙13	公共设施用地	丁42	雨水污水处理用地		61M现状水位线	
乙23	游戏娱乐用地	丁21	车行道路交通用地	丁43	粪便垃圾处理用地		63M常水位线	
乙41	商贸服务用地	丁22	公共站场车库用地		地下污水处理站		65M洪水淹没线	

15

2013.11

九江市云居山——柘林湖风景名胜区管理委员会 • 中国城市规划设计研究院厦门分院 • 厦门大学建筑与土木工程学院

云居山—柘林湖风景名胜区

司马旅游接待服务区控制性详细规划

规划用地平衡表

用地代号		用地名称	面积（公顷）	占总用地（%）
合计		规划总用地	1959.93	100.00
甲		风景游赏用地	764.02	38.98
	甲11	景点用地	40.44	
	甲24	风景林地	632.33	
	甲44	野外游憩绿地	91.25	
乙		旅游设施用地	149.79	7.64
	乙11	餐饮服务用地	2.15	
	乙12	广场用地	14.32	
	乙14	公共绿地	25.88	
	乙23	游戏娱乐用地	10.77	
	乙34	医疗用地	0.51	
	乙41	商贸服务用地	19.76	
	乙43	集贸市场用地	1.99	
	乙44	旅馆用地	50.80	
	乙54	防护绿地	23.61	
丙		居民社会用地	83.47	4.26
	丙11	住宅用地	81.98	
	丙13	中小学用地	0.85	
	丙21	行政办公用地	0.64	
丁		交通与工程用地	35.10	1.79
	丁12	公路用地	5.06	
	丁21	道路交通用地	23.90	
	丁22	公共停车场用地	3.05	
	丁31	供水用地	1.33	
	丁32	供电用地	0.16	
	丁35	通信用地	0.23	
	丁42	排水用地	0.57	
	丁43	环卫用地	0.27	
	丁51	防洪用地	0.26	
	丁52	消防用地	0.27	
己		园地	148.29	7.57
	己1	果园	148.29	
壬		水域	779.26	39.76
	壬2	湖泊	779.26	

图例

- 景点用地（甲11）
- 风景林地（甲24）
- 野外游憩绿地（甲44）
- 餐饮服务用地（乙11）
- 广场用地（乙12）
- 公共绿地（乙14）
- 游戏娱乐用地（乙23）
- 医疗用地（乙34）
- 商贸服务用地（乙41）
- 集贸市场用地（乙43）
- 旅馆用地（乙44）
- 防护绿地（乙54）
- 住宅用地（丙11）
- 中小学用地（丙13）
- 行政办公用地（丙21）
- 公路用地（丁12）
- 道路交通用地（丁21）
- 公共停车场用地（丁22）
- 供水用地（丁31）
- 供电用地（丁32）
- 通信用地（丁35）
- 排水用地（丁42）
- 环卫用地（丁43）
- 防洪用地（丁51）
- 消防用地（丁52）
- 果园（己1）
- 湖泊（壬2）
- 规划范围线

土地利用规划图

云居山-柘林湖风景名胜区管委会
江西省城市环境设计事务所有限公司

云居山一柘林湖风景名胜区

西海温泉旅游服务村详细规划

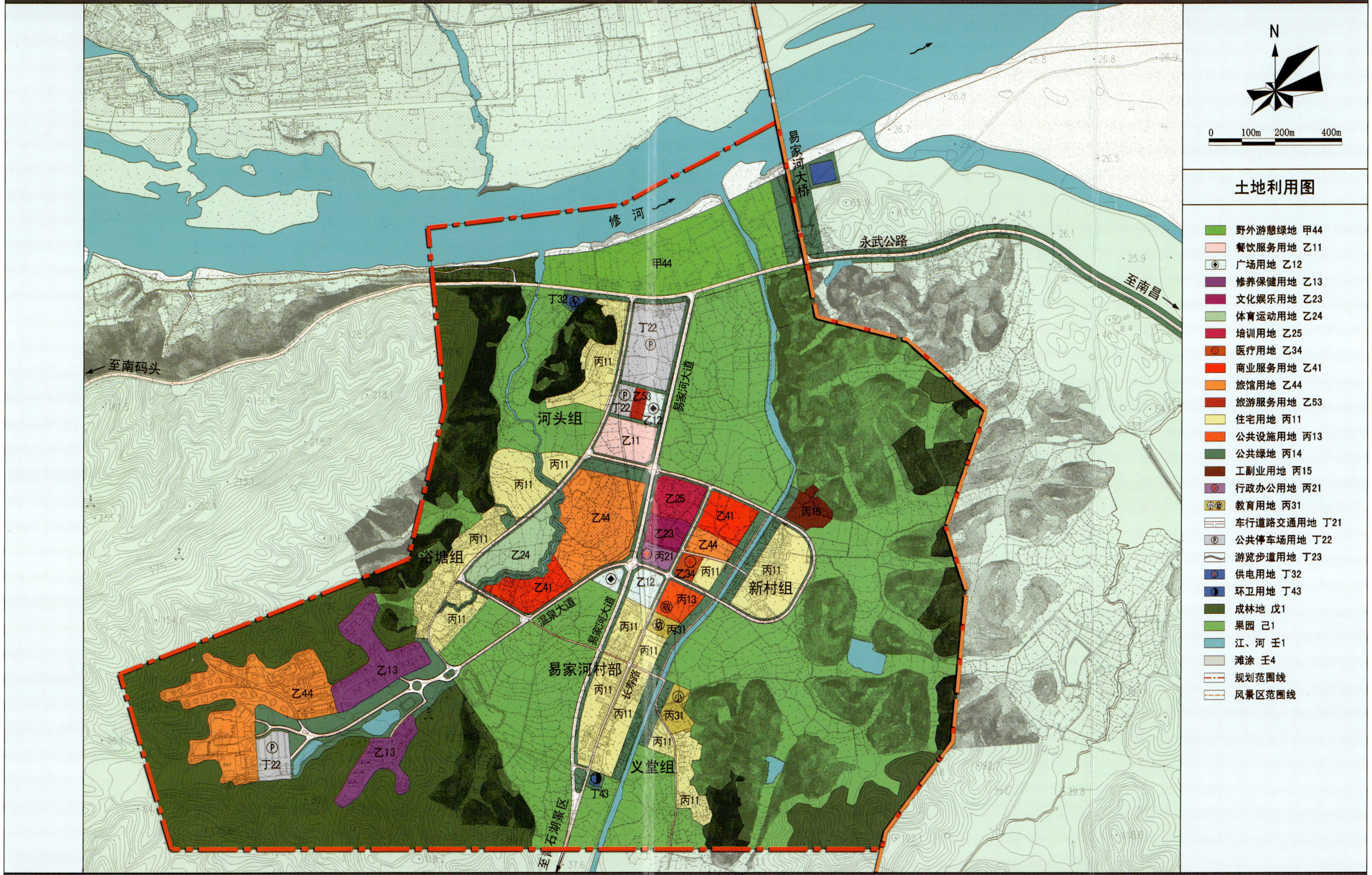

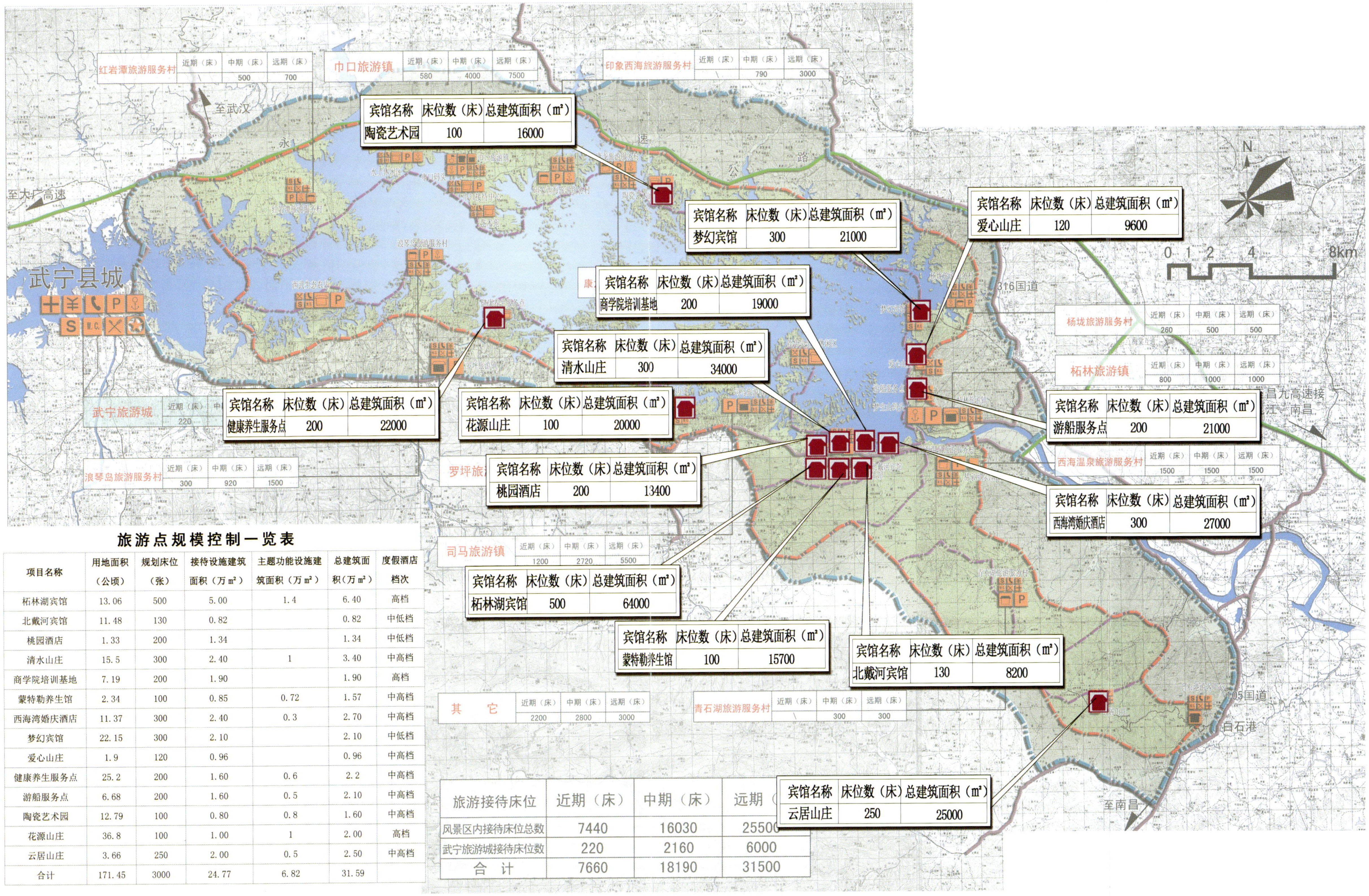

旅游点规模控制一览表

项目名称	用地面积（公顷）	规划床位（张）	接待设施建筑面积（万㎡）	主题功能设施建筑面积（万㎡）	总建筑面积（万㎡）	度假酒店档次
柘林湖宾馆	13.06	500	5.00	1.4	6.40	高档
北戴河宾馆	11.48	130	0.82		0.82	中低档
桃园酒店	1.33	200	1.34		1.34	中低档
清水山庄	15.5	300	2.40	1	3.40	中高档
商学院培训基地	7.19	200	1.90		1.90	高档
蒙特勒养生馆	2.34	100	0.85	0.72	1.57	中高档
西海湾婚庆酒店	11.37	300	2.40	0.3	2.70	中高档
梦幻宾馆	22.15	300	2.10		2.10	中低档
爱心山庄	1.9	120	0.96		0.96	中高档
健康养生服务点	25.2	200	1.60	0.6	2.2	中高档
游船服务点	6.68	200	1.60	0.5	2.10	中高档
陶瓷艺术园	12.79	100	0.80	0.8	1.60	中高档
花源山庄	36.8	100	1.00	1	2.00	高档
云居山庄	3.66	250	2.00	0.5	2.50	中高档
合计	171.45	3000	24.77	6.82	31.59	

旅游接待床位	近期（床）	中期（床）	远期（床）
风景区内接待床位总数	7440	16030	25500
武宁旅游城接待床位数	220	2160	6000
合 计	7660	18190	31500

旅游点规模控制图

2012年6月6日，中共中央书记处书记、中纪委副书记何勇（右三）到景区考察

2011年8月21日，中共中纪委副书记吴玉良（右二）、第七纪检监察室主任黄晓薇（左一）到景区考察

2013年10月15日，原南京军区政委雷鸣球（右一）到景区考察

2014年3月30日，省委书记强卫（右二）到景区考察

2008年6月8日，省委副书记、省长吴新雄（前排中）到景区考察，副省长胡幼桃（右一）陪同

2011年9月11日，省委副书记、省长鹿心社（居中）到景区考察

2014年5月9日，共青团中央书记处第一书记秦宜智（右三）到景区考察

2011年4月12日，原科技部部长徐冠华（左一）到景区考察

2012年9月13日，原交通运输部部长李盛霖（左一）到景区考察

2013年11月5日，全国人大环资委副主任张云川（右四）到景区考察

2014年4月4日，全国人大副秘书长刘水生（左三）到景区考察

2013年3月21日，省委常委、纪委书记尚勇（右一）到景区考察

2010年6月22日，省委常委、宣传部部长刘上洋（左二）到景区考察

2010年11月15日，省委常委、常务副省长凌成兴（左一）到景区考察

2015年9月12日，省委常委、常务副省长毛伟民（右二）到景区考察

2011年11月10日，公安部党委委员、政治部主任蔡安季（居中）到景区考察

2008年7月15日，省人大常委会副主任蒋如铭（居中）到景区视察

2012年1月8日，省政府副省长朱虹（右三）在景区调研中信庐山西海项目

2013年8月9日，省政府副省长李炳军（右一）到景区考察

2009年4月17日，省政府副省长孙刚（左一）到景区考察

2010年10月24日，省政府副省长史文清（右一）到景区考察

2009年9月28日，省交通运输厅厅长马志武在景区考察永武高速建设情况

2015年3月12日，省旅发委主任王晓峰（右二）到景区考察

2009年4月30日，市委书记钟利贵（左二）到景区考察

2007年3月11日，市委副书记、市长王萍（前排右二）到景区考察

2009年9月5日，市委副书记、市长曾庆红（右四）到景区考察

2014年8月28日，市委书记殷美根（右二）到景区考察

2013年9月27日，市委副书记、市长钟志生（右一）到景区考察

2016年1月6日，市委书记杨伟东（左二）到景区调研

2015年8月28日，市委副书记、市长林彬杨（前排右二）到景区考察

2014年7月17日，省委党的群众路线教育实践活动第二督导组组长彭师怀（居中）到景区调研

2007年10月4日，市人大常委会主任张远秀（居中）到景区视察

2013年9月12日，市政协主席魏宏彬（左三）到景区视察

2008年12月25日，市委副书记朱荣辉（右三）到景区考察

2007年9月30日，市委常委、组织部部长尧希平（左一）到景区考察

2013年9月27日，市委副书记冯静（左二）在景区项目一线调研

2013年6月17日，市委常委、宣传部长潘熙宁（左二）率“中国梦县区行”考察团参观景区

2013年10月24日，市委常委、纪委书记杨小华（右二）在景区调研项目进展

2013年11月11日，原中信董事长孔丹（前排左七）到景区考察

2013年11月19日，市委常委、庐山管理局党委书记杨建（左一）到景区考察

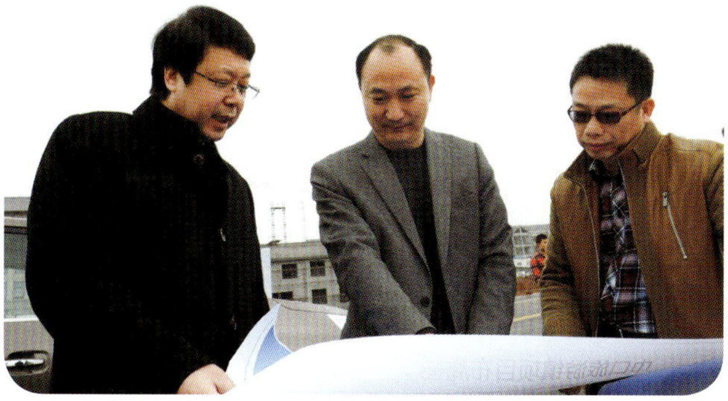

2014年12月4日，市委常委、副市长赵玉刚（左一）到景区调研

2014年11月3日，市委常委唐舒龙（左二）到景区考察

2015年8月13日，市委常委、纪委书记黄赛荣（右二）到景区考察

2014年7月16日，市人大常委会副主任卢志鹏（左一）到景区调研

2011年11月11日，市政府副市长廖奇志（前排右二）调研景区开发建设

2013年8月7日，市政府副市长石荣国（左二）考察景区项目进展

2013年9月17日，市政府副市长、公安局局长陈光明（居中）到景区考察

2014年3月31日，港中旅董事长张学武（前排左三）到景区考察

2016年12月23日上午，市委书记杨伟东等领导就庐山西海旅游经济圈建设在景区调研

2016年12月23日下午，市委书记杨伟东在景区主持召开市委常委办公会专题研究庐山西海旅游经济圈建设

外宾参观

2008年4月30日，美国动漫产业投资合作考察团到景区参观

2009年4月23日，非洲政党与妇女组织干部研修班到景区参观

2010年3月19日，芬兰卡娅尼市商务访问团到景区参观

2010年5月30日，美籍著名摄影师黄功吾（右四）一行到景区采风

2011年5月14日，国际广播电视媒体研修班到景区考察

2013年10月25日，美国、韩国、瑞士等9国驻华使节到景区考察

2014年11月4日，俄罗斯巴士科尔托斯坦共和国大型经贸代表团到景区考察

2015年9月9日，柬埔寨国王诺罗敦·西哈莫尼（左七）到景区考察

2006年4月30日，景区成立

2006年4月30日，市委副书记、市长蔡晓明为景区成立揭牌

2011年4月8日，云居山——柘林湖地方税务局和工商行政管理局成立

2011年7月8日，庐山西海更名揭牌

2011年，西海景区服务中心

2009年，庐山西海管委会

2014年，庐山西海管委会

2011年8月，景区新老两任党政班子成员

2014年12月，景区党政班子成员

2016年9月，景区党政班子成员

《庐山西海风景名胜区志》终审会

2008年5月22日，云居山登山公路改造开工仪式

2008年11月11日，总投资10亿元的云居山禅修院奠基仪式

2008年12月31日，总投资26亿元的庐山西海国际艺术园签约仪式

2009年7月24日，总投资42亿元纵贯西海的永武高速公路项目签约仪式

2009年10月22日，总投资1亿元的西海花源谷旅游开发项目签约仪式

2010年5月29日，庐山西海易家河大桥竣工通车典礼

2010年6月5日，总投资42亿元的庐山西海国际休闲欢乐世界签约仪式

2010年12月30日，总投资120亿元的中信庐山西海国际生态旅游度假区项目开工仪式

2013年4月19日，庐山西海船舶统一管理启动仪式

2013年9月24日，巾口旅游码头动工

2014年1月21日，卓达·庐山西海温泉养生度假区项目签约仪式

2014年4月29日，康龙游客中心开业

2014年9月26日，柘林湖宾馆改造项目开工仪式

总投资5亿元的司马旅游码头，2013年9月投入使用

总投资5亿元的巾口旅游码头，2015年7月1日投入试运营

2016年10月31日，江西省体育局、九江市人民政府、华体集团签订《打造庐山西海全国体育旅游示范区战略合作协议》

2011年北码头

西海游龙

西海渔歌

霞落西海

西海

蛟龙出海

西海码头

西海星韵

西海乐章

庐山西海

窗外

玻璃栈道

司马码头停车场

春夏秋冬 花花世界——花源谷

江南勇士第一漂——桃花溪漂流

2012年南码头

西海宾馆

斜阳夕下

星罗棋布的岛屿

渔舟唱晚

西海湖区

养生之泉　长寿之源——西海温泉

乐在其中

真如禅寺

2007年9月16日，庐山西海国际文化旅游节开幕式

2007年9月29日，庐山西海超模大赛总决赛庆功酒会

2008年11月11日，云居山真如禅寺开山建寺1200周年庆典现场

2009年6月19日，在安徽合肥举办庐山西海旅游产品推介会

2009年9月29日，首届西海银鱼节暨南线码头改造竣工庆典

2009年10月29日，虚云老和尚圆寂50周年纪念

2010年4月10日，举办“鄱湖生态在西海”旅游论坛

2010年4月30日，“中国知名艺术家走进生态鄱湖聚焦庐山西海”大型采风活动在北京人民大会堂举办新闻发布会

2010年9月27日，举办“庐山西海生态保护与旅游发展”论坛

2010年9月28日，庐山西海首届尚水文化节开幕

2010年9月29日，中澳艺术滑水明星对抗赛颁奖晚会及活动现场

2010年10月20日，“庐山西海杯”江西省导游大赛活动现场

2013年9月26日，庐山西海山水旅游周开幕

2014年5月19日，“中国旅游日活动”启动仪式现场

2014年9月9日，参加九江市“庆祝新中国成立65周年群众歌咏比赛”现场

2014年9月19日，与九江邮政分公司举行战略合作签约仪式

2014年10月5日，虚云老和尚圆寂55周年纪念

2014年11月5日，与九江职大签署合作协议

2014年11月8日，庐山西海金橘鱼鲜美食节“118”活动现场

2014年12月3日，市政府党组成员、风景区党委书记李甫勇（左一）接受中国江西网访谈

2014年12月6日，景区直通南昌旅游巴士开通

2015年6月13日，与江西二套“地宝当家”栏目举办趣味龙舟赛

2015年4月16日，风景区党委副书记、管委会主任于先葵（右）接受“全国网络媒体江西行”记者专访

2015年7月28日，庐山西海巾口景区对外开放庆典仪式

2016年6月30日，举办中国共产党建党95周年暨风景区党委、管委会成立10周年文艺晚会

2016年8月22日，首届庐山西海垂钓大赛开幕

2016年9月20日，首届庐山西海发展研讨会召开

二OO九年度旅游工作综合目标考评
先进单位
九江市旅游局
二O一O年三月

二OO九年度综合考评
先进旅游景区
九江市旅游局
二O一O年三月

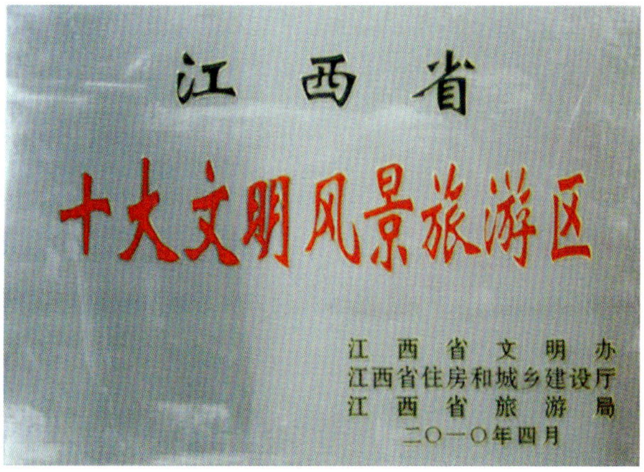
江西省
十大文明风景旅游区
江西省文明办
江西省住房和城乡建设厅
江西省旅游局
二〇一〇年四月

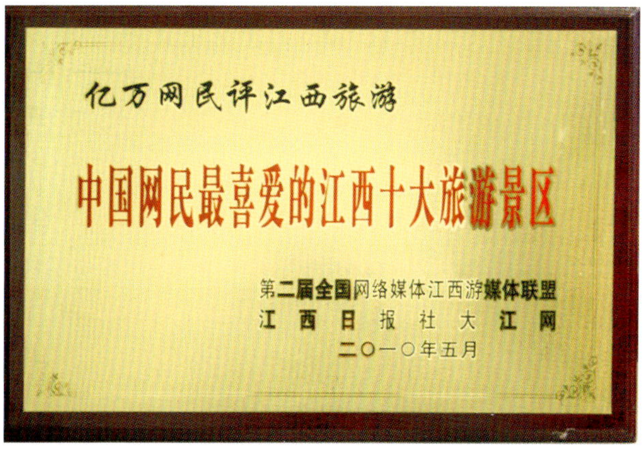
亿万网民评江西旅游
中国网民最喜爱的江西十大旅游景区
第二届全国网络媒体江西游媒体联盟
江西日报社大江网
二〇一〇年五月

中國養生環境聖地
中國廬山傳統文化養生高峰論壇組委會
中國老年保健協會傳統文化養生研究院
二〇一〇年十二月

江西省十大新旅游景区
江西省旅游产业发展领导小组
二〇一一年十二月

2014中国旅游总评榜
年度最受欢迎国内游目的地
庐山西海名胜风景区
中国城市第一媒体旅游联盟
二〇一五年三月

BAN YUE TAN
全国十佳生态旅游示范景区
二〇一五年七月

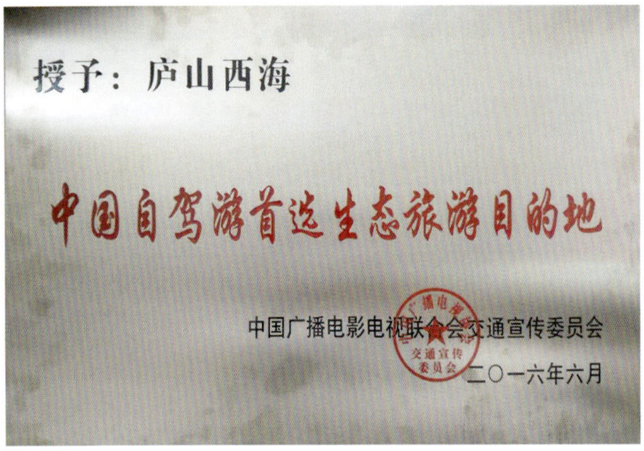
授予：庐山西海
中国自驾游首选生态旅游目的地
中国广播电影电视联合会交通宣传委员会
二〇一六年六月

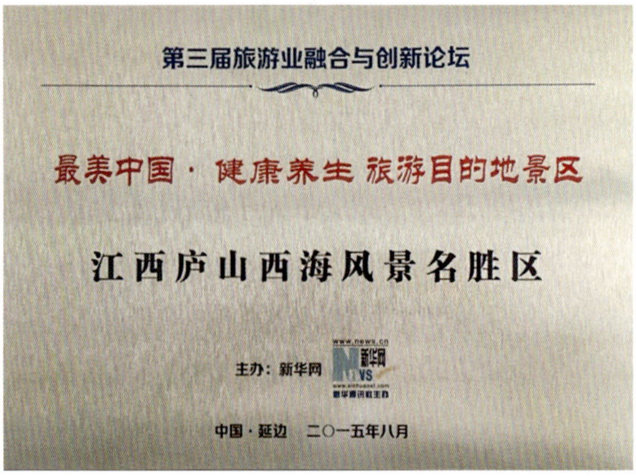
第三届旅游业融合与创新论坛
最美中国·健康养生旅游目的地景区
江西庐山西海风景名胜区
主办：新华网
中国·延边　二〇一五年八月

2016中国体育旅游精品景区
江西庐山西海体育旅游精品景区
中国体育旅游博览会组委会
2016年9月2日

国家级旅游景区
AAAA
国家级旅游景区
NATIONAL TOURIST ATTRACTION
全国旅游景区质量等级评定委员会
CHINA NATIONAL TOURIST ATTRACTIONS QUALITY EVALUATION COMMITTEE

序一

在庐山西海迎来十周年庆典之际，历经一年有余，两定篇目，四易其稿，江西省第一部反映景区全貌的志书——《庐山西海风景名胜区志》，终于纂成付梓，可喜可贺。

庐山西海（云居山—柘林湖风景名胜区）是国务院批准的第六批国家级风景名胜区，境内有巾口、司马、云居山三大景区，一片青山、一湖清水，全国难找、全球少有。2011年8月，根据组织安排，我有幸来此工作。上任伊始，就被这里优美的环境深深吸引，同时，也深感肩上开发与保护责任之重大。5年来，在前任打下的基础上，我始终团结和带领广大干部和职工，迎难而上、开拓进取，千方百计破解规划审批难、征地拆迁难、手续办理难、筹资融资难，没有土地运作、没有融资平台、没有旅游设施、没有基层支撑等困难和不利因素，始终坚持“一个中心、四个基地”的发展定位，“二年出形象、五年上台阶”“二年创AAAA、五年创AAAAA”的发展目标，强力实行领导蹲区域、干部挂项目、奖惩凭实绩等举措，充分发扬“善思敢谋、勇于谋划，真抓实干、勇于吃苦，创新求进、勇于争先，不绕不弃、勇于担当，解难重信、勇于支持”五种创业精神，破解项目难题、打通经营瓶颈、形成发展合力，不仅彻底终结管委会“上无片瓦、下无寸土”

的尴尬窘状，也成功实现“六个突破”（景区规划报批取得突破、政府主导经营取得突破、基础设施建设获得突破、旅游项目建设获得突破、综合形象提升获得突破、旅游人次逐年攀高获得突破）和“六个有”（有了立家之策、有了可种之田、有了吃饭之碗、有了下锅之米、有了安家之窝、有了发家之本）。当前，景区上下正在市委、市政府的坚强领导下，以省第十四次党代会和市第十一次党代会精神为指针，全面贯彻落实市委常委专题办公会精神，按照“AAAAA要创到手，一圈要环起来，三地要一条心”的总体要求和“一路二片三条线”的工作布局，强化基础设施配套、加快发展平台建设、咬定发展定位、提升发展目标、增添发展举措、发挥拉动作用，打造健康运动休闲主题，推进重大项目建设，紧盯新的“六个突破”（以建设环湖旅游公路为突破，推进庐山西海旅游经济圈建设；以南北四个运动中心建设为突破，打造全国体育旅游示范区；以加快“五大平台”建设为突破，全力创建国家AAAAA景区和国家旅游度假区；以靠大联强为突破，做大旅游经营，持续叫响庐山西海品牌；以改革创新为突破，全面深化风景区各项改革工作；以党的建设为突破，打造“游客满意、企业称赞”的干部队伍），全力争当九江旅游“两圈两带”排头兵。相信再过3~5年时间，一个“江西唯一、中部叫响、国内一流、世界知名”的运动休闲景区和国际生态型湖泊运动休闲旅游度假胜地必将展现在世人面前。

众所周知，地方志是传世之作，编纂不易，特别是在全省范围内编纂一部前人还没编过的风景名胜区志更是难上加难。由于景区不比县区机构健全、人员充足，干部队伍都是拼调而来，素质参差不齐，没有基层基础支持，很难统筹整合资源。尽管之前有关部门做了大量的准备工作，但受自身难以克服的原因限制，加上此项工作启动时间较晚（2015年11月正式开始），又没有专门的工作团队（都是兼职）和相关的工作经验（都是“门外汉”），硬是只有一年多的时间顺利完成任务，其艰难程度可想而知。不管怎么说，《庐山西海风景名胜区志》的编纂完成，不仅是景区发展中的一件大事，更是景区传承文化的一件盛事，值得欣慰。

古人云：“治天下者以史为鉴，治郡国者以志为鉴。”统览全志，理景区沿革之脉络，叙景区风土之特征，书景区发展之变化，表景区干部之面貌，条分缕析、主次有序、简洁晓畅、图文并茂，具有鲜明的时代特色和地方特色，具有较高的历史价值、地域资料文献价值。在此，希望社会各界能够借助《庐山西海风景名胜区志》这一媒介，深入了解庐山西海、认识庐山西海、研究庐山西海，进一步推动庐山西海跨越式发展，不断提升“天上云居、诗画西海”的知名度和美誉度。

值此《庐山西海风景名胜区志》出版之际,谨向关心、指导、支持、帮助《庐山西海风景名胜区志》编纂的各界人士和各级领导致以衷心的感谢，向风景区各部门（各单位）干部（职工），特别是全体修志人员致以亲切的慰问和崇高的敬意！

2017年2月

李甫勇　　九江市人民政府党组成员、风景区党委书记

序 二

盛世修志，自古皆然。历经春秋寒暑，江西省第一部风景名胜区志——《庐山西海风景名胜区志》终于尘埃落定、出版问世了。这不仅是风景区发展中的一件大事，也是广大干部职工值得庆贺的一件喜事。

《庐山西海风景名胜区志》严格遵循《地方志工作条例》和《江西省实施〈地方志工作条例〉办法》，力求做到思想性、资料性、科学性的统一。在内容上，以记述景区成立10年来重大事件和成就为重点，采用“公正的观点、完备的资料、独特的方法、严谨的体例”，横排门类，纵述历史，全面记述境内山川风貌、人文地理、旅游开发、项目建设、资源保护等方面的发展和演变，突出地方特色和时代特征。在编纂过程中，坚持实事求是，尊重历史，严密考证，不作曲笔，其间大事要事及一切可志之事，几无遗漏，做到了布局合理、符合志体、文约事丰、语言简洁，展示了风景名胜区的特点和亮点。

修志的目的在于用志。自宋人郑兴裔总结出史志具有“资政、教化、存史”三大作用后，就得到了当时及后世学人广泛认可，并一直沿用至今。

这部志书具有“资政”的作用，即可作治理地方的借鉴。《庐山西海风景名胜区志》无疑是学习借鉴的资料库。决策旅游开发与资源保护，可从中找到有关地质地貌、气候水文、动物植被、物质与非物质资源禀赋等资料；决策招商引资和项目推进，可从中找到有关破解体制机制难题、努力争取多方支持、创新出台系列优惠政策、落户建成众多项目等资料；决策旅游经营和财源建设，可从中找到有关公司化运作、市场开拓、财税体制、国有资产管理、与两县税收分成、项目融资等资料；决策机关运行和干部管理，可从中找到有关政务事务、后勤保障、督查考核、人才激励等资料。可以说，一卷在手，备之案头，微型档案，省时致用。

这部志书具有"教化"的作用，即教育感化。爱景区、兴景区，先要知景区。《庐山西海风景名胜区志》为知景区和爱景区提供了丰富、生动、具体的教材。"天上云居、诗画西海"的山水胜境；旖旎秀丽，山环水绕的丰饶资源；往来便利、四通八达的交通网络；为争得应有地位而砥砺前行、不满现状的创业征程以及由此产生的"五种精神"；围绕"二年出形象、五年上台阶""二年创AAAA、五年创AAAAA"而取得"六个突破"和"六个有"的骄人业绩。这些，足以激励全体干部职工热爱景区、力图报效的豪情壮志，不断提振精神、弘扬正气，为庐山西海贯彻落实市委常委专题办公会精神，创建国家AAAAA景区、推进旅游经济圈建设、打造全国体育旅游示范区献智、献力、献身。

这部志书具有"存史"的作用，即储存着丰赡、翔实的资料。《庐山西海风景名胜区志》具有鲜明的地域性、资料性、著述性特点，客观、系统、真实地再现了景区发展的历史和全貌，为景区继往开来、承前启后提供了珍贵翔实的档案。全书以区划地理、基础设施建设、党政机关、旅游业、综合管理、群团组织、法治工作、艺文、人物9个方面为脉络，内容涉及政治、经济、自然、人文等方方面面，是社会各界认识和了解庐山西海的“窗口”，也是专家学者研究和开采庐山西海的“矿藏”。

编纂地方志是一项资料浩繁的系统工程。党委、管委会对此非常重视，特别是市史志办为编纂工作给予了多方面的帮助和精心指导。编纂者克服困难、顶住压力，兢兢业业、任劳任怨，广征博采、考核印证，去粗取精、去伪存真，为襄成志书殚精竭虑，付出了大量的心血。我是2012年9月来到景区工作，2015年1月担任风景区管委会主任，作为景区第四任行政主官，得到了广大干部职工的信赖和支持，适逢志书付梓，感到非常欣慰。在此，谨代表党委、管委会并以我个人名义，向在编志过程中关心指导的各级领导、专家学者以及献过计、出过力的全体人员，表示诚挚的谢意！

2017年2月

于先葵　　风景区党委副书记、管委会主任

凡例

一、本志以马克思列宁主义、毛泽东思想、邓小平理论、“三个代表”重要思想、科学发展观为指导，深入贯彻习近平总书记系列重要讲话精神和治国理政新理念新思想新战略，坚持辩证唯物主义和历史唯物主义的立场、观点和方法，实事求是，去伪存真，立足当代，全面记述景区成立成长、创新创业、开拓进取等方面的史实。

二、本志记事，上限一般为2006年，少数领域可适当上溯，下限截至2015年12月底，少数领域延至2016年4月。图片、大事记、党政班子领导更迭、景区领导干部调整截至2016年12月。

三、本志以文为主，辅以图表、照片。编纂时，横排门类，纵写史实。除编首之序、凡例、概述、大事记、专记、附录及卷末编后记外，全志按事物性质设卷、章、节，共9卷、29章、96节。

四、地名、区划、机构称谓，以记事年代实际使用者为准。

五、本志除引文、序号和习惯用语中数字用汉字表述外，其余概用阿拉伯数字记述。

六、各项数据以各部门上报的统计数字为准，上报缺少的，采用历史资料和有关部门提供的数据。

七、本志资料来自各类档案、图书、报刊或有关部门和个人提供的材料，编纂时一般不注明出处。

八、本志所指“省”指“江西省”，“市”指“九江市”，其他行政区域冠以全称；“云居山—柘林湖风景名胜区”“庐山西海风景名胜区”简称“景区”或“风景区”。机构名称首次出现时使用全称，括注后用简称。

目 录

卷二　基础设施建设

卷三　党政机关

卷八 艺文

卷九 人物

附 录

编后记

概 述

庐山西海（云居山—柘林湖风景名胜区），2005年12月31日由国务院批准成立。位于江西省北部，九江市西南部，地跨永修、武宁2县，是一处集亚洲最大土坝水库、国家AAAA级旅游景区、全国佛教样板丛林、国家水利风景区、国家森林公园为一体的山岳湖泊型特大景区。地理坐标为北纬29° 03′ ~ 29° 18′ 、东经115° 04′ ~ 115° 40′ 。风景区东部紧临105国道、福银高速公路及京九铁路等交通大动脉，北侧有永武高速、316国道通过，南部306省道贯穿全境。距南昌98千米、九江100千米、武汉215千米。离昌北国际机场仅50千米，隔九江庐山机场43千米，属昌北国际机场最近的国家重点风景名胜区。正处在南昌 — 九江（庐山）黄金旅游线的中段，对外交通非常便捷。景区属于亚热带季风气候，温差不大，全年平均气温为16.6摄氏度，气候总体温和湿润，四季分明，雨水充沛，霜期较短，春季温湿，夏季炎热，秋季干爽，冬季阴寒。景区总规划面积495平方千米，由庐山西海湖区和云居山两大板块组成。境内风景旖旎秀丽，山环水绕，其中西海湖区水域面积308平方千米，有0.2公顷以上岛屿1667个，总容量80亿立方米，平均水深45米，能见度11米，大气负氧离子含量每立方厘米15万个，属国家一级水质、一级空气。湖岛风光秀丽，景色迷人，有“水中熊猫”之称的桃花水母；有被誉为养生之泉、长寿之源的原生态富矿温泉。云居山自古有“云岭甲江右，名高四百州”的美誉，主峰海拔969米。山顶莲花城内的真如禅寺历史悠久，迄今1200多年，是中国佛教曹洞宗发祥地，新中国佛教协会迄今6任会长就有4任源出于此，所以它又被誉为“新中国佛教领袖的摇篮”。寺内千年来秉持“农禅并重”的严谨禅风，1988年就被列为全国三大样板丛林之一。

风景区成立前，武宁、永修2县就已着手对这一区域进行了开发利用，其中永修开发的时间较早，开发的效果也最好；而武宁只是紧追其后，效果相对逊色。由于长时间两县在开发上各自为政、单打独斗，没有在规划和管理上实现统一，故导致整体开发档次和水平一直在初级阶段徘徊。为整合资源、打响品牌，市委市政府在充分调研的基础上成立了云居山—柘林湖风景名胜区管委会。景区成立后，发展主要分为2个阶段。

第一个阶段（2006～2011），这一时期景区紧紧按照当时全市推进“3＋1”发展战略，大力围绕边抓组建、边抓营销、边抓景点改造、边抓招商引资的“四边”工作思路，确定“三个一流”（一流的天然延寿养生中心、一流的旅游休闲度假中心、一流的国际会议会展中心）的战略定位，坚持“四个并重”（严格保护与合理利用并重，战略合作与招商引资并重，整体开发与区域开发并重，综合整治与“AAAA”创建并重）举措，积极构建大旅游，不仅擦亮了庐山西海的“招牌”，也由此带动了相关产业迅速发展。

一是基础逐步夯实。2007年年初，聘请上海同济大学和江西省城乡规划设计院，着手启动景区总体规划编制；2008年4月，投资1000多万元，完成云居山景区上山公路、桃花溪景区公路改造拓宽工程；2009年，自筹资金300多万元完成南线码头改造、云居山景区门楼建设工程，改善了风景区形象；2009年，成立西海旅游投资公司，融资2000多万元购置7条豪华游艇，改变湖区接待游艇档次不高现状，打造旅游接待新亮点；2010年5月，筹资3100万元建成庐山西海易家河大桥，打通南北出行“瓶颈”，两岸群众期盼已久的愿望得以实现；同年，筹措资金700万元建设庐山西海水上演艺中心表演看台，为风景区开展水上大型演艺节目及赛事活动创造了条件。

二是品牌逐步打响。2007年5月，积极配合美国华纳影视公司，拍摄大型纪录片《幸存者》，第一次把风景区的美丽风光和风土人情向世界进行推介；2007年9月，成功承办第十八届超级模特大赛中国总决赛暨庐山西海文化旅游节，扩大景区的影响力；成功举办中国知名艺术家"走进生态鄱湖·聚焦庐山西海"大型采风创作活动，邀请中国美协主席刘大为等中国知名书画家、摄影家来庐山西海现场采风创作，提升景区文化内涵；成功举办2010首届中国·庐山西海尚水文化旅游节暨中澳艺术滑水明星对抗赛系列活动，向世界展示景区水上之美；此外，第一次广泛开展与多家旅行社签约合作，开拓南昌、武汉等周边旅游市场。

三是发展逐步带动。"农家乐"产业发展犹如"雨后春笋"，为景区周边农村转移剩余劳动力、增加农民收入提供有效途径。庐山西海温泉开发，为当地群众创造近2000个就业岗位，带动当地经济的发展，使整个易家河村成为远近闻名的富裕村。每到旅游旺季，西海湖的鱼、农家土菜供不应求，价格普遍高于周边地区。特别是游客增多带动果业的发展（易家河蜜橘闻名），许多游客在观赏山水风光后，到田间地头采摘瓜果，体验生活，果农不用出门便能出售产品，提高产品的价值。

第二个阶段（2011～2015），2011年8月，新一届党政班子到位后，经过前期几个月的调研，初步确立和形成新的发展思路，并且在实践中不断完善和发展，即坚持"一个中心、四个基地"（禅山圣水养生中心，观光休闲基地、水上游乐基地、演艺会展基地、科普教育基地）的发展定位不动摇，坚持"二年出形象，五年上台阶""二年创AAAA，五年创AAAAA"的发展目标不动摇，坚持"五个突破，一个加强""一手抓项目建设，一手抓主导经营"的发展举措不动摇，大力推进"3239工程"，景区工作得到实质性发展。

一是景区规划报批取得突破。2013年2月，风景区总体规划获得国务院批准。随后，司马旅游镇、巾口旅游镇、中信度假区、国际艺术园、西海温泉旅游服务村5个控规获住建部批准；17个旅游项目规划获得省住建厅批复，为景区大发展、项目大建设奠定了基础。

二是政府主导经营取得突破。2013年年初，筹资9900万元收购神州通在湖区的2个旅游公司全部股权，并按照市政府《关于进一步加快庐山西海风景名胜区开发建设的意见》组建注册资金达2.51618亿元且2县享有股权的"西海旅游股份有限公司"，成功实现政府主导经营，同时，在努力实现码头、船艇、岛屿、水面统一管理的基础上，致力探索推行自营、租赁、股份等多元化经营路子。历经7年艰难拼搏，管委会终于成为西海真正的主人。

三是基础设施建设获得突破。2012～2015年，管委会共投资8亿余元，用于景区基础设施建设，是挂牌成立后前6年投入总额的16倍。总投资2亿元的司马旅游码头2013年9月竣工投入运营；总投资5亿元的巾口"一路三中心"项目（即湖滨大道、行政中心、接待中心、码头中心）先后竣工投入使用；投资1亿元改造6个旅游岛屿，投资近千万元改造提升云居山上山公路。北设行政中心、南设经营中心的服务格局正式形成。

四是旅游项目建设获得突破。通过政府投资基础设施建设，拉动社会资本投资旅游项目，不断加快4大平台建设。2012年以来，累计完成固定资产投资近100亿元，是管委会成立后前6年投资总额的10倍。在柘林景区和经营平台，基本完成美丽西海、文化西海、鱼乐西海等6个岛屿改造，启动湖区旅游船艇更新升级。建成梅棠高速出口至码头沿路20千米亮化工程；柘林湖宾馆改造3个项目、华天欢乐世界项目、省体育局"三大基地"项目，还有多个老项目改造，都在有序推进，国内一流的游湖玩岛平台和柘林观光休闲带正在成型。在巾口景区，总投资120亿元的中信度假区项目完成投资近40亿元，巾口码头商业街、水云间酒店、温泉度假村全面开建；生态农业观光园、赣粤高速旅游度假区、垂钓中心、沙滩浴场等项目正在推进，一个国内一流的旅游度假镇已初显雏形。在云居山景区，投资3亿元的国际禅修院土建已经封顶，云居山庄改造和换乘中心建设正在与永修县协调，祈福养生"小庐山"名气不断提升。

五是综合形象得到全面提升。2014年4月成功获批国家AAAA景区，2015年7月成功获评全国十佳生态旅游示范景区，终结了管委会成立8年无A级荣誉、与国家级景区不匹配的尴尬历史。并立即启动国家AAAAA景区和国家旅游度假区创建。4年来，庐山西海的干部从"守湖人"变成了西海的建设者和经营者，并通过群众路线和三严三实教育，努力打造一支"游客满意、企业称赞"的干部职工队伍，做到AAAA景区，AAAAA服务，景区知名度和满意度不断提升。

六是旅游人次逐年攀高。自2013年6月20日管委会接管经营以来，旅游接待人次每年呈现30%以上增长。2015年接待旅游总人次668万人次，其中游湖上岛游客32万人次，门票收入3000余万元，分别同比增长31.6%、44.3%和23%。在五一、十一节假日期间，最高单日接待游客1.3万人次。4年来，游湖上岛游客人数实现翻两番。

总结回首过去的发展历程，主要得出以下基本经验和启示：

一是得益于市委市政府的大力支持和关心。市委、市政府就加快景区发展，先后出台了《关于理顺云居山—柘林湖风景名胜区管理体制的方案》《关于进一步明确和完善云居山—柘林湖风景名胜区管理体制的通知》《关于进一步加快庐山西海风景名胜区开发建设的意见》等一系列文件，围绕“项目共推、难题共解、成果共享”，突破行政区划的“实线”，只设经济区划的“虚线”，成立了专门负责“一区两县”协调发展的市庐山西海保护与开发工作委员会。按照“规划统领、区划不变、统一经营、公司运作、完善管理、利益共享、强化协调”的改革思路，建立起“1+2”公司化的运作机制，即组建一家水上旅游经营公司——江西庐山西海国资旅游发展有限公司，由管委会、武宁县、永修县分别按36∶35∶29持股，风景区党委书记兼任董事长、管委会主任兼任总经理，2个县分别由1名副县级领导担任董事，市国资委选派1名监事会主席。同时，成立2家岸上开发公司——江西庐山西海武宁景区旅游开发有限公司和江西庐山西海永修景区旅游开发有限公司，武宁县政府、永修县政府分别以巾口乡、柘林镇岸上土地资源、旅游资源、基础设施及其使用权入股，占49%的股份；市政府和管委会出资控股，占51%的股份。通过“虚线”里面界定各属地的管理权限和利益分成，充分调动各方参与景区开发热情、实现旅游资源要素有效整合，推动旅游产业发展升级。

二是得益于发展思路的始终坚持和一以贯之。2011年8月以来，景区新一届党政班子始终团结和依靠广大干部职工，紧紧按照“努力把庐山西海打造成‘中国最美的湖光山色’和‘国内一流、世界知名’的旅游度假目的地”这一思路，通过高点站位、实处发力，确立了“一个中心、四个基地”（禅山圣水养生中心，观光休闲基地、水上游乐基地、演艺会展基地、科普教育基地）的发展定位，制定“二年出形象，五年上台阶”“二年创AAAA，五年创AAAAA”的发展目标，实施“五个突破，一个加强”（在政府主导经营、重大项目建设、基础设施建设、接待设施建设、自身建设取得突破，在环境保护上得到加强）的发展举措，大力推进“3239工程”（打造2大旅游集镇，建设2大综合型旅游码头，策划2条政府主导、南北循环的游湖线路，推进9个重大旅游项目，9个重要接待设施和9个岛屿改造与开发建设），久久为功、一以贯之、持续加力，不分神、不动摇、不懈怠，各项工作得以突破，景区发展得以提速，特别是创建国家AAAA景区成功地获批，标志着“二年出形象、五年上台阶”的总体目标取得了阶段性成果。随着发展蓝图一步步变为现实，目前，庐山西海迎来了下一个发展目标——全面创建国家AAAAA景区。

三是得益于一套好的操作方法和推进机制。从2012年起，在深入调查研究和广泛征求意见的基础上，出台了助推发展的一系列举措。大力推行包区域、推项目的责任机制。按照块线结合，以块为主的领导分工，将景区工作分为旅游经营组、柘林景区组、巾口景区组等三大组团，每个组团明确1名党委副书记牵头负责；把“3239工程”中每个项目，按照1个项目、1名责任领导、1个责任部门、一套方案的工作机制，明确工作职责和目标任务。责任领导与干部租用民房，吃住在项目一线，加强了项目综合调度与服务，提高了项目推进速度和质量。大力推行抓调度、强督查的考核机制。采取月度督查考核、季度现场比进度和年度目标考评相结合的方式。每月初召开党政联席会，对项目上月进度情况进行点评评分，对下月工作进行细化部署，逐月将据实评分结果张榜通报；逢季开展一次现场比进度活动，班子成员和各部门负责人到项目现场，督查项目进度，据实评比通报公示。4年来，景区干部的责任感和紧迫感明显加强，干事创业氛围明显浓厚，是景区突破性发展的关键所在。大力推行明奖惩、求实效的工作机制。制定了绩效考评与年终奖励挂钩制度；出台景区争资争项和招商引资奖励制度。同时，明确惩罚措施，对年度考评倒数2名且考评分数低于80分的部门进行通报，连续2年通报的部门，其负责人改任非领导职务。在各种措施的督促、鼓励下，最大限度调动风景区上下干事创业的积极性，鼓励风景区干部想干事、多干事、干成事、不出事。

四是得益于景区上下团结拼搏、迎难而上。作为一个年轻的国家级风景区，由于地跨武宁、永修2县，责权利不统一，导致发展一直处于“各自为政、各自唱戏”的尴尬局面，不仅面临规划审批难、征地拆迁难、手续办理难、筹资融资难、没有土地运作、没有融资平台、没有旅游设施、没有基层支持等不利因素和发展障碍，甚至连自己的办公楼都没有，长年靠租房办公。加上景区远离城市、位于边远小镇，可以说，条件是差的、困难是大的、生活是苦的，但空气是甜的、精神是好的、干劲是足的，特别是广大干部充分发扬“善思敢谋、勇于谋划，真抓实干、勇于吃苦，创新求进、勇于争先，不绕不弃、勇于担当，解难重信、勇于支持”等五种创业精神，爬坡过坎、砥砺前行，化压力为动力、变动力为实力，景区不仅荣获国家水利风景区、国家森林公园、国家AAAA级旅游景区、全国十佳生态旅游示范景区等众多荣誉，也进一步夯实了“三大平台”（经营平台、发展平台、运转平台），特别是“一南一北”双向对接正在成型，可以说，庐山西海的山水魅力和人文气息进一步彰显。

回顾过去，成绩振奋人心，经验启迪后人。展望未来，蓝图令人向往，事业催人奋进。面对旅游强省、旅游强市以及环庐山西海旅游经济圈的重大机遇，景区既有明显的比较优势，又面临着咄咄逼人的严峻形势；既具有大发展的广阔空间和前景，又面临着巨大的困难和压力，逆水行舟，不进则退。唯有艰苦奋斗，开拓进取才能实现预期目标；唯有超常规快速跟进，奋起直追，才能尽快拉近与先进、成熟景区的距离；唯有不等不靠、背水一战，才能无愧于时代赋予我们的使命和职责。

大事记

2005年

12月31日，国务院批准云居山—柘林湖风景名胜区（庐山西海）为国家级风景名胜区。

2006年

3月28日，祝先进任风景区党委书记。

4月14日，周林任风景区管委会主任。

4月30日，九江市云居山—柘林湖风景名胜区党委、管委会举行成立挂牌仪式。省委副书记、常务副省长吴新雄，副省长、市委书记赵智勇，副省长孙刚发来贺电；省建设厅厅长胡柏龄、省外经贸厅厅长杨洪基、省信用合作联社理事长肖四如，市领导蔡晓明、张远秀、项兆伦、万吉光、冯静、安珍清等出席。

5月11日，九江市云居山—柘林湖风景名胜区管理委员会与武宁县人民政府举行交接协调会。

5月14日，九江市云居山—柘林湖风景名胜区管理委员会与永修县人民政府举行交接协调会。

5月30日，云居山真如寺和尚与景区售票人员因礼佛人士进山门票问题发生纠纷，管委会高度重视、积极协调、妥善处置。

6月7日，市委副书记林兴福到景区调研。

9月22～25日，出席2006赣台（九江·庐山）经贸研讨会的近300位台商分七批次到景区参观游览。

10月20日，以全国政协副主席周铁农为团长，全国政协副秘书长、民盟中央副主席索丽生，国家环保总局原副局长汪纪戎，全国总工会副主席、书记处书记苏立清为副团长的全国政协委员赴赣视察团到景区视察。市委副书记、纪委书记张远秀，市政协主席胡春如，副市长陈晖陪同。

11月16日，副省长孙刚、省旅游局局长王忠武在云居山—柘林湖风景名胜区就旅游工作进行调研，并召集管委会有关部门负责人召开座谈会。

2007年

3月3日，市委常委、常务副市长赵东亮到景区调研。

3月5日，市长助理、风景区党委书记祝先进，风景区管委会主任周林陪同市委书记陈安众，市委副书记、市长王萍到北京拜访全国佛教协会主席一诚大师，就景区世界坐禅中心建设达成意向性意见。

3月11日，市委副书记、市长王萍到景区考察。

5月19～22日，风景区党委书记祝先进赴香港参加2007江西（香港）招商引资活动周。其间和市委书记陈安众、市长王萍一道陪同省长吴新雄考察香港中旅集团。

5～8月，美国华纳影视公司在景区拍摄大型纪录片《幸存者》。

6月1日，周林不再担任风景区管委会主任。

6月20日，市委书记陈安众调研景区工作。市委常委、市委秘书长华金国陪同。

6月27日，汪会友、江家和任风景区管委会副主任。

7月6日，石峰任风景区党委副书记。

7月25日，建设部建设司副司长刘平率检查组对景区进行综合整治检查。省建设厅副厅长马志武陪同。

8月24日，商务部副部长易小健，国务院办公厅秘书二局副局长吴相仁考察景区。省委常委、副省长赵智勇陪同。

9月16日，中国九江·庐山西海国际文化旅游节暨第十八届世界超级模特环球大赛中国总决赛在景区开幕。

9月30日，市委常委、组织部部长尧希平到景区调研工作。

11月22日，劳动和社会保障部副部长刘永富到景区考察。副省长熊盛文陪同。

11月22日，省委副书记、省长吴新雄考察调研景区。省委常委、常务副省长凌成兴，副省长洪礼和，市委书记陈安众，市政协主席程来安陪同。

12月16日，全市县（市、区、山）党委专职副书记座谈会在庐山西海温泉度假村召开。

2008年

2月27日，中国水利建设集团路桥公司总经理、博士汤明在景区考察庐山西海高等级旅游公路建设项目情况。市委常委、副市长刘建平陪同。

3月5~11日，中共中央政治局原常委、中央纪委原书记吴官正一行参观考察景区。市委副书记刘德意，市委常委、市纪委书记朱建国陪同。

3月19日，美国洛克菲勒基金管理公司中国事务负责人边冶钢先生、香港怡华投资有限公司陈建设副总经理考察景区。省建设厅副厅长马志武陪同。

3月20日，修河源头及干流区域污染治理专题调研会在景区召开。市政协副主席魏改生参加。

4月2日，云居山国际禅修中心筹建协调小组会议在景区召开。市政协主席、云居山国际禅修中心筹建协调小组组长程来安出席。

4月3日，市文化旅游发展委员会第三次全体会议在景区召开。市委副书记、市长王萍讲话，市政协主席程来安主持，市领导冯静、刘智、王际民、卢天锡、吴锦萍、徐少伟等出席。

4月12日，中共中央政治局原委员、中央军委原副主席、国防部原部长迟浩田考察景区。省委常委、省委秘书长陈达恒陪同。

4月18日，九江市人大常委会城建环保暨“环保修河行”工作座谈会在景区召开。省人大常委会环资委副主任委员王飚，市人大常委会主任张远秀、副主任余修炎出席。

4月30日，省政协副主席、市委书记陈安众在景区会见到九江考察投资环境的美国动漫产业投资合作考察代表团。市委常委、宣传部部长冯静，副市长吴锦萍陪同。

5月1～2日，省委书记、省人大常委会主任苏荣考察调研景区。省长助理、省财政厅厅长胡幼桃陪同。

5月3日，市委常委、副市长刘智在风景区检查“五一”小长假旅游工作。

5月21日，云居山登山公路改造工程开工。2013年4月26日，云居山登山公路改造工程通过省公路局验收。

5月22日，中国水利水电集团副总经理李跃平到景区考察。市委常委、副市长刘建平陪同。

6月8日，省委副书记、省长吴新雄调研景区工作。副省长洪礼和，省长助理、省财政厅厅长胡幼桃陪同。

6月20日，省委党校第63期市厅办学员到景区考察。市委副书记刘德意，市委常委、组织部部长尧希平，市委常委、副市长刘智陪同。

7月9日，云居山—柘林湖风景名胜区纪委（监察局）、建设局、房产管理局、环境保护局、物价局、监察局、安全生产监督管理局、综合执法大队挂牌成立。

7月15日，省人大常委会党组副书记、副主任蒋如铭到景区调研。市委副书记刘德意、人大常委会主任张远秀陪同。

8月26日，副省长史文清考察调研景区。省长助理、财政厅厅长胡幼桃陪同。

8月29日，李小林任风景区管委会主任。

8月29～30日，上海联合产权交易所金爱珠等人到景区考察。市委常委、副市长刘智陪同。

10月24～25日，深圳华侨城控股有限公司总裁姚军到景区考察。市委副书记、市长王萍，市政协主席程来安，市委常委、副市长刘建平陪同。

11月5日，全省旅游产业发展环鄱片区经济工作会议在庐山西海温泉度假村召开。副省长史文清、省旅游局局长王忠武出席。

11月11日，云居山真如禅寺举行建寺1200周年庆典活动暨云居山国际禅修院奠基仪式。国家宗教事务局局长叶小文，全国政协文史和学习委员会副主任钟起煌，全国政协常委、中国佛教协会会长、江西省佛教协会会长一诚，凤凰卫视董事局主席、行政总裁刘长乐，副省长孙刚、史文清，省政协副主席、省委统战部部长宋晨光，省政协副主席、市委书记陈安众，市委副书记、市长王萍，省民族宗教事务局局长谢秀琦，省旅游局局长王忠武，市领导张学军、张远秀等出席。

12月24日，市委副书记朱荣辉到景区检查指导工作。

12月31日，云居山—柘林湖风景名胜区、武宁县政府与江西锦晟投资有限公司在九江远洲国际大酒店联合举行庐山西海国际艺术园项目签约仪式。

2009年

4月23日，非洲政党与妇女组织干部研修班一行19名代表到庐山西海考察。此次研修班由全国妇联、中联部联合主办，主题为“妇女参与发展”，成员分别来自埃及、埃塞俄比亚、肯尼亚、利比里亚、卢旺达等10个非洲国家。

4月30日，市委书记钟利贵到景区调研。市委常委、市委秘书长华金国，副市长李伟陪同。

5月5日，景区易家河大桥开工典礼举行。

6月9日，市委副书记、市长曾庆红在云居山—柘林湖风景名胜区管委会主持召开现场办公会。会议就贯彻落实市委书记钟利贵4月30日考察风景区指示精神，搞好风景名胜区资源保护利用、旅游开发管理和体制机制创新等问题进行专题研究。

6月30日，江西西海投资发展有限公司在庐山西海风景区正式挂牌成立。公司实行风景区党委领导下的管委会与公司政企合一的运行管理机制，受管委会委托，对风景区范围内的旅游、土地、森林、矿产、水资源等有形资产和广告、客运、品牌经营权等无形资产进行经营。

6月30日，中共中央政治局原常委、中央政法委原书记罗干到云居山—柘林湖风景区参观考察。

6月30日，风景区管委会与南昌大学经济与管理学院签订合作协议。按照平等互利、优势互补的原则，风景区为南昌大学提供教学研究、实训、实习基地，并为旅游管理等专业学生提供相关实习机会；南昌大学为风景区提供旅游景区管理、市场营销、旅游规划与策划等方面人才培训，并为风景区提供资源调查等方面的咨询和规划服务。

7月16日，省政府在南昌召开德兴至南昌、南昌至奉新（靖安）、永修至武宁（庐山西海）旅游高速公路开工新闻发布会。省委书记、省人大常委会主任苏荣下达三条高速公路项目开工令。

8月26日，总投资达26亿元的庐山西海国际艺术园项目正式破土动工，标志着该项目进入实施阶段。

9月13日，全国政协副主席张梅颖，全国政协常委、经济委员会主任、中共十七届中央委员、黑龙江省原省长张左己，全国政协常委、经济委员会副主任、国家统计局原局长李德水等领导到景区考察。

9月22日，郑庆华、柳鸿斌任风景区党委委员。

9月27日，省交通运输厅厅长马志武到景区视察永武高速公路项目建设情况。

9月29日，“观西海银鱼捕捞·品西海银鱼美味”为主题的庐山西海银鱼节暨南线码头竣工典礼举行。

10月26～28日，中共中央政治局原常委、原国家副主席曾庆红到风景区参观考察。

10月22日，总投资约1亿元的西海花源谷旅游开发项目签约。

10月29日，虚云老和尚圆寂五十周年纪念大会在景区云居山真如禅寺隆重举行。

11月18日，中信集团与九江市政府在南昌红谷滩国际会议中心签订共同开发庐山西海框架协议。

11月25～27日，全国政协常委、省政协副主席刘晓庄带领省政协人资环委及有关专家、学者、作家、新闻工作者30余人到景区考察。

12月29日，中国人民对外友好协会党组书记、副会长李小林（女）到景区考察。

12月31日，省旅游局局长王晓峰率省环鄱阳湖生态考察组到景区视察。

2010年

1月11日，中国光大对外贸易总公司董事长耿斌到景区考察。

1月12～14日，中信庐山西海开发建设指挥部总指挥、中信房地产股份有限公司常务副总裁姚日波率中信考察团到景区考察。

1月23日，中国船舶工业股份有限公司总经理聂成根到景区考察。

2月10日，座落于庐山西海景区的江西省农村信用联社商学院基地开工。

3月2～5日，中信庐山西海开发建设指挥部副总指挥、中信建设有限责任公司副总经理贾立勇率中信高尔夫组、旅游组、规划组、酒店组工作人员到景区进行工作考察沟通。

3月12日，市委书记钟利贵、市长曾庆红率九江市和风景区有关领导赴京拜访中信集团，并与中信集团董事长孔丹就如何加快推进中信庐山西海开发建设进行座谈。

3月17日，许松华任风景区管委会副主任。

3月18～19日，以芬兰卡尼亚市前市长埃尔基·瓦哈马为组长的代表团到景区参观考察。

5月7日，国家密码管理局局长张彦珍、副局长解津伟等4人到景区参观考察。

5月7～9日，由中信集团公司、中国友联画院、九江市人民政府主办的中国著名艺术家“走进生态鄱湖·聚焦庐山西海”采风创作活动正式启动，中国美术家协会主席刘大为、中国友联画院常务副院长李荣海、中国摄影家协会副主席张桐胜等近30位著名画家、摄影家、书法家到庐山西海寻找采风，开展集体创作活动。

5月29日，庐山西海易家河大桥竣工通车。

5月30日，美国知名摄影家佩尔·伏尔廊孜到景区进行摄影采风。九江市政府、市文化新闻出版局、九江市摄影家协会等领导陪同。

6月5日，庐山西海国际休闲欢乐世界项目签约。

6月5日，住房和城乡建设部专家胡喜来到景区参观考察。

6月7日，庐山西海入选“亿万网民评江西旅游——中国网民最喜爱的江西十大旅游景区（点）”。

6月8日，省政协原主席朱治宏到景区考察。市政协主席程来安陪同。

7月5～9日，中信地产、深圳世联地产、柏涛设计公司、朝向集团和武汉设计院考察组赴庐山西海、共青城以及庐山风景区进行工作考察沟通。其间在中信庐山西海项目规划评审交流会上，出台《中信庐山西海巾口概念性总体规划》，标志着中信项目进入实质性操作阶段。

7月7日，景区荣获“江西旅游优秀创意奖”称号。

7月19日，中国传统养生协会会长肖百光到景区参观考察。

7月31日，庐山西海休闲欢乐世界控制性详细规划汇报会在庐山西海国际温泉度假村召开。

8月26日，省政府副省长史文清到国家林业局拜访，并针对风景区范围涵盖柘林湖国家森林公园的问题争取支持。经过沟通，国家林业局和相关部门表示支持风景区旅游业的发展，同意风景区总体规划正式上报国务院。

8月30日，“北京市市长国际企业家顾问会议”（世界500强企业家）代表团到景区考察。

9月8～9日，国家发改委西部开发司巡视员张亚丹率领生态补偿立法调研组到景区开展生态补偿立法调研。省发改委副主任曾文明，市委常委、常务副市长殷美根陪同。

9月17日，共青团中央国际联络部部长倪健到景区考察，团省委副书记曾萍，九江市委副书记张学军等陪同。

9月19～21日，中信庐山西海开发建设项目指挥部总指挥、中信房地产股份有限公司常务副总裁姚日波到九江市和庐山西海考察。市委书记钟利贵，市委常委、常务副市长殷美根陪同。

9月24日，中华见义勇为基金会理事长贾春旺到景区考察。省检察院检察长曾页九，省安全厅厅长周容兴，市委常委、市公安局局长叶国兵，市检察院检察长韩胜德陪同。

9月29～30日，2010首届“中国·庐山西海尚水文化旅游节暨中澳艺术滑水明星对抗赛”在景区举办。

12月30日，中信庐山西海国际生态旅游度假区项目开工仪式在景区举行。

2011年

1月9日，省台办主任阎钢军到庐山西海云居山景区视察指导工作。

1月12～17日，济和集团董事长王学超代表美高梅集团、济和集团到景区就庐山西海中美关系研讨会常年会址项目进行考察，其间聘请加拿大Ekistics Planning&Design公司专家在景区规划范围内宋溪、王埠区域现场勘查和规划设计。

2月22日，省政府副省长朱虹到景区就加快旅游产业发展工作进行调研。省政府副秘书长蔡玉峰、市政府副市长李伟陪同。

3月8日，省人大常委会副主任朱秉发率视察组到景区就温泉旅游有关工作开展调研。九江市人大常委会副主任王际民等领导陪同。

3月20日，环保部办公厅副主任、巡视员阚宝光到景区考察。省环保厅副厅长雷元江陪同。

3月23日，中共江西省委书记、省人大常委会主任苏荣到景区参观考察。省委常委、省委秘书长赵智勇，副省长熊盛文，省政协副主席、九江市委书记钟利贵，市长曾庆红陪同。

3月31日，“国际酒店白金管家”个人授徽仪式、“国际白金管家酒店联盟”企业授牌仪式在景区西海温泉国际温泉度假村举行。

3月31日，原北京军区副司令员、北京军区空军司令员贾永生到景区参观考察。省政府副秘书长叶磊陪同。

4月7日，江西省首家飞碟射击训练基地揭牌仪式在庐山西海国际温泉度假村举行。

4月8日，云居山—柘林湖（庐山西海）风景名胜区地方税务局和工商行政管理局挂牌成立。

4月11日，全国政协常委、教科文卫体委员会主任、中国科学院院士、原科技部部长徐冠华参观考察景区。

4月13日，来自包头、石家庄、锦州等全国18个城市的人大常委会工作研讨会代表视察景区。

4月18～21日，由百花洲文艺出版社《百花洲》杂志社主办的“2011《百花洲》文学笔会”在景区举行。

4月19日，内蒙古政协原副主席夏日、人大常委会原副主任贾才到景区参观考察。

4月30日，总后勤部中南基地司令员胡宜树、政委徐勇到景区参观考察。

5月3日，全国人大常委会原副委员长李铁映到景区参观考察。省人大常委会原副主任蒋仲平、市人大常委会副主任余修炎等陪同。

5月11日，全国政协原副主席赵南起到景区考察。省政协副主席朱张才、秘书长肖为群，省政协副主席、九江市委书记钟利贵，副市长刘建平陪同。

5月14日，由商务部和国家广电总局主办的援外培训项目暨国际广播电视媒体记者研修班一行46人到庐山西海参观考察。

5月21日，中组部、中纪委换届风气督导组到景区参观考察。市委常委、市纪委书记朱建国陪同。

5月26日，台湾佛光山开山宗长星云大师到景区参访云居山真如禅寺。

6月3日，江西神州通旅游投资有限公司股份转让签约仪式举行。

6月12日，Alan ours乔治州格林郡郡务经理及夫人Kristy lindsrtrom乔志洲会议办公室公共关系部主任到风景区参观考察。

6月17日，全国口岸管理绩效评估体系工作会在景区召开。国家口岸办副主任王敏等30余名省市口岸办主任出席。

6月22日，九江市副市长、公安局局长陈光明到景区检查指导工作。

7月2日，南京华天集团在景区项目所在地村组开展首次养老金发放活动，此次活动受惠村民405人，共发放养老金22万元。

7月4日，“云居山—柘林湖”风景名胜区更名为“庐山西海”风景名胜区。

7月19日，庐山西海专题片《寻找桃花水母》在央视四套《快乐汉语》栏目播放。

7月19日，省住房和城乡建设厅风景名胜管理中心组织专家召开中信项目规划评审会，《巾口旅游中心镇控制性详细规划》和《中信庐山西海精品酒店区修建性详细规划》获得专家组原则性通过。

7月19日，奥特莱斯有限公司董事会主席林卓严、战略投资委员会副主席陈春良到景区参观考察。

8月2日，国土资源部专员李恩才，国家土地督察南京局副局长顾龙友到景区参观考察。

8月15日，管委会以挂牌的方式公开出让11宗国有建设用地使用权，总面积75.20公顷，土地出让收入达13235.016万元，首次突破亿元大关，是风景区自2006年成立以来历年土地出让收入的5倍。

8月17日，庐山西海北线码头改造工程动工。同年12月15日，庐山西海北线码头改造工程竣工。

8月21日，中纪委副书记吴玉良、第七纪检监察室主任黄晓薇到景区参观考察。

8月24日，市政府党组成员李甫勇任风景区党委书记，钟华坚任风景区党委副书记，戴锦清任风景区党委委员。祝先进不再担任风景区党委书记，李小林不再担任党委副书记。

8月25日，中国风景名胜区协会摄影专业委员会委员、总参少将宋举浦到景区采风创作。

8月27日，“2011台商投资九江恳谈会”在景区举行。

9月6日，中央编办副主任吴知论参观考察庐山西海云居山景区。

9月7日，钟华坚任风景区管委会主任，戴锦清任风景区管委会副主任。

9月11日，省委副书记、省长鹿心社到景区参观考察。省政协副主席、市委书记钟利贵，市长殷美根陪同。

9月20日，广东省省长黄华华，广东省委常委、常务副省长朱小丹率广东省考察团到景区参观考察。

9月22日，云南省省长李纪恒，云南省副省长顾朝曦率云南省考察团到景区参观考察。省委常委、省纪委书记尚勇，省政协副主席郑小燕，市委常委、市纪委书记杨小华陪同。

10月3日，江西省妇联主席李亚平到景区参观考察。

10月5日，国家食品药品监督管理局副局长吴浈到景区参观考察。

10月6日，江西省飞碟射击训练基地和江西省第一个飞碟射击俱乐部在庐山西海国际温泉度假村开业。

11月1日，市人民政府副市长廖奇志到景区调研指导工作。

11月2日，越共中央委员、中央检查委员会副主任裴氏明怀率越南共产党中央检查委员会干部培训团到景区考察。中国纪检监察学院副院长蔡晓陪同。

11月2～4日，商务部原副部长孙广相到景区参观游览。省商务厅巡视员沈运煊陪同。

11月3日，公安部党委委员、政治部主任蔡安季到景区参观考察。省政协副主席、市委书记钟利贵，副市长、公安局局长陈光明陪同。

11月21日，徐张勇任风景党委副书记，杨祖荣、黄远林任风景区党委委员。

11月22日，省政协副主席、市委书记钟利贵到景区考察中信庐山西海国际生态旅游度假区项目。

11月23日，庐山西海专题节目在中央电视台七套《乡土》栏目播放。

11月25日，2011年生态补偿立法与湿地生态补偿国际研讨会在景区召开。江西省委常委、常务副省长凌成兴，国家发改委副秘书长李朴民，西部开发司司长秦玉才，巡视员张亚丹，市委常委、常务副市长占勇出席。

12月13日，景区获评“江西省十大新旅游景区”称号。

12月13日，市委副书记冯静到景区调研指导工作。

12月18日，市委常委、宣传部部长潘熙宁到景区调研指导工作。

2012年

2月21日，徐祥勇任风景区公安分局副县级干部。

2月28日，风景区国资旅游公司与南昌畅游旅行社、南昌口岸旅行社、九江假日旅行社分别签订西海旅游直通车代理协议。

3月1日，南昌、九江两地西海旅游直通车开通运行。

3月2日，风景区2011年度总结表彰暨实施“3239工程”动员大会在北戴河宾馆举行。

3月10日，风景区管委会与中信武汉建筑设计院就巾口旅游集镇总体规划方案调整意见达成一致。

3月27日，景区国土分局通过江西省土地使用权和矿业权网上交易系统发布土地出让公告。

4月1日，北京洁热能源科技有限公司地质勘探队入驻景区，启动巾口区域地热资源勘探工作。

4月9日，风景区规划委员会召开巾口旅游码头、游客服务中心、市接待中心等项目修建性详细规划方案邀标会。

4月22～23日，庐山西海风景区连续迎来兰州等地旅行社组织的首个千人旅游团、旅游专列以及由300多人组成的大型自驾游团队。

4月23日，甘肃森林沙漠国旅组织的300人旅游团队专列赴庐山西海参观游览，首次开通赴庐山西海景区旅游专列。

4月25日，风景区首批国有土地使用权网上交易成功，实现土地出让收入3771.07万元。

4月26日，省环保厅核发《关于云居山—柘林湖（庐山西海）司马旅游镇旅游基础设施项目、云居山—柘林湖（庐山西海）司马旅游镇旅游综合服务设施项目环境保护意向性意见》。

5月5～6日，北京市人大常委会副主任吴世雄到景区参观考察。省人大常委会财经委主任委员黄素英，市人大常委会财经委主任委员高修庭陪同。

5月8日，中信庐山西海国际生态旅游度假区还建区项目隆重开工。

5月18日，市政协副主席李军到景区考察。

5月22日，市委巡视员朱建国率领市委作风整治督查组到庐山西海，就干部作风整顿工作进行督查和调研。

5月22日，北京华通联合投资公司总经理张德虎到景区考察。

5月28日，风景区总体规划获原则通过。

6月5日，司马旅游镇基础设施和综合服务设施项目用地通过省国土厅预审。

6月6日，中央书记处书记、中纪委副书记何勇到景区参观考察。省委常委、省纪委书记尚勇，市委副书记、市长殷美根陪同。

6月15日，市委副书记、市长殷美根到景区考察调研。

6月23日，全国政协原副主席王文元到景区参观考察。市政协副主席朱汉浩陪同。

6月26日，中纪委原副书记傅杰到景区参观考察。省纪委副书记陈尚云，市委常委、市纪委书记杨小华陪同。

7月14日，中组部干监局副局长任鸿亮到景区参观考察。省委组织部副部长杨伟东，市委常委、组织部部长徐森鸣陪同。

7月17日，庐山西海基础设施等3个项目列入省重大项目调度。

7月21日，江西昌和投资有限公司董事长徐象和到景区考察。

7月24日，省委常委、省纪委书记尚勇到景区考察调研。市委常委、市纪委书记杨小华陪同。

8月7日，市政协副主席、统战部部长黄大明到景区调研庐山西海国际休闲欢乐世界项目。

8月6日，上海市人大常委会主任刘云耕到庐山西海参观考察。省人大常委会副主任陈达恒，市长殷美根，市人大常委会主任华金国陪同。

8月10日，市人大常委会副主任卢志鹏率专题调研组到景区调研旅游工作情况。

8月21日，市委常委、政法委书记廖凯波到景区调研政法工作。

8月21日，北京首都创业集团有限公司运营管理投资部经理王媛到景区考察。

8月23日，庐山西海风景区巾口区域地热钻探工程开工庆典仪式在武宁县巾口乡举行。

8月30日，市政府下发《关于进一步加快庐山西海风景名胜区开发建设的意见》，对庐山西海风景区相关职能职责进一步明确。

9月4日，风景区2012年度第一批次集镇建设用地获省政府批准。

9月24日，庐山西海巾口旅游集镇基础设施建设项目用地暨“一路三中心”项目用地顺利通过省国土资源厅预审。

9月28日，九江市庐山西海保护与开发工作委员会成立。工委会主任由市政府副市长廖奇志兼任。

9月28日，于先葵任风景区党委副书记。

10月2～6日，中共中央政治局委员、国务院副总理回良玉到景区参观考察。

10月19日，副省长朱虹在中信项目简报上批示：中信庐山西海项目是江西省最大的旅游项目，九江和西海要大力支持，半岛餐厅和样板房体现了江西建筑的最高水平，半岛餐厅可称为江西第一厅，达到了世界领先、中国一流。

10月23日，副市长廖奇志到中信庐山西海国际生态旅游度假区进行实地调研。

11月26日，市庐山西海保护与开发工作委员会第一次会议在市政府召开。会议研究了工委会议事规则、庐山西海船舶管理公告及江西庐山西海国资旅游开发有限公司相关事宜。

11月30日，风景区党委副书记、管委会主任钟华坚在办公室接受《人民日报》海外版记者专访。

12月5日，省住建厅副巡视员曾绍平到景区考察指导工作。

12月17日，全省旅游工作务虚会在庐山西海召开。

12月26日，市委常委、农工部部长董金寿到庐山西海考察重点项目建设情况。

12月27日，市港航局批复明确风景区海事管理职能职责。

12月31日，市国土局批复明确风景区国土分局职能职责。

2013年

1月5日，风景区《关于庐山西海风景区管理委员会内设机构和下属事业单位编制调整的批复》获市编委批复。

1月9日，市林业局明确风景区林政管理职能。

1月10日，全市县域经济考察组首次到庐山西海，就司马旅游码头和巾口中信度假区等项目进行巡查。

1月14日，江西六套大型旅游类电视专栏《蜘蛛游记》摄制组到风景区取景拍摄。

1月16日，庐山西海管委会、武宁县政府、永修县政府联合发布《庐山西海风景名胜区船舶管理公告》。

1月17日，《庐山西海国际艺术园规划环境影响报告书》通过专家评审。

1月22日，挪威哈比集团公司（The HABI Group）董事长黑尔格·比恩到风景区考察，并就岛屿开发改造等相关事宜进行洽谈。

2月1日，《庐山西海风景名胜区总体规划》获国务院审批。

2月27日，交通运输部副部长冯正霖到景区考察调研。省委常委、常务副省长凌成兴，省人大常委会副主任、省交通运输厅厅长马志武，省交通运输厅党委书记朱希，省港航管理局局长于钦民等陪同。

2月28日，风景区管委会与江西神州通旅游投资发展有限公司正式签订股权转让合同。

3月5日，“2012年庐山西海总结表彰大会暨创建国家AAAA景区动员大会”召开，标志AAAA景区创建工作全面启动。

3月17日，庐山西海巾口景区第一口温泉井钻探成功。

3月23日，省政协主席黄跃金到庐山西海考察调研。省政协副主席、市委书记钟利贵随同，省政协秘书长肖为群，市委副书记、市长殷美根，市政协主席魏宏彬，市人大常委会副主任柳国发陪同。

3月27日，司马旅游镇控规获住建部批准。

4月2日，汪会友、江家和任风景区党委副书记。戴志坚、吴文礼任风景区党委委员。

4月10日，市港航局批复明确风景区港航管理职能。

4月19日，庐山西海举办船舶统一管理启动仪式，标志景区规划范围内船舶实现统一管理。

4月20日，庐山西海向江西省信用联社融资1.2亿元获批。

4月23日，中央电视台十套《地理中国》栏目组到景区取景拍摄专题片。

5月6日，吴文礼任风景区管委会副调研员。汪会友、江家和不再担任风景区管委会副主任。

6月17日，市委常委、宣传部长潘熙宁带领由省驻市部分媒体负责人，市直新闻、社联、党校、文联、政研等方面专家学者、骨干记者20多人，开展“中国梦·县区行”大型新闻理论采访报道活动，零距离感受庐山西海风景区近年来的发展巨变。

6月21日，庐山西海管委会与江西神州通旅游开发有限公司举行股权收购交接仪式。

7月1日，景区水政管理职能得到理顺。

7月4日，庐山西海管委会与江西天然气庐山西海有限公司签订管道燃气特许经营协议。

7月11日，全国人大常委会环资委副主任委员王云龙率全国人大常委会调研组到庐山西海视察水环境保护情况。省人大常委会环资委主任委员汪毓华、市人大常委会副主任汤瑞琪陪同。

8月7日，副市长石荣国到景区考察项目建设。

8月9日，副省长李炳军到风景区考察湖区和司马旅游码头项目。省政府副秘书长叶磊、省工信委副主任江明成 、省金融办副主任方瑞增、副市长卢天锡陪同。

8月28日，司马旅游码头公路改造升级工程动工。2014年4月30日，司马旅游码头公路改造升级工程竣工通车。

8月28日，环保、公安消防办公楼开工建设。2014年4月16日，环保、公安消防办公楼竣工验收。

8月30日，副市长石荣国在景区主持召开庐山西海赣粤高速集团旅游开发项目协调会。

同日，世界华文媒体江西行参访团到景区参观考察司马旅游码头、西海湖区、中信庐山西海项目。

8月31日，十一届全国政协副主席、中国生态文明研究与促进会会长陈宗兴，中国高新区协会理事长、中国生态文明研究与促进会创建促进委员会副主任张景安率中国生态文明研究与促进会成员到景区考察。

9月1日，省旅游局副巡视员曾宜富率初评小组到庐山西海，对庐山西海创建国家AAAA级旅游景区进行初评。

9月6日，由中信地产和立邦涂料（中国）有限公司共同主办，江西省直机关工委协办，中信地产南昌投资有限公司、中信庐山西海（九江）投资有限公司、立邦涂料南昌分公司共同承办的关爱“两区”教育，“为爱上色”助学兴教活动在九江市武宁县巾口学校举行。

9月12日，市政协主席魏宏彬率全体驻浔省政协委员到景区开展“生态文明建设和环境保护”专题视察。市委常委、军分区司令员王凯军，市人大常委会副主任卢志鹏，副市长赵伟，市政协副主席徐少伟、纪岗昌、陶春元、朱忠玲、黄大明、朱汉浩、李军参加。

9月24日，巾口码头服务中心开工建设。2015年7月28日，巾口码头服务中心竣工并投入使用。

9月26日，为期5天的2013庐山西海“山水旅游周”启动。

9月27日，市委副书记冯静带领市委办公厅、市接待办、旅游局、交通局、重点办、供电局等部门到庐山西海调研。

9月27日，市委副书记、代市长钟志生到景区调研。

10月9日，南昌市副市长张根水率南昌旅游集团到景区考察。

10月11日，省旅游局副局长胡海率宣讲调研组到景区传达宣讲十三届省委第五十九次常委会提出的建设旅游强省的会议精神，并就风景区旅游发展现状和主要瓶颈展开调研。

10月13日，景区司马旅游码头发生桥面塌陷事故，导致18名游客擦伤或落水。

10月15日，庐山西海风景名胜区入选国家级水利风景区。

10月16日，南京军区原政委、上将雷鸣球到庐山西海参观考察。市委常委、军分区司令员王凯军陪同。

10月16日，环保部规划财务司副司长张士宝到景区就良好湖泊生态环境保护项目进行实地考察。省环保厅副厅长罗小璋、九江市副市长卢天锡陪同。

10月17日，江西庐山西海武宁景区旅游开发有限公司在景区工商局注册。

10月20日，市委副书记、代市长钟志生到庐山西海云居山景区指导项目建设。

10月22日，庐山西海迎来一群“特殊”游客，即252名年过七旬的老人回到当年他们肩挑手扛修建起来的柘林大坝。

10月24日，市委常委、市纪委书记杨小华到景区调研指导党风廉政建设工作。

10月29日，中共界别市政协委员到庐山西海开展新型旅游景区环境保护和旅游发展调研活动。

11月1日，中信集团原董事长孔丹、中信集团地产总裁宋川到景区考察。市委书记殷美根看望，市委副书记、代市长钟志生，市人大常委会副主任祝先进等陪同。

11月5日，全国人大常委会委员、环资委副主任委员张云川率调研组到景区就饮用水水源地环境保护情况进行专题调研。全国人大常委会环资委副主任委员龚建明，环资委委员张兴凯、赵忠新等参加，省人大常委会副主任谢亦森陪同，市委书记殷美根看望，市人大常委会主任华金国、副主任王利、副市长卢天锡陪同。

11月19日，市委常委、庐山管理局党委书记杨健到景区调研旅游工作。

11月19日，新华社江西分社社长王运才到景区考察。

11月29日，邹秀峰任风景区党委副书记，詹宏夫任风景区党委委员、纪委书记。郑庆华、柳鸿斌不再担任风景区党委委员。

12月19日，副省长李炳军到景区实地考察中信庐山西海国际生态旅游度假区项目。副市长、市公安局局长陈光明陪同。

2014年

1月28日，庐山西海《巾口西部启动区控制性详细规划》《巾口旅游镇中部组团控制性详细规划》《巾口国际艺术园控制性详细规划》3个重要控规获住建部审批通过。

2月22日，北京巅峰智业集团创始人、首席专家刘锋率旅游产业专家考察组到庐山西海考察。九江市副市长廖奇志等陪同。

3月2日，参加“江西旅游产业发展大会”暨“第十七届海峡两岸旅行业联谊会”的60余位嘉宾到庐山西海参观考察。

3月4号，市委常委、副市长赵玉刚到联系点庐山西海调研群众路线教育实践活动开展情况。

3月18日，市委副书记冯静到庐山西海风景区调研项目建设和党的群众路线教育实践活动开展情况，并主持召开重点项目建设调度会。

3月31日，中国港中旅集团董事长张学武率队到景区考察。省政府副秘书长宋雷鸣、副市长廖奇志陪同。

4月4日，全国人大常委会副秘书长刘水生到景区考察。市委书记殷美根、市人大常委会副主任熊起栋陪同。

4月4日，省军区司令员张晓明、省军区副司令员方建华到景区考察。市委常委、九江军分区司令员王凯军陪同。

4月22日，中共中央政治局原常委、全国政协原主席贾庆林到景区参观考察。省委书记强卫，省政协主席黄跃金，省委常委、省委秘书长赵智勇，九江市委书记殷美根，市长钟志生等陪同。

4月29日，庐山西海被全国旅游景区质量等级评定委员会评为国家AAAA级旅游景区。

5月2日，市委副书记冯静到景区调研指导。

5月9日，团中央第一书记秦宜智到景区调研基层团的工作。团省委书记曾萍、副书记廖良生，九江市市长钟志生陪同。

5月16日，中国传媒大学副校长廖祥忠到景区参观考察。市委书记殷美根，市委副书记、市长钟志生等陪同。

5月19日，2014“中国旅游日”江西分会场活动在庐山西海举行。省旅发委副主任余晓明、九江市副市长廖奇志等出席。

6月3日，庐山西海风景区船票价格调整，游船票65元/人，快艇票100元/人。

6月6～7日，水利部综合事业局副局长王杨群到景区调研水利风景区建设管理及水生态文明建设工作。省水利厅副厅长廖瑞钊陪同。

6月9～10日，中青旅总裁张立军率队到景区考察。副市长廖奇志陪同。

6月12日，英国华人华侨乒乓球友好访问团到景区参观游览。

6月13日，非洲非政府组织领导人联合考察团到景区参观游览。

6月19日，住建部稽查办主任王早生到景区进行国家级风景名胜区执法检查。省住建厅副厅长曾绍平陪同。

6月24日，市委常委、副市长赵玉刚在风景区主持召开教育实践活动专题民主生活会。

7月4日，湖南省人大常委会副主任徐明华到景区参观考察。省政协副主席钟利贵，市政协主席魏宏斌，九江市人大常委会巡视员张远秀，市人大常委会副主任祝先进、吕斌等陪同。

7月14日，由中央组织部原常务副部长张柏林、辽宁省委原副书记张成寅带队的中央第六巡回督导组到风景区调研群众路线教育工作。省委组织部副部长、省委“活动办”副主任周训国，市委常委、组织部部长李洪涛陪同。

8月1日，南京军区原副政委、中将徐德学到景区参观考察。省军区政治部主任罗晓东，市委常委、九江军分区司令员王凯军，九江军分区政委汪开华陪同。

8月4日，景德镇市人大常委会副主任吴光辉到景区参观考察。市人大常委会副主任吕斌陪同。

8月21日，香港有线电视台《直通世界》栏目组到景区取景拍摄专题片。

8月28日，市委书记殷美根到景区调研旅游发展和项目建设情况。

9月13日，由风景区团委和德安县团委共同主办的“2014庐山西海—德安青年联谊会”在景区举行，来自庐山西海、德安两地青年干部共计70余人参加。

9月17～18日，由管委会主办，江西高能集团承办的“庐山西海旅游项目开发研讨会”在景区召开。凤凰古城、三亚大小洞天等省外知名景区负责人、旅游专家和省内外多家大型旅游企业负责人等近40人参加，市委副书记、市长钟志生，副市长廖奇志看望。

9月19日，管委会与省邮政公司九江分公司签署战略合作协议，标志庐山西海邮政主题邮局在司马旅游码头挂牌营业。

9月26日，巾口景区“一路三中心”水土保持报告顺利通过专家技术评审。

10月16～17日，来自江西、湖北、湖南、安徽、河南、山西等中部省份传媒集团大型联合采访团到景区考察。

11月3日，市委常委、副市长唐舒龙到景区调研旅游工作。

11月5日，九江职业大学与庐山西海管委会举行合作协议签字仪式，庐山西海正式成为九江职业大学教学实习基地。

11月18日，庐山西海党委、管委会整体搬迁至武宁巾口。

12月31日，钟华坚不再担任风景区党委副书记。

2015年

1月16日，于先葵任风景区管委会主任，钟华坚不再担任风景区管委会主任。

2月5日，由中央电视台四套《远方的家》栏目打造的百集系列节目《江河万里行》摄制组到景区取景拍摄专题片。

2月9日，召开新任职科级领导干部任前集体谈话会，对新提拔和调整的科级领导干部进行任前集体谈话。

2月14日，召开2014年度总结表彰暨“大上项目、二次创业”动员大会。

3月12日，全省旅游重点产业集群九江调研座谈会在庐山西海召开。省旅游发展委员会主任王晓峰，市委常委、副市长唐舒龙，省旅游发展委员会副主任余晓明出席会议，来自全市五大旅游产业集群涉及县（市、区、山）相关领导参加会议。

3月31日至4月2日，中共中央政治局原常委，十届、十一届全国人大常委会委员长吴邦国到庐山西海参观考察。省委副书记莫建成，省政协主席黄跃金，市委书记殷美根，市委副书记、市长钟志生等陪同。

4月8日，财政部金融司巡视员刘健率调研组到庐山西海风景区考察调研国家PPP示范项目—柘林湖湖泊生态环境保护项目。市委常委、常务副市长占勇陪同。

4月15日，省政府发展研究中心副主任刘礼明到景区调研体制创新工作，并召开管理体制调研座谈会。市委常委、市政府副市长唐舒龙等出席。

4月15～16日，由全国各地60多家重点网络媒体组成的全国网络媒体江西游采访团深入景区参观考察，采访团先后到西海湖区、巾口景区、云居山景区、西海温泉等景区景点实地采风。

4月29日，庐山西海康龙游客服务中心揭牌营业。

6月9日，庐山西海巾口国际垂钓中心奠基仪式和西海宾馆开业仪式举行。

7月1日，庐山西海巾口水世界项目对外试营业。

7月7日，省委办公厅副主任李能率调研组到庐山西海调研国家ppp示范项目——柘林湖湖泊生态环境保护项目并召开座谈会。

7月18日，景区荣获“全国十佳生态旅游示范景区”称号。

7月28日，“庐山西海巾口景区对外开放暨20个重大项目开竣工发布会”举行。市委常委、庐山管理局党委书记杨健出席。

7月28日，中信度假区“水上运动·户外养生·户外婚纱摄影基地”对外开放启动仪式在沃森House乡村俱乐部举行。

8月5日，国家发展改革委员会国际合作中心副主任陈喆，中国城市文化产业发展联盟执行主席张斌率中国城市文化产业发展联盟考察团到庐山西海考察。市委常委、副市长唐舒龙陪同。

8月13日，市委常委、纪委书记黄赛荣到庐山西海调研指导党风廉政建设工作。

8月18日，市委常委、副市长赵玉刚率市基层党建调研组到庐山西海风景区调研景区基层党建工作。

8月18日，由新华网、吉林省延边朝鲜族自治州人民政府共同主办的“第三届旅游业融合与创新（中国·延边）论坛暨2015旅游业最美中国榜发布会”上，庐山西海风景区荣获“最美中国·健康养生旅游目的地景区”。

8月21日，中新社江西分社社长柳俊武率“行走中国·世界华文媒体江西行”参访团到庐山西海，聚焦庐山西海旅游经济发展情况。

9月10日，南昌至庐山西海“旅游直通车”开通。

9月13日，由老同志史之汉、胡春如、胡绍生等组成的市委组织部老干部考察团到庐山西海参观游览。

9月16～20日，中央电视台七套《乡土》栏目组到景区取景拍摄。

9月20日，江西省旅游产业高级管理人才研修班第九轮教学在景区开课。省旅发委主任丁晓群、省旅游集团董事长曾少雄出席。

10月3日，风景区工商局与市信息中心协调，开通风景区“三证合一、一照一码”平台，实现在景区工商局一次性办理企业注册。

10月21日，省旅发委党组成员、纪检组长陈兵率省旅发委调研组到庐山西海调研九江市景区免票接待情况。

10月24日，小记者协会校园记者团400余名小记者到庐山西海采风。

11月1日，高能—柘林湖宾馆改造项目开工建设。

11月2日，全省首个环境资源审判庭，即西海法庭在风景区司马旅游码头附近挂牌成立。

11月6日，联合九江职业大学在景区举行“西海班”开班仪式。

11月13日，九江水警第二届长江、鄱阳湖、庐山西海冬泳联赛在庐山西海闭幕，并在景区举办400米自由泳比赛，来自全市水上公安机关20支代表队70名运动员参加比赛。

11月17日，省体育局局长晏驹腾率队到庐山西海考察、洽谈江西省射击运动训练基地和水上运动冬训基地项目开发事宜。

11月18日，市政府党组成员、风景区党委书记李甫勇主持召开《庐山西海风景名胜区志》编纂会议，《庐山西海风景名胜区志》编纂工作启动。

11月20日，副市长、市公安局局长陈光明到景区调研公安工作。

11月26日，庐山西海风景名胜区市场监督管理局挂牌成立。

11月27日，庐山西海风景区邀请省内及湖南、湖北、安徽等重点客源地的媒体和旅行社代表，共同谋划庐山西海2016年旅游发展大计。

12月21日，江西省首个财政部PPP示范项目—九江市柘林湖湖泊生态环境保护项目开工仪式举行。省财政厅副厅长辜华荣出席，市委常委、常务副市长熊永强出席并宣布项目开工，副市长卢天锡出席并为项目公司揭牌。

2016年

1月6日，市委书记杨伟东到庐山西海调研。市委常委、农工部部长董金寿，市委秘书长周美祥陪同。

1月11日，省住建厅副巡视员齐红到景区调研。

1月25日，景区总体规划和景区司马旅游镇控规分获风景名胜区规划类一、二等奖。

1月26日，市政府副市长、公安局局长张荣先到景区专题调研公安工作。

2月19日，景区管委会召开副科以上干部大会，传达学习全市“新工业十年行动”动员大会精神，研究部署贯彻落实意见。

2月22日，及时处置一起省道306线位于庐山西海桃花溪漂流景区路段出现的大面积山体塌方事故。

2月24日，市政府党组成员、风景区党委书记李甫勇率队赴安徽黄山市考察旅游集镇建设。党委副书记汪会友随同。

2月25日，市政府党组成员、风景区党委书记李甫勇率相关部门赴杭州考察PPP项目中标企业并签订相关PPP项目子协议。

2月26日，针对特殊人群节假日的“十大优惠政策”在景区推出，旨在配合全市“新工业十年”战略部署，进一步擦亮“西海”品牌。

3月2日，市委宣讲团成员、市政府副秘书长宋志龙到景区就市委十届九次全会精神进行宣讲。

3月3日，中信地产南昌公司与江西财经大学共建博士后创新基地揭牌仪式在庐山西海中信度假区举行。中科院院士何祚庥，江西财经大学副校长吴照云，中信地产南昌公司董事长宋巍出席。

3月4日，全市县域经济发展升级巡回观摩团到景区考察。

3月20日，庐山西海风景区管委会、永修县政府联合主办的“诗画西海·大美永修”春季旅游产品宣传推介系列活动在南昌红谷滩万达广场举行。

3月21日，巾口水世界项目规划评审会召开。

3月24日，首份不动产权证书在景区办理完成。

3月29日，启动公车改革工作。

3月30日，深圳市江西商会会员企业考察团到景区考察。市委常委赵兵等陪同。

3月30日，打造“环庐山西海旅游经济圈”一季度重大项目签约仪式在景区举行。南昌大学江西发展研究院院长黄细嘉出席。

4月2日，《中国企业家》杂志社社长、木兰汇理事长何振红率20余位中国商界木兰精英到庐山西海参观考察。

4月11日，庐山西海风景区管委会与南昌大学战略合作签约仪式在南昌大学举行。南昌大学党委书记胡永新、南昌大学江西发展研究院院长黄细嘉，风景区领导李甫勇、于先葵、邹秀峰出席。

4月18日，东方园林产业集团总裁金健到景区洽谈考察。

4月20日，上海老街投资集团董事长陈卫家、中国智慧城市发展联盟主席郑经纬到景区参观考察。

4月26日，市委第四巡视组进驻景区。

4月28日，首届“西海杯”九江职业大学导游技能大赛决赛在景区举行。

4月28日，开展水上应急救援大演练。

5月18日，柬埔寨奉辛比克党副秘书长、菩萨省副省长比韩率领奉辛比克党干部考察团到景区参观考察。

5月19日，亚运会、世界大学生运动会网球冠军、国家女子网球队原主教练、现上海天辰网球俱乐部董事长夏嘉平到景区考察体育旅游产业项目。市委常委、军分区政委汪开华陪同。

6月7日，中国广播电影电视联合会授予景区“中国自驾游首选生态旅游目的地”称号。

6月8日，举办首届西海龙舟节。

6月16日，“2016庐山西海旅游产品湖南推介会”在湖南省长沙市举行。

6月22日，市政协副主席古小平到景区考察旅游工作。

6月23～24日，华体集团董事长张立增到景区考察。省体育局副局长林军，市委常委、副市长赵兵陪同。

6月30日，举行庆祝中国共产党成立95周年暨庐山西海风景区党委、管委会成立10周年文艺晚会。

7月1日，中国飞碟队一队和二队到景区进行为期两周的专场训练。

7月8日，南昌至景区巾口水世界直通车正式开通。

7月13日，庐山西海国际温泉度假村附近发生山体滑坡地质灾害事故，没有造成人员伤亡。

7月13日，市委副书记、市长林彬杨到景区检查指导防汛救灾工作。

7月21日，10名清华大学博士研究生组成的考察团到景区调研柘林湖湖泊生态环境保护PPP项目。

7月29日，庐山西海饮用天然水项目投产。

8月10日，市委常委、农工部部长董金寿到景区调研大水面开发养殖。

8月16日，詹宏夫不再担任风景区党委委员、纪委书记，杨祖荣不再担任风景区党委委员。

8月22～24日，首届庐山西海垂钓大赛在景区举行。

8月24～25日，省旅发委评审组对景区创建省级旅游度假区进行现场评审检查。

8月26日，市委第四巡视组向景区反馈巡察情况。

9月2日，景区获评“2016中国体育旅游精品景区”称号。

9月5日，李院清任风景区党委委员、纪委书记，陈立任风景区党委委员、组织宣传部部长，刘俊任风景区党委委员、公安分局局长。

同日，省政协视察组到景区专题视察平安景区创建及高速公路服务区安全防范工作。市政协副主席朱汉浩陪同。

9月7日，副省长殷美根到景区调研旅游产业发展。省政府副秘书长刘晓艺，市委书记杨伟东，省发改委副主任熊毅，省教育厅副厅长杨慧文，省旅发委副主任丁新权，副市长廖奇志，市委秘书长周美祥陪同

9月7日，省人大常委会环资委主任委员陈尚云率调研组到景区专题视察柘林湖水资源保护情况。市人大常委会副主任熊起栋，市政府副市长赵伟陪同。

9月8日，副市长廖奇志到景区召开推进庐山西海旅游经济圈发展政企座谈会。

9月20日，庐山西海发展研讨会在景区召开。副省长殷美根，省政府副秘书长刘晓艺，市委副书记、市长林彬杨，南昌大学校长周创兵，省体育局副局长林军，省旅发委副主任胡海，副市长廖奇志出席。

10月10日，山东省滨州市等全国六地（市）的民建组织主委和企业家会员代表50余人到景区考察。市政协副主席、民建九江市委会主委李军陪同。

10月12日，中共中央政治局委员、中央政法委书记孟建柱到景区考察。省委书记鹿心社，省委常委、省委政法委书记周萌，市委书记杨伟东等陪同。

10月20日，中国政策研究基金秘书长马健中到景区考察通用航空项目。

10月30日，景区获评“省级旅游度假区”称号。

10月31日，汪会友、江家和不再担任风景区党委副书记。

同日，市政府与省体育局、华体集团共同签订《打造庐山西海全国体育旅游示范区战略合作协议》。

11月4日，汪会友任风景区管委会副调研员。

11月6日，巴勒斯坦法塔赫革命委员会委员、法塔赫及巴解组织驻黎巴嫩分支机构总书记法塔希·阿布·阿拉达特到景区考察。

11月11日，全国水警“长江、鄱阳湖、庐山西海”冬泳联赛暨400米耐力赛在景区举行。公安部治安局副巡视员边清江，副市长、公安局局长张荣先，省公安厅水警总队总队长王东进到场观摩。

12月14日，市政协副主席、民政局局长邓君安率庐山西海体制改革调研组到景区调研。

12月20日，江家和任风景区党委正县级干部。

12月23日，市委书记杨伟东围绕庐山西海旅游经济圈发展到景区专题调研并主持召开市委常委专题办公会。

专记

市领导调研庐山西海风景名胜区并现场召开市委常委会专题办公会

2016年12月23日，市委书记杨伟东率四套班子领导专题调研庐山西海旅游经济圈建设，并现场召开市委常委专题办公会,研究加快庐山西海旅游经济圈发展的目标、方向和路径，决定了部分事项。

上午，杨伟东等领导首先深入实地一线进行调研。对总投资4亿元，涵盖射击、游泳、跳水三大基地的射击训练中心、游泳冬训基地、跳水冬训基地项目建设，杨伟东要求要抓紧推进，尽快把该基地打造成为庐山西海创建全国体育旅游示范区的亮点项目；对黄荆洞生态度假区建设，杨伟东要求要充分利用所处位置的生态优势，高起点规划、高标准建设，把度假区打造为精品旅游项目；此外，就柘林湖宾馆改造项目的生态建设，杨伟东也提出了指导性意见。市委副书记、市长林彬杨，市委副书记、政法委书记熊永强，市人大常委会主任冯静，市委常委、庐山市委书记、庐山管理局党委书记杨健，市人大常委会副主任、市委秘书长周美祥，市政协副主席吴锋刚，市政府秘书长吴照友以及市直相关部门领导参加。市政府党组成员、风景区党委书记李甫勇，风景区党委委员、纪委书记李院清等陪同。

下午，围绕庐山西海旅游经济圈建设，杨伟东在景区行政服务中心主持召开了市委常委专题办公会。市委副书记、市长林彬杨，市委副书记、政法委书记熊永强，市人大常委会主任冯静，市政协主席杨小华，市委常委、庐山市委书记、庐山管理局党委书记杨健，市委常委、组织部部长李洪涛，市人大常委会副主任、市委秘书长周美祥，市人大常委会副主任、财政局局长李润金，副市长孙金森，市政协副主席吴锋刚，市政府秘书长吴照友参加。市政府党组成员、风景区党委书记李甫勇，党委副书记、管委会主任于先葵，以及市直相关部门、永修县、武宁县的主要领导列席。

会议决定支持景区管委会与华体集团有限公司、荣盛房地产发展有限公司、中海地产集团有限公司进行战略合作，由市政府分别签订框架合作协议，管委会按框架协议逐项签订项目协议；支持景区环湖旅游公路建设；支持景区全国体育旅游示范区建设，以及庐山西海旅游经济圈建设，力争整体列入省级重大项目调度；支持景区创建国家AAAAA级景区和国家旅游度假区；支持成立市委、市政府庐山西海旅游经济圈推进领导小组；支持帮助理顺景区财税体制；支持景区明确交通、治安等管辖范围；支持关心景区班子和干部队伍建设等。

就庐山西海旅游经济圈当前发展。会议指出，思路决定出路，庐山西海旅游经济圈的建设发展，首先定位要准确。庐山西海天生丽质，只有找准市场定位，才能打开突破口，打造引爆点，吸引游客，带来项目，做好旅游大文章。否则，资源再好，生态再优，也只能“待字闺中”。庐山西海定位为健康、运动、休闲发展主题，一是有基础。目前，景区布局落户和正在推进的大多数是这一类的项目，基础配套、管理服务都是比较完善的。二是有优势。景区有山有水有岛屿，碧波万顷、绿岛拥翠，有一级的大气、一类的水质。三是有前景。当前，我们国家正迎来大健康产业、老龄化社会和全民旅游的时代，西海打造健康、运动、休闲旅游目的地定位非常契合时代特征。要通过政府搭台、民间唱戏、社会参与，引导潮流、细分市场、做专做精、追求极致，推进庐山西海大众旅游的发展。

就庐山西海旅游经济圈下一步发展。会议要求，一是“AAAAA”要创到手。市第十一次党代会报告提出，要加快庐山西海景区创AAAAA，庐山西海管委会要主动担当，积极作为，加快推进创评工作。要打牢基础，对照AAAAA级标准，对照创评时间表，把基础工作一项一项地做扎实、一条一条地抓落地。要主动对接，争取国家旅游局、省旅发委对AAAAA景区创评、申报的支持。二是庐山西海旅游经济圈要建好。庐山西海作为全市“两圈两带”（“环庐山、大庐山、泛庐山”旅游经济圈，庐山西海旅游经济圈，鄱阳湖旅游经济带，沿长江旅游经济带）布局中的重要“一圈”。要把景区旅游环起来，经济环起来，相互呼应，抱团发展。要完善好旅游发展规划，使健康、运动、休闲的发展主题体现在环西海的每一个项目中。市规划建设部门要主动介入，严格把关，杜绝败笔，让每一个项目的规划建设经得起历史的检验。要围绕打造小球健康运动中心的目标，整体谋划，在沿西海的项目中植入运动项目及场馆，建设一批小球运动的培训基地、培训场馆，引进一批知名赛事到这里举行。要快速高效推进环湖旅游公路的规划建设，谋划推进环西海的高铁连接、轻轨连接，聚集广大游客，打造全域旅游，构建环庐山西海旅游产业带。三是“三地”要一条心。庐山西海、永修、武宁“三地”要共谋发展，站在为全市改革大局、为西海旅游发展着想的高度，在景区规划、景点布局、项目推进等方面，牢固树立“一盘棋”的思想。要共破难题，在开发建设、征地拆迁、行业管理、环境保护等方面积极配合，合力攻坚。要共推改革，市里准备开展4项管理体制改革，其中就包括西海的体制改革，一旦市委、市政府决策，“三地”要无条件服从改革大局，确保本地区平稳。

卷一

区划 地理

第一章 区划

第一节 建制沿革

云居山—柘林湖风景名胜区（庐山西海）由云居山和柘林湖两个省级风景名胜区组成。其中，云居山景区文化底蕴深厚，开发历史较早，1985年被批准为江西省级风景名胜区，1987年设立云居山风景区管理局，为市政府副处级派出机构，1992年下放给永修县代为管理，设立云居山风景名胜区管理局。云居山共有6大景区，36个景点，220处自然和人文景观，仅有莲花城和百花谷2个景区对外开放。柘林湖开发较晚，1998年永修县政府成立旅游开发领导小组，设立永修县柘林湖景区办。2000年4月，柘林湖对外开放，共有鹿角尖、梦生山、附坝3个景区，景点8处，简易码头3个。与此同时,永修县大力拓展南昌、九江、武汉等周边旅游市场，逐渐引起较大反响。市、县开始对柘林湖旅游开发引起重视。

2004年，中共九江市委（以下简称市委）、九江市人民政府（以下简称市政府）成立云居山—柘林湖风景名胜区工作领导小组（以下简称领导小组），开始国家级风景名胜区筹建工作。8月，完成云居山—柘林湖风景名胜区《规划大纲》《资源调查评价报告》《风景资源图片集》、《申报书》以及有关管理机构与管理权属等申报材料。9月，云居山—柘林湖申报国家重点风景名胜区《资源调查评价报告》获得原则通过。2005年7月，领导小组在听取审议筹委会前期工作的基础上召开了专题会议，就风景名胜区成立后发展的原则和目标、工作的重点和要求，进行了明确和细化。

2005年12月31日，国务院批复云居山—柘林湖风景区为国家级风景名胜区。2006年

3月，市委成立云居山-柘林湖党委，隶属市直属机关工委。2006年4月，市政府设立云居山—柘林湖风景名胜区管委会，为市政府正县级派出机构,代表市委、市政府对风景区履行开发、保护、建设和管理职能。景区成立之初，管委会驻地设在永修县柘林镇梦生山码头，租用九江港航局柘林湖分局办公楼办公。2008年初，扩租江西省柘林湖地方海事处办公楼办公，后因海事楼和港航楼房屋不够，同时租用柘林镇红宾楼（锦峰宾馆旁）。2011年7月4日，云居山—柘林湖风景名胜区管委会更名为庐山西海风景名胜区管委会。2014年11月19日，管委会驻地整体搬迁至武宁县巾口乡上畈村。

第二节　规划区域

位置 庐山西海风景区位于江西省九江市西南面，地跨永修、武宁2县，地理坐标为北纬29° 03′ ~29° 18′ 、东经115° 04′ ~115° 40′ 。总规划面积为495平方千米，其中云居山片区面积为118平方千米，柘林湖（西海湖）片区面积为377平方千米（其中水面192平方千米），由70个坐标点进行控制（实际设立坐标点36个）。云居山省级自然保护区24.8平方千米范围位于风景名胜区外。核心景区保护范围以分级保护的特级、一级保护区为主体，包括风景游览区的主要游览范围，面积为246.55平方千米，由96个坐标点进行控制。

区域 东南部以云居山海拔500米山腰跨永武公路经易家河大桥、大王峰至二附坝为界；南部以白石港经龙头岭、菊花尖、桃花尖沿永修与武宁交界线至永武公路为界；西南部沿永武公路经界牌、杨洲村后，沿柘林湖南岸经漾都、东边至关山村为界；西部以柘林湖红岩潭库湾为界；北部以南皋村沿永武高速公路南侧接二附坝为界。

界桩 风景名胜区总面积为495平方千米。界号选择分别为：1 ~ 13号=13个、26 ~ 32号=7个、35 ~ 42号=2个（500米等高线选择2个）、43 ~ 47号=5个、48 ~ 56号=5个 (选择5个) 、67 ~ 70号=4个，合计：36个。2013年埋设界桩根据实际情况作了相应的调整，其中与武宁县交界的界桩个数为21个（点号为：1、2、3、3 ~ 1、4、5、6、6 ~ 1、7、7 ~ 1、8、8 ~ 1、9、9 ~ 1、9 ~ 2、10、11、12、13、67、68），与永修县交界的界桩个数为15个（点号为：30、31、36、42、45、45 ~ 1、46、46 ~ 1、47、47 ~ 1、47 ~ 2、48、51、51 ~ 1、52）。

庐山西海风景区埋设界桩坐标一览

表 1-1

点名	x坐标	y坐标	h高程	界桩点所在位置
xc1	3239721.127	321240.3915	64.652	黄沙水泥路终点水边高坎上
xc2	3238608.637	322150.6055	61.199	黄沙养猪场边湖水边的坎子上
xc3	3237290.901	322560.9831	74.738	九头到黄沙的水泥路边
xc3-1	3237379.019	324199.2097	76.779	关山口村庄水泥路边的沟边上
xc4	3238282.531	325648.5943	83.563	巴垅李家塘对面的水泥路边上
xc5	3238021.726	326705.0225	67.847	罗坪东边村下肖塘边水泥路边
xc6	3239156.591	328899.4809	86.155	罗坪镇八字门往养鱼基地的土路边上
xc6-1	3239013.256	329477.0557	87.962	罗坪镇八字门陈家岭水泥路边松树林里
xc7	3237944.578	333169.0746	67.225	石冲土路分岔口处
xc7-1	3237336.938	334774.9351	70.104	下庄湖边养鱼房后的高坎上
xc8	3236879.299	335109.2979	69.318	新屋里最里面分叉土路边
xc8-1	3236217.517	336338.2978	81.282	天水坪分叉水泥路边橘子树边
xc9	3235253.464	338481.039	71.125	大洪殿移民新村房对面高坎上
xc9-1	3233991.017	340373.2167	73.16	唐家垴新村土路边上
xc9-2	3233413.931	340788.829	79.747	扬洲村移民厂房竹林边上
xc10	3232623.47	341333.6704	67.995	扬洲桥边加油站东南向约45米处
xc11	3232529.515	342253.2405	90.53	界牌9组公路边的坎上
xc12	3233049.44	342929.8041	82.382	界牌村等班车站牌后面4米处
xc13	3233441.453	345031.2871	86.286	界牌村观音垅新村武宁与永修分界的界牌处
xc30	3217730.791	366331.2914	54.389	云山镇敬老院北面的养殖房边上大松树处
xc31	3219083.291	368239.6894	44.617	上云居山寺庙路上界牌楼处山边
xc36	3224346.232	366163.4488	120.82	星火有机硅厂背后的山上土路边
xc42	3226659.995	358953.4779	104.08	江上乡南坑村塘东组房屋对面高坎上
xc45	3231507.656	357285.1875	33.64	易家河乐直新村后橘子园广告牌边
xc45-1	3231981.862	357728.1457	36.254	有朋山庄西北向橘子园边塘坝上
xc46	3232416.325	357063.3388	28.265	易家河大桥边柘林湖土菜馆对面的橘子园边坎上
xc46-1	3232613.077	357013.6822	27.946	易家河大桥桥头渔林馆土家菜广告牌边
xc47	3233583.476	356741.8993	29.399	柘林梁头村水泥路边塘坎上
xc47-1	3233638.528	356176.3037	25.985	柘林镇梁头村沟边上

续表 1-1

点名	x坐标	y坐标	h高程	界桩点所在位置
xc47-2	3231062.787	356386.5712	33.153	柘林镇梁头村坟山坎上水泥路边
xc48	3231295.102	357028.7619	33.837	柘林镇山泉有限公司后面橘子园边
xc51	3237805.474	356708.7078	59.506	三溪桥镇杨垅村付坝组
xc51-1	3238343.127	356998.0882	67.961	三溪桥镇杨垅村付坝组别墅区边的杨梅地坎上
xc52	3239918.518	357225.3324	50.324	周家山村庄水泥路与土路岔口坎下
xc67	3245769.705	319041.3521	66.251	宋溪田东村大马塅水塘对面高速路边上
xx68	3244756.763	319686.6101	60.656	宋溪田东村塘元垅柘林湖边坎上

第三节　乡镇

庐山西海风景名胜区规划范围内共涉及2个县，9个乡（镇、场），25个行政村，129个自然村。其中永修县境内4个乡（镇、场），46个自然村；分别为江上乡、柘林镇、三溪桥镇、云山垦殖场；武宁县境内5个乡镇，15个行政村，83个自然村。分别为巾口乡、杨洲乡、官莲乡、罗坪镇、宋溪镇。至2015年年底，风景名胜区内共有居民55673人。

2015 年庐山西海规划范围内人口一览

表 1-2　　　　单位：人

所在乡镇	总人口数	行政村名称	人口数
江上	1276	南坑	1276
柘林	10587	易家河	4069
		司马	3274
		雕刻厂	301
		联丰	843
		柘林电厂	2100
三溪桥	5746	杨垅	1853
		黄岭	1703
		横山	2190

续表 1–2

所在乡镇	总人口数	行政村名称	人口数
云山	6272	农林公司	6272
官莲	1508	东山	1508
宋溪	3760	大坪	704
		南皋	1772
		王埠	1284
巾口	9424	北栎	1686
		西下	1998
		三山	2022
		棠厦	1686
		上坂	2032
杨洲	2750	杨洲	1290
		界牌	1460
罗坪	14350	东边	2176
		关山	2451
		洞坪	5512
		漾都	4211
总计	55673		

第二章　地理

第一节　地质 地貌

一、地质

景区地质构造总的特征是紧密褶皱上隆及相应的断裂和伴生的次生构造，造成老地层变质，风化剥蚀，中生代地层缺失，或埋藏较深，或风化夷平。其中，西海湖两岸主要属第四系全新统冲积泥沙及砾石，间夹中更新统网纹红土、砾石及下更新统中细砂、沙砾、亚黏土，呈典型的侵入岩地质构造。

二、地貌

景区属九岭山脉东端，境内最高峰高山尖海拔969.4米。其中，一、二级阶地多数被淹，三、四级阶地内平原和山岭交错，形成近东西走向的复式斜谷，区域内以丘陵坡地为主。

第二节　气候 水文

一、气候

景区分为2种气候类型。其中云居山属中亚热带季风气候。四季分明，雨量充沛。年主导风向为北风，夏季为东南风，最大风力为31米/秒，最小风力为0级；山上年平均气温为13.2℃，极端高温为34.2℃；年平均无霜期为200天；年平均降雨量为1800毫米；年平均有雨日为181天左右。西海湖属亚热带季风气候。湖区气候温和湿润，雨量充沛，霜期较短，春季湿润，夏季阴凉，秋季干爽，冬季阴寒，由于森林覆盖率高以及柘林湖水面的调节作用，气候温暖湿润，四季分明，全年平均气温为15℃～17℃，年极端最低温度为零下13.5℃，年极端最高温度为41.1℃，区域冰、雪、霜期日数不多，全年无霜期约300天左右，年平均降雨量为1437毫米。

二、水文

景区西海湖系截流江西五大河流之一修河而成，修河源于幕阜山南麓（湖南省平江、湖北省通城和江西省修水3县交界处），流经铜鼓、修水、武宁至永修山下渡与潦河会合，在吴城与赣江会合流入鄱阳湖，全长419千米。汛期河宽500～800米，枯水期200～300米，河深3～5米，流速0.6米/秒，历史最大流量约12100立方米/秒。西海湖汇水区域9340平方千米，正常水位蓄水面积308平方千米。总库容为79.2亿立方米，设计洪水位71.3米，水库正常蓄水位高度为海拔65米，相应库容为50.17亿立方米，平均水深达45米左右。

除修河外，景区范围还存在船滩河等13条港汊及部分小型湖泊，塘堰等地表水。

西海湖库容及水面积一览

表 1-3　　单位：米、亿立方米、平方千米

水位高程	64	65	66	67	68	69	70	71	72	73
库容	47.2	50.17	53.18	56.4	59.9	63.44	67.2	71.11	75.08	79.2
面积	296.3	308.15	320.4	333	345.5	358.7	373.04	387.4	401.5	415.6

西海湖历年水位均值一览

表 1-4　　单位：米

月份	1月	2月	3月	4月	5月	6月	7月	8月	9月	10月	11月	12月	年平均
水位	53.5	53.24	53.73	55.13	56.91	58.09	59.87	59.49	58.84	57.92	57.07	55.93	56.67

西海湖历年水量均值一览

表 1-5　　单位：亿立方米

月份	1月	2月	3月	4月	5月	6月	7月	8月	9月	10月	11月	12月	年平均
水量	2.0	3.6	8.01	11.9	14.6	15.73	9.5	5.1	3.11	2.5	2.8	1.7	8.06

景区周边及内部地表水情况一览

表 1-6　　单位：毫米

编号	水系名称	主要流经城、镇、乡村	年均径流情况
合计	13条	流域面积均在70平方千米以上（修河水系一级支流）	
1	船滩河	上汤乡、东林乡、船滩镇	多年平均径流深900
2	澧溪河	澧溪镇的安乐林场、槽坑村、郭坑村、大源村、上菁村、澧溪村	多年平均径流深860
3	烟港河	甫田乡的石洋村、建富村、烟港村、甫田村	多年平均径流深820
4	伊山河	宋溪镇的天坪、堰下、伊山、坑口村	多年平均径流深800
5	花园河	泉口镇的楼下村、芭蕉村、横路乡的白洋村、新溪村、儒庄村、金盆村、横路村、泥山村、株林村	多年平均径流深750
6	双溪河	鲁溪镇的小源村、垄畈村、双溪村	多年平均径流深700
7	大田河	清江乡的龙石村、大田村、汉桥村、清江村	多年平均径流深800
8	洞口河	石渡乡的洞口村、官田村、新丰村、石渡村	多年平均径流深800
9	罗溪河	石门楼镇的乌矿、石门村、西桥村、九条村、炉山村、罗溪乡的联村、罗溪村、石渡乡的盘溪村、丰年村	多年平均径流深900
10	沙田河	新宁镇的茗洲村、斜滩村、沙田村	多年平均径流深900

第三节　动物 植被

一、动物

景区生态环境多样，为各种动物的繁殖与栖息提供了良好的场所。据1998-1999年野生动物资源调查结果显示，景区共有鸟类达310种，数量为40万只，分属于17目51科，其中水禽占有很大比例，达115种。国家一级保护鸟类11种、二级保护鸟类40种，省级保护动物102种；兽类达35种，其中国家一级保护动物1种，二级保护动物5种，省级保护动物12种；两栖爬行类28种，其中国家二级保护动物5种，省级保护动物15种。鱼类共有25科118种。

二、植被

景区气候温和，多数山地土层深厚，适宜各种植物生长，在全国植被区划上属亚热带常绿阔叶林地区，东部中亚热带常绿阔叶林。植被上显示出由亚热带落叶林向亚热带常绿阔叶林的过渡特征。植被区属泛北极植物区，与中国—日本植物亚区的华东3地区毗邻。

境内林木繁茂，植被完整，森林覆盖率达84%，其中云居山森林覆盖率达89.2%，活立木总蓄积量40余万立方米。有各类植物2000余种，其中高等植物1000余种，果木林种类20余种，人工林15种，乔木类115种，观赏植物有40余种。

境内的国家一级保护树种伯乐树，是全国亚热带特有的单型科古老原始类型树种。珍稀树种有香果树、银杏（20余株）、柳杉、云南松、红豆杉、八角茴。其中有树龄达500余年的罗汉松，位于司马村；古银杏树龄达1000余年，位于真如禅寺内；云居山西侧还有江南面积最大的天然栓皮栎植物群落。

第三章　旅游资源

景区范围内风景旖旎秀丽，山环水绕。奇秀天成的云居山与绿岛拥翠、宛若仙境的西海湖互为辉映。

云居山自古就有“云岭甲江右，名高四百州”之美誉，苏轼赞曰“冠世绝境，大士所庐，四百州天上云居”，山上有著名的真如禅寺及塔林。“真如禅寺”自唐元和三年（公元808年）道容禅师奠基开山以来，迄今已有近1200年历史。由于其在佛教界的巨大影响，历代许多名人骚客不辞跋涉之苦来此蹑访驻足，如白居易、苏轼、黄庭坚、秦少游、皮日休、晏殊、朱熹、王安石等，留下270多首赞美云居山的优美诗文。

西海湖海拔高程20～150米，是江西省最大的人工湖，系江西省以发电为主，兼有防洪灌溉、航运和水产事业等综合效益的大型水利水电工程。西海湖沿湖地貌各异，四周翠峰簇拥，有千仞壁立的悬崖，傍湖而坐的村落，湖滨坦荡的田畴，直泻湖面的飞瀑；因水面辽阔，四周多山，山中气候与湖中气候有很大差异，因风向和气压的关系，山中的云雾有时会从某个山口冲向湖中，在湖中观看如同宽大的瀑布从山上直泄湖中，十分壮观。

西海湖没有工业污染，水质清澈，无异味，COD、BOD等指标达到I类地表水水质标准。湖区大气质量亦达到国家规定的一级标准，天晴时湖水透明度达9～11米，素有“水中大熊猫”之称的桃花水母大量栖息于此。

第一节 自然资源

一、云居山旅游资源

云居山山门

云居山原名“欧山”，因终年云蒸霞蔚，李唐后改称云居山。山体主峰海拔969.4米，大部分海拔在800米以上，潦、修两河南北夹持，山势雄奇，植被繁茂，风景绚丽，气候宜人，山上年平均气温13.2℃，极高气温34.2℃，极低气温-11.9℃，属中亚热带季风气候，四季分明，雨量充沛，年均无霜期约为200天，平均有雨日181天。

云居山景区共有莲花城、百花谷、青石湖、泉祠坳、桃花溪和黄荆洞6大景区，规划总面积216.5平方千米，景点36个，自然和人文景观220处。同时，云居山景区也是以佛教文化和自然景观相融合的景区，其中莲花城景区以佛教文化、名寺古塔为景观特色；百花谷景区以秀谷飞瀑、奇石天成为特色；青石湖景区以盆地景观、碧峰林海为特色；泉祠坳景区以竹海奇洞、山居民俗为景观特色；桃花溪景区以峡谷漂流、仙女峡探景为特色；而黄荆洞景区则以古道险途、绝壁奇峰为景观特色。2015年年底，云居山景区共有莲花城、百花谷、桃花溪3大景区对外开放。

（一）自然资源

云海

山峰 云居山峰峦林立，群峰染黛。主要山峰有高峨挺拔的高山尖、云遮雾笼的桃花尖、突兀峥嵘的菊花尖、高耸天半的五脑峰，以及烂柴尖、大马颈、大壁山、坪峰山、竹篙尖、石门尖等，其中高山尖为云居山主峰，海拔969.4米。峰峰景色迥异，构成云居山不可多得的峰峦秀色景观。

岩洞 云居山峰奇洞幽，星罗棋布，有的曲折幽深，牵萝以入；有的宛若屋舍，纳人数十：洞顶“云山石屋仙境”引人遐思；九曲洞，洞口仅容一人进出，洞内上下屈曲，左右迂回，幽深邃密，诱人探幽，还有豪猪洞、三角洞皆各具特色。

峡谷 云居山地貌多成陡崖，线状山间谷地。岩石岩体多为花岗岩。由五龙潭经朱家岭至老星火化工厂一线有谷曰“百花谷”，山谷两侧黛山茂林，苍翠欲滴，奇石林立，古松苍虬。一俟日出，万道金光遍洒谷间。云雾尽散，秀美绝伦，实有匡庐锦谷之神韵。

飞来石

岩石 云居山山石荦确、峥嵘峻峭、奇岩石怪。鸡石、龟石、猴面石、石船、仙人浴盆、观音井、船头石、五垒石、试剑石、神象驼宝、犀牛石、石鼓、河蚌石等，形态各异，鬼斧神工，令人叹为观止。还有那美丽动人的神话传说，更赋予它们神秘的色彩。明代熊德明有诗赞石鼓曰“自奏钧天响后，不将声色骇时人”。

五龙潭大瀑布

瀑布 云居山险峰峭壁，溪涧纵横，溪流自崖顶跌落，飞瀑如练。马喷水，自两峰峡壁间喷涌而出，飞落数十米。交水瀑布飞瀑重帘，直泻100余米，声达数里，给人以“飞流直下三千尺，疑是银河落九天”之感。百花溪，婉转曲行，绿波妙隐。五龙潭，溪水连跌5级，平时素荡飘逸，雨后倒海翻江，声震数里。千百年来，文人名士对五龙潭皆赞叹不已，赋诗吟咏。

湖泊 云居山明月湖形如满月，方园净0.67公顷，澄清如玉，玲珑剔透，旭日东升，金光荡漾，遥映真如，华憧瑞霭，蔚为壮观。古人赞曰“天上云居真饱景，一泓收尽万山秋”。

溪涧、名泉 云居山溪流纵横，清流不涸。百花溪、桃花溪、黄韶水、白水、交水、黄荆河，诸溪蜿蜒曲行，穿林击石，涧水响鸣，如琴似咏。云门寺“聪明泉”清凉甘甜。真如禅寺“慧泉”，启人智慧。

野生灵芝

植被 云居山林木繁茂，植被完整。有天然植物近2000种，高等植物1000余种，森林覆盖率达89.2%。云居山诸峰林木苍郁，山色含黛，松、杉、竹青翠欲滴。五脑峰、泉祠坳近666.67公顷竹海，碧涛阵阵，婆娑多姿。扁担坳、大马颈松涛万顷，苍翠挺拔。春日时节，遍山杜鹃、瑞香、兰草色彩斑斓。云居山植被种类繁多，古木参天。分布于真如禅寺周围的12株古银杏，树龄皆在数百近千年。其中无心杏树龄近千年，径围近10米，高达10余米，虽历经沧海桑田，仍枝繁叶茂，生机盎然。朱家岭的古枫、桂树，雷公洞的栎树树龄均在近千年。云居山著名珍稀树种有国家一级保护树种伯乐树、香果树。其他珍贵树种有金丝楠、八角茴、云南松等。还有80公顷江南最大面积的天然栓皮栎群落，是云居山植被资源中宝贵财富。

雾松

气象 云海是云居山一大景观。雨过初霁，站立南天门，可见万顷云海好似大海茫茫无际，云居诸峰漂浮于云海之上，宛若蓬莱仙岛，奇幻无比。一旦日出，茫茫云海逐渐散去，化作缕缕白絮，似烟如纱，云飘山移，妙不可言。黎明时分，但见东方天空渐红，片刻之间一轮红日跃出，金光万道洒遍山川大地，大好山河尽揽眼底。风景壮观的日出，奇幻的云海，更有那七彩的飞虹和美丽的余晖，上白水、五龙潭时时可见彩虹，虹随人动，乐趣无穷。隆冬季节云居山雪花飞舞，云居诸峰银装素裹，玉树银花，雪拥楼台，冰琢晶宫，壮观奇丽，为云居山冬日一大美景。

（二）人文资源

名寺古刹 云居山是佛教曹洞宗发祥地之一，迄今1200余年，全盛时期山上有寺庙数十座，僧尼1500余人。此后寺庙屡有毁兴。1980年前后，一批有较高历史价值的庵堂、寺庙都在逐步修复重建中。2015年年底，云居山有遗址的寺庙有10余处，有僧尼驻守的

雪后真如寺

远眺真如寺

则有9座。除国家重点开放寺庙真如禅寺外，尚有瑶田寺、南阳寺、圆通寺、观音寺、小云门寺等一批寺庙对外开放。

名僧墓塔 存有历代名僧墓塔近百座，大多因风化或其他原因导致损坏，其中有40余座已修复。全山塔墓大多集中于真如禅寺附近，已知的有颛愚塔、燕雷塔、道容塔、佩璋塔、心印塔、将军塔、朗耀塔、海灯塔、虚云塔、海会塔、悟源塔、一木塔、道膺塔、日本平山钝木和尚塔等，上方庵西南侧有十余座僧塔相聚而建，成一塔林。2000年经修葺，貌复原状，蔚为壮观。

佳作题刻 历代前来云居山朝觐览胜者不胜枚举，已知著名人物有白居易、王安石、苏轼、黄庭坚、秦少游、皮日休、晏殊、朱熹等，留有诗词270多首。摩崖石刻保存完好。现已查知的有谈心石旁苏轼手书的“石床”两字及佛印和尚在洪觉道场提刻的“洪觉道场”和在石鼓题刻的“阿弥陀佛”四字。

赵洲关

赵洲关 相传唐朝时赵州从谂和尚专程登山拜访道膺禅师，下山时，道膺禅师送其至此而别。当时人们在此建一石坊以为纪念，道膺禅师即名之“赵洲关”。早年倒塌，1985年，方丈一诚主持在旧关原址西南200余米处重建关楼，高7米，宽11米，为花岗石雕砌而成。全国人大常委会副委长许德珩亲书的“赵洲关”匾额饰于关楼正中。关门左右各刻一联“到这里不许你七颠八倒，过此门莫管他五眼六通”。禅风皆露，令人不敢另生他念。

明月湖 进山门赵洲关便是，此湖是云居山山顶最大的天然湖泊，总面积0.86公顷。

湖形圆若皎月，湖水澈如明镜，晴和清明，微波不兴，湖映寺宇，虚实相应。虚云和尚以此湖放养水族，只养不取，又名放生湖。湖周建有二桥，水出入自然，出口处叫飞虹桥。

真如湖 2007年建，位于山门前停车场旁，呈圆形，直径约80米，面积近5000平方米。四周精砌花岗石栏杆，成为寺内一道新的风景。

佛印桥 为宋代佛印了元禅师所建，因跨碧溪而过，又称碧溪桥、鼻涕桥，是进真如禅寺的唯一行车通道。桥面中间有一断痕，相传是由一位先僧踏断后又用鼻涕连接时留下的。

虚云纪念堂

谈心石 傍山佛印桥旁，是当年苏轼与佛印促膝谈心之处。苏轼书“石床”两字于石上，笔锋遒劲放达，是难得的珍迹。

慧泉 为唐代寺院古井。泉出古银杏根部，终年不竭，甘甜可口，历代僧人借此炊饮，后虚云以此能开人智慧，题“慧泉”两字于井旁。

千僧锅 真如禅寺现存清代铁质僧锅，直径是1.65米，高0.9米，系清朝康熙年间造，锅上铸有铭文：“康熙三十四年乙亥岁孟春吉旦立广东佛山万名炉造”。

千僧锅

虚云塔院 位于赵洲关南数十步。虚云（1840～1959）为近代高僧，1953年任中国佛教协会名誉会长。

将军塔 又名心空塔，为纪念战国时楚将欧岌而建，全塔由花岗岩雕形砌就，严丝合缝，钩心斗角，堪称古建筑之珍。

佛塔

颛愚塔 为明末颛愚伞居和尚的墓塔，高5米，宏大精巧，造型美观。还有唐代和尚奎章的墓塔等。此外还有古塔百余座，现保存有规模的亦不下数十座。

洪觉道场 为道膺禅师讲经场所。道膺谥号弘觉，宋佛印手书“洪觉道场”隶书刻石上，每字数尺见方，洗练超脱。

仙人足印 位于洪觉道场岩下溪流中，水冲岩床成大凼。大者长近2米，酷似脚印，稍前的小凼浑圆。传为仙人涉水柱杖痕迹。

鸡石 长10米，高7米，前高后低，犹如引劲鸣蛋的母鸡。中有缝隙，攀缝而上鸡颈，可饱览远处湖光山色。

（三）重要景点

【圆通寺景点】 圆通寺坐落于白云公路11千米路牌西北侧，距真如寺约4.5千米，始建于清初。相传早年为曹洞宗法嗣承志和尚所建，后由其徒孙明一禅师建于瑶田寺旁侧，而后再转至现址重建。1982年比丘尼慧莲来此清出旧基，经数年艰辛，重建寺宇。建筑面积达千余平方米，新塑的佛像庄严。寺内常住尼众20余人。

圆通寺

猫咪石 2石相摞，形如坐猫，笑容可掬地欢迎远道而来的客人。

石屋 3石相架，中空如庐，屋顶古木参天，阶下溪水长流，壁外遍常青藤，门上缠绕猕猴桃，石门上刻有“云山石屋仙境”6字。古代高僧长居内修行，屋壁上尚有烟炽。

石松 根杂石隙之中，高20米，直径4米，老干虬枝。

飞来石 高5米，10人方可合围，石中有天然洞穴，高1.5米，宽2.5米，深2米。

鹰咀石 2石兀立前伸，一前一后，如巨鹰利啄。

九曲洞 洞口容1人进出，洞内上下屈曲，左右迂回，幽深邃密，令人却步。

【百花谷景点】 位于云居山景区东部，总面积1.5万平方米，主要景观有百花溪瀑布、五龙潭瀑布及欢喜石、石鼓等，有12千米游步道贯穿景区，是集登山览胜、观光于一体的景区。

五龙潭 溪水连跌5级，冲巨岩成5个深圆若凿的大潭，而称五龙潭。水流左曲右遇，越石而下。第一潭浑然似仙人沐浴之盆，又称浴仙盆。最后一个则深不可测，潭下数十步，溪水冲击悬崖，形成落差80多米的瀑布。

百花溪

石龛 巨石被风蚀成3个凹洞，中间大，两旁小，宛若供佛的壁龛。

百花溪瀑布 婉转曲行，绿波妙隐。

狮吼石 由数块巨石组成，远观如雄狮怒吼。

仙人台 1石平若桌面，依山而悬，传为仙人打坐之处。

石鼓 巨石形如天鼓，当路一面，平整如削，圆如满月，上刻佛印和尚手书“阿弥陀佛”，行人经此皆念，以祈佛。此石乃冰川遗迹。

观音镜 五龙潭旁，岩石上有天然圆井，水碧如镜，游人争鉴印面庞，见心地。俗称观音镜。

祇树堂 位于五龙潭2千米处，始建于唐朝，为唐代道膺禅师开山建造，虽是小庙，但历史悠久，环境优美，幽静空寂，周围有许多自然景物景观。2000年有3位常住僧人。

石船 为1天然巨石兀立山顶，上大下小面呈椭圆，长10米，宽3米，前后微翘，中间凹陷似船舱，形若巨舸在泊，人居其上，背峰远眺，修河蜿蜒东去，鄱湖帆影点点，似乘风御虚，破浪远航。

欢喜石 为1巨石横卧翠微。游人攀登可凭借歇息，登石远望，极目百里。古人云“一上欢喜石，终身不出山”。

耕源千年古樟 两株古樟叶茂荫郁，冠广可盖球场，历尽沧桑。

猴头石 1巨石形如猴头，挤眉弄眼，调皮逗人。

【泉祠坳景点】 位于云居山景区中部，总面积1.5万平方米，主要景观有凉风洞、热风洞等奇洞和上、中、下白水瀑布等飞瀑以及中、小云门寺等寺庙和后八洞、大、小湖坪等山乡民居景观，是集登山览胜、观光探奇、竹海寻幽、山居民俗于一体的景点。

雷门洞 两座山峰紧紧相依，底部只隔数米，各自以悬崖绝壁竞媲雄险。又以突出的崖相响应，立顶端北望，崖壁直落数百米。

石笋 在雷门洞两峰内侧，各长出一支石笋高数米，底大顶尖。当地僧尼谓此为造物主刻意做成的蜡烛台。据说古人逢大旱，不辞跋涉之苦来此祈雨，每每灵验。又因其似两天神护卫洞口，当地又称将军柱。

豪猪洞 为1花岗岩洞。洞口宽1米，高1米。洞内深10余米，宽20米，高2米。村民曾赖以躲避战乱。

云门寺 始建于唐代。环境幽静空寂，寺内现住尼姑数人，过着自食其力清淡的生活，却也自成其乐趣。

白水瀑布 分为上、中、下3条，各具特色。上白水流向急转，落差30米左右，形成3个深潭。中白水为竹林涧，一级跌宕50余米。下白水为枕型瀑布，两级始分复合，合而又分，落差约100米。气势磅礴，异常壮观。

热风洞 因洞两头相通，随着风向的改变，时而涌出呼呼热风，时而吸入败草，不知去向。

凉风洞 石隙中逸出阵阵凉气，坐岩下可消除旅途劳顿，沁人心脾。

【青石湖景点】 位于莲花城景区北部，总面积0.96万平方米，主要景观有青石湖等谷地景观，是集盆地景观、林海寻幽于一体的景区。

青石湖 为海拔600米以上的开阔谷地，缓坡地达26.67公顷左右，气候凉爽，适合辟为休养场所和休闲野营区。

扬坳 地处云居山腹部竹海碧涛，为云居山主要风景林型，是进行森林浴绝佳去处，同时也是开展森林探险、登山观光的理想家园。

【黄荆洞景点】 位于云居山景区西部，总面积1.35万平方米，主要景观有马喷水瀑布、黄荆天堑、天葬坟，是集登山览胜、绝壁奇峰、古道探险于一体的景区。

黄荆洞 谓之洞，实指小路穿狭沟而伸延，两旁峭壁上茂树繁枝连理而言。像古小说中形容的洞天福地，又像陶渊明描绘的武陵桃源仙境，狭沟有二，称大、小洞。

朝天笥 一峰飞峙，壁立谷中。形同古代朝臣之笏。

马喷水瀑布 马喷水，山涧越谷而下，自两峰峡壁间喷涌而出，飞瀑数十米，始一股，后分数股，再十数股，千变万化，落差140米，交水瀑布飞瀑重帘，声达数里，给人以“飞流直下三千尺，疑是银河落九天”之感。终年不竭，颇为壮观。

人鹤共舞石 2000年8月在距黄荆洞口不远处发现，据专家鉴定为莲沱组砂岩巨大滚石，石高2.3米，宽2.8米，重5.1吨，上有大自然留下的“人鹤共舞图”，清晰可见，栩栩如生。白色图案为石英脉，系距今约6亿至8亿年间地壳剧烈运动条件下形成的，极具艺术观赏价值。现已移放黄荆洞景区入口处，因图案上那对永远舞蹈的仙女和仙鹤翩翩舞姿好似热情迎接游客的到来，故又称“迎客石”。

人鹤共舞石

黄荆天堑 是一万丈深渊，洞侧陡峭，自谷底升起数百米，崖壁上兀岩齿露，茂树丛生。

舍身石 为巨石伸出悬崖数米，下临无地，十分险奇。

仙人桥 横架山谷的巨岩。底部被水冲风化成拱洞，形同跨山建造的拱桥。拱宽6米，高3米，桥长15米，桥面平整，宽约2米。

桃花尖 海拔943米，相传它是桃花仙女的化身，那怪石磷砺的山峦便是皇母亲手撕去的衣裙，有意羞辱桃花仙女所为。桃花尖上有“聚义亭”，传说是南宋江湖义士苏铁六所建。

天葬坟 传说三国时孙权之母死后出殡，行至此处突然乌云密布，雨似瓢泼，只好停殡躲雨，当“八仙”刚一走开天便放晴，停殡处乱石成山。

养马川 系三国时周瑜屯兵养马之地。

黄荆河 黄荆为人名，其妻桃花仙女，恋黄荆死不上天，受罪后，哭得死去活来，泪水流成河。

的卢谷 由香棚至口头李家一线，崖壁陡峭，高达数百米，崖壁上厉岩齿露，茂树丛生，近前俯瞰，令人头晕目眩，莫敢详视。东侧谷壁如画，谷底老树枯藤，鸟语阵阵，流水潺潺，险峻之极。

【桃花溪景点】 位于云居山景区西部，总面积1.45万平方米，主要景观有易家河温泉、魏源墓、桃花溪、仙女峡等组成，是集温泉疗养、避暑休闲、漂流探险于一体的景区。

洞口 因两侧险峰夹峙，远观如洞，故名。此处山峦重叠，奇峰异嶂，故又名“小庐山”。

桃花溪 溪水自谷间蜿蜒而流，常年不竭，两侧原有桃林，春日时节，桃花落英缤纷，因此得名。

犀牛望月 两峰相连，前高后低，酷似犀牛昂首望月。

神龟过溪 桃花溪中1巨石半隐山壁，其后浑圆、宽大，似龟背，石隙纵横如纹，其前细小光滑，酷似龟首，望之如巨龟涉水过溪。

狮子回头 一峰高耸，峰顶茂林丛生，数块巨石裸露，如狮目，狮咀、狮背倾斜渐低，如雄狮前踞后卧，回首观望。

魏源墓 位于易家河的水村。魏源（1382～1444）是明朝名臣，家住易家山，自幼聪明过人，才华横溢，曾任兵部尚书、礼部尚书、刑部尚书等要职，为官清廉，忠君爱民，深受老百姓的爱戴和尊敬。

猴子岩 位于柘林大坝南侧，与大坝北侧的鲫鱼婆山隔坝相望。

莲花寺 位于柘林大坝北侧的鲫鱼婆尾部，形如莲花，故此得名。

滴水洞 位于柘林大坝北尽头悬崖峭壁上。有两孔，常年清泉不断。两孔酷似人的双目。

二、西海湖旅游资源

西海湖区源于修河，是修河的一部分。修河作为风景名胜区内第一大河流，源出于幕阜山南麓（湖南平江、湖北通城和江西修水3县交界处），流经铜鼓、修水、武宁至永修山下渡与潦河会合，在吴城与赣江会合流入鄱阳湖。全长419千米，汛期河宽500～800米，枯水期200～300米，河深3～5米，流速0.6米/秒，历史最大流量约12100立方米/秒。

湖区总面积308平方千米。风景区成立前，分属永修、武宁两县，其中，永修县辖区内有72平方千米湖区，共331个岛屿，是集游览观光、休闲度假于一体的湖泊型国家级风景名胜区。武宁县辖区内有236平方千米湖区。

西海湖（柘林湖）水库拦河大坝雄伟壮观，是亚洲第一大土坝，近坝14平方千米的开阔湖面万顷碧波。因亚洲第一大土坝将修河拦腰截断，形成江西省面积最大的人工湖，更造就鬼斧神工般的秀美风光。沿湖地貌各异，有千仞壁立的悬崖、傍湖而坐的村落、湖滨坦荡的田畴、直泄入湖的飞瀑、日出水量60立方米的易家河温泉。人文景观主要有明朝兵部尚书魏源墓、乾隆皇帝游江南留下的石刻等。

千岛若星

（一）自然资源

西海湖因亚洲第一大土坝将修河拦腰截断而形成，是目前江西省面积最大的人工湖，境内湖光浩渺、碧波万顷，有308平方千米的湖面，湖水深邃纯净，存在大量被誉为水中的大熊猫——桃花水母，平均水深45米，能见度9～11米，属国家一级水体；湖内千岛落珠，错落有致，有0.2公顷以上岛屿1667个，0.33公顷以上岛屿997个，且岛岛植被繁茂，翠色欲流，再加上那些时隐时现、形态各异的无名小岛，环湖峰峦叠嶂，古木参天，满目葱茏。地质珍迹有原始类水母化石群，保存在皮园村（Z2p）硅质岩上层面，多为凹进的圆形——椭圆形印痕，少数呈向上凸起状，直径多为8～10厘米，最大的为28厘米，化石保存密度5个/平方米，直径虫管遗迹化石共生。此外，湖区周边还有神仙树、滴水洞山泉、人鹤共舞石、桃花溪、黄荆马喷水瀑布、易家河温泉、千年罗汉松、挺拔苍翠的红豆杉、桃花尖等。

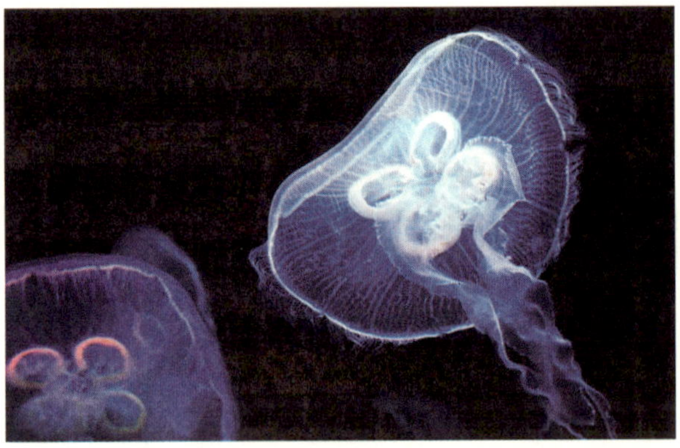

桃花水母

（二）人文资源

2006年5月之前，湖区主要由桃花岛、海昏秀域（孔雀岛、外婆岛）、百鸟岛、金猴岛、将军岛、秘宝岛、鬼城等岛屿景点联合组成。景区成立后，陆续对岛屿进行改造，湖区主要有彩虹岛、沧海岛、桑田岛、明珠岛、女神岛、渔岛等景点。

柘林大坝

柘林电站大坝 柘林电站自1958年8月1日正式动工，1962年5月停工缓建；第二期工程于1970年9月1日开工，1983年6月全部完工。其中柘林电站大坝被誉为“亚洲第一大土坝”，始建于20纪70年代，由江西省水电工程局和七万建站大军一起，凭手推肩扛和少量机械设备建成。最大坝高63.5米，坝顶长590.75米，宽6米，底宽425米，水库总库容79.2亿立方米，汛期限制水位71.3米，水库正常高水位65米，相应库容50.17亿立方米，是一座以发电为主，兼有防洪、灌溉、航运、养殖、旅游等综合效益的大型水利水电工程。

民俗文化娱乐中心 岛上主要景观有富有少数民族特色的傣家竹楼、蒙古包、傈僳族小木屋、溜索、吊桥、木桥、竹排桥、民族饭庄、望湖亭、民俗歌舞表演厅、斗鸡场、刀山表演场、飞车表演场等。游览项目有民族歌舞表演、斗鸡表演、飞车表演、上刀山表演、下火海表演。民族歌舞表演荟萃傣族、彝族、哈尼族、佤族、苗族、蒙古族、满族、藏族、朝鲜族等十几个少数民族的精彩表演，主要节目有傣族泼水节歌舞，佤族剽牛舞，彝族、哈尼族、蒙古族、满族歌舞表演，葫芦丝、芦笙、巴乌、树叶吹奏、柔术表演以及富有异国风情的歌舞表演。

民俗村

海昏秀域 由外婆岛和孔雀岛连接而成。海昏秀域景点布局精妙，匠心独运，充分地把人工建筑和自然景观融为一体。娱乐设施有弓箭射击场、滑梯、吊床、绳梯桥等，并有“吉祥洞”、秋千、跷跷板、观鱼池、三缘亭等景观。游览和参与项目有弓箭射击、赤脚抓鱼、脚踏仿古水车、磨豆腐、钻“吉祥洞”、鱼池观鱼。观鱼池用6米深的网箱放养着5种名贵的鱼类2000余条。外婆岛和孔雀岛中间用一座“外婆桥”连接起来。“外婆桥”全长148米，是江西省最长的斜拉钢索木板桥，宽约2米。孔雀岛表演厅有黄梅戏、越剧、歌舞表演、魔术表演、孔雀舞。孔雀园内放养着产于云南西双版纳的国家二级保护动物绿孔雀和产于印度、斯里兰卡的蓝孔雀以及白孔雀、花孔雀200余只，是江西省最大的自然放养孔雀园。

飞龙岛 以惊、险、奇、乐为主要特色，是蛇的王国，人的乐园。主要有蛇园、剧毒蛇池、斗蛇场、表演厅等，景观游览项目有参观蛇园，看“双龙争雄”（眼镜蛇斗蛇表演），参观蟒蛇并与其合影，观赏表演厅的蛇艺表演。飞龙岛有各种蛇类1万余条，包括各种剧毒蛇和无毒蛇。剧毒蛇有眼镜王蛇、眼镜蛇、五步蛇、蝮蛇、火赤蛇、烙铁头、竹叶青、金环蛇、银环蛇等；无毒蛇有大王蛇、美女蛇、黄金条、乌鞘蛇、双斑颈蛇、花斑颈蛇、黑斑颈蛇、水蛇等，蛇艺岛表演节目有新白娘子传奇、人蛇之恋、人蛇之吻、人蛇共舞、人蛇共眠、人蛇同泳等。飞龙岛有越南蟒2条，每条长3米，重35公斤。岛上有各种蛇类工艺品：蛇皮包、蛇皮带、蛇酒、蛇药、蛇油等。

百鸟岛 有来自世界各地的飞禽、水禽、走禽和猛禽共50余个品种2000余只，主要有鹦鹉、鹩哥、八哥、鸵鸟、花雕、画眉、红嘴蓝雀、松鸭、鸽子等，最名贵的是来自南美洲的“红金刚”、“蓝金刚”鹦鹉、凤冠鹦鹉。主要景观有鸟语廊、百鸟园、珍禽园、鸵鸟乐园、观景台、表演厅等。鸟艺表演节目有鹦鹉开飞机、打水、打篮球、打保龄球、骑独轮车、骑自行车、展字幕、钻花环、跳芭蕾、做算数、叼钱等。

金猴岛 有黄猕猴、黑猕猴、恒河猴、红面猴、平顶猴、长尾猴、短尾猴等猴类120余只，主要品种为黄猕猴。主要景观有花果山、猴园、猴笼、表演场等。表演场节目有猴子骑车、猴打篮球、山羊过桥（小猴倒立）、灵犬报数、小狗钻圈等。

秀山丽水（骆驼岛、恐龙岛） 因岛上发现大量享有“水中熊猫”之美誉、距今已有2亿年历史的古生物——“桃花水母”而扬名海内外，2004年3月被设为湖内旅游餐饮服务点。

水车

鳄鱼岛 有来自泰国的湾鳄和来自非洲

的尼罗鳄共15条，主要景观有鳄鱼池、表演厅、海洋馆、水上动物表演场等。表演节目有水中戏鳄，挥手致意、人鳄接吻、鳄口探险、鳄口叼花、鳄口取钱、人鳄相拥、人鳄同眠等。

桃花岛 由桃花岛和鬼城两个岛组成，主要景观有游泳池、游乐池、冲浪池等，主要游乐项目有鬼城体验、游泳、冲浪等。

千佛山庄 主要景观有五百罗汉堂、弥勒佛、力士堂、金刚堂等。

秘宝岛 因岛上有中外4个性文化展览馆而闻名于中华大地。

将军岛 是一个以爱国主义教育为主的景点。

水浒城 是一处以古典名著《水浒》所描写的梁山好汉的动人故事为情景而修建的旅游休闲娱乐场所。主要景观有忠义堂、城门楼、演武场、小酒楼、天龙八卦阵等。

彩虹岛 原名桃花岛，2015年重新设计建造。主要分为多彩世界、炫彩世界和精彩世界三大主题。其中多彩世界主要展示绚丽的表演、美食加水景，享受多彩的湖岛盛宴，主要项目有星光台、水云间、叠彩瀑；炫彩世界主要展示缤纷的色彩、奇幻的手段，突出炫彩的湖岛景观，主要项目有彩云梯、幻影廊；精彩世界主要展示湖岛的互动、多样化活动，体验精彩的湖岛游乐，主要项目有九曲池、云霄道、嬉水园。

沧海岛 一个以修河文化体验为主题，集观赏性、参与性为一体的综合性旅游岛屿。主要有彩田映月、修河长廊、品水运财路、赣商街衢、西海之歌、沧海乐园、沧海会所等景点构成。

桑田岛 是一个以农耕文化体验为主题的岛屿，主要有桑田水渡、五色福台、五谷丰登、大千世界、东篱人家、外婆桥等景点组成。置身其中，可以感受修河农业文明的源远流长，以及生活在这里的人们淳朴、勤劳和自强不息的精神。

桑田岛

明珠岛 全岛以景观艺术创意为手段，以多元艺术展演为吸引，呈现出的是秀丽迷人的修河文化遗产，共有9大景观，分别是洞藏天下、“纸”点迷津、“舞”彩缤纷、唢呐声声、傩舞翩翩、明珠馆、龙腾戏珠、百姓长廊以及水上丝路，可谓一步一景，景景相连。

渔岛 又名西海渔村，坐落于植被葱郁的山林之中，环岛面积13万平方米，总投资1.5亿元，分两期建成。整个渔岛以明清时期的古村民居楼和青山绿水互为点缀，现拥有大型民俗风情表演舞台、全省最长距离高空溜索、观鱼池、烧烤平台、沙滩浴场、勇士桥等娱乐设施，配备快艇、摩托艇、旅游观光车及太阳伞、凉棚等相关设施。此外，岛上拥有一支民俗歌舞艺术表演队，能给游客带来丰富多彩的民族民俗表演活动。

西海渔村

女神岛 原名水浒岛，和彩虹岛共同构成美丽西海组团，2015年，借鉴桃花仙子美丽传说，进行了重新规划和设计，主要有仙人渡、桃花池、女神台、镜心楼、观海平台等景点组成。置身其中，可以观赏美丽湖岛仙境、聆听美丽神话妙境、探寻美丽岛林幻境、赏鉴美丽西海大境。

第二节　非物质文化资源

一、历史传说

“磨刀李”　磨刀李始祖李衜（音dào）为唐太宗李世民第三子吴王李恪的十一世孙。在庐山西海北线三溪桥横山村的山里面，有一地名叫“磨刀李”的小村庄。按《磨刀李氏大成宗谱》记载，有“天下李姓出磨刀”之说。滴水洞一带原有李衜夫妇之墓，据传葬于一个叫老鼠尾的风水宝地，后被淹没。2006年秋冬大旱，2007年2月李衜墓因水位下降而重见天日，墓碑刻有“大唐太子太傅李衜及裴夫人墓”字样。

李衜是唐代末年唐昭宗的近臣，官居太子太傅。天佑元年（公元904年），藩镇梁王朱温挟天子迁都洛阳，途径陕西华县，唐昭宗李晔让李衜、李术、李衍堂兄弟3人等皇室血脉携带李唐宗谱（支谱）逃走。在清雍正年间李氏修谱时，李术后人李凤翥所作谱序中明确记载：李衜为李恪十一世孙，唐末之乱携支谱由长安徙（江西）建昌，定居磨刀。由此，李氏在磨刀落地生根，开枝散叶，南方李姓多由此走出，寻根问祖者一直延续不断。据传，李烈钧、李先念、李井泉、李宗仁、李登辉、李光耀等名人先祖均出自磨刀。永修人李常，字公择，北宋皇佑年间进士，官至吏部、户部尚书、龙图阁大学士，封侯爵，乃苏东坡挚友。黄庭坚母亲是李常的姐姐，黄庭坚虽为苏门学士，但其诗词风格与苏门迥异，成江西诗派领袖，自谓：“长我教我，实惟舅氏。”可见受李常影响极大。每年农历九月二十三日，为李衜忌日，外迁族人常来祭祖。磨刀村有“衜公祠”，为日军所毁，唯“仙李蟠根”石匾仍存。关于磨刀地名来由，另有两传说，一说是关公镇守吴头楚尾时磨刀之处；二说是真君许逊磨剑杀蛟之处（此事在永修旧县志有记载）。

吴王峰与天葬坟　吴王峰位于庐山西海湖畔，古称啸天龙，因吴王孙权的祖墓葬于此地而称之为吴王峰。相传三国时期的吴王孙权，就出生在吴王峰黄荆洞旁的金灵寺。其祖父孙钟为避战乱，迁至啸天龙（今吴王峰）一带种瓜度日。常以西瓜赠予路人，积德甚厚。一天，3位老人路过瓜地，孙钟见他们筋疲力尽，寸步难行，便挑选最甜美的西瓜送给他们充饥解渴。3位老人为感念孙钟的善心厚意，嘱咐他日后将母亲葬于此处，可出六世王侯。孙母辞世后，孙钟依照3位老人的嘱咐安葬母亲。此后，孙钟的后代果然传位六世。东吴时，孙权称帝，冠之吴王。

传说孙钟的母亲逝世，当出殡的灵柩行至黄荆洞时，忽然狂风大作，飞沙走石，电闪雷鸣，大雨倾盆，送葬队伍只好停殡躲避。次日清晨，雨过天晴，人们惊奇地发现孙母棺木已无踪影，停殡处却出现了一座山峰，峰顶由大小不等的许多巨石垒成，头高尾低，山腰上还有一块巨大的崖壁，像是坟头的墓碑，整个山头颇似一座巨大的坟茔，人们认为这是神仙显灵，将孙母安葬了。从此，这座山峰被称为"天葬坟"。

朝天笥与马喷水 孙权的母亲去世后，为圆母亲遗愿，同时保皇权稳固，将母亲送回孙家故里安葬。为祭拜母亲及祖上英灵，感谢上天恩德，他将朝笏插在地上，行五体投地大礼，礼未毕，朝笏竟迅速增大，变成了一座奇特的山峰，耸立在黄荆洞东侧，形同古代朝臣之笏，后人称此山峰为"朝天笥"。孙权是个孝子。母亲逝世时，他正在外征战，忽闻噩耗，便骑着他那匹名叫"的卢"的宝马，日夜扬鞭飞奔而回。因路途遥远，行至此地时宝马已被累得瘫倒在地，口中白沫喷射而出，直落深潭。宝马喷出的白沫，形成了一条瀑布。从此，当地民众称此山谷为"的卢谷"，瀑布为"马喷水"。因在朝天笥附近，又称"朝天笥瀑布"。清悠悠的水沿着黄荆洞峡谷流淌，浇灌着山外的大片农田，使周围百姓五谷丰登，故有"金银水"之说。当地有一首民谣传诵至今："吴王峰，雾沉沉；朝天笥，天葬坟。马喷水，吐金银；桃花女，把洞门。"由此可见，吴王峰的每一座峰峦，每一个地名都是一个故事，且流传较广，妙趣横生。

黄荆河 黄荆相传是一位勤劳、朴实、善良的青年，一日与下凡游玩的桃花仙女相遇，两人一见钟情，私订终身，后为王母娘娘发现，召其回天庭。桃花仙女因爱恋黄荆的勤劳善良，至死不上天庭，受难后，哭得死去活来，泪水汇成了小溪，直泻修河。人称"黄荆河"。

猴子岩、鲫鱼婆 西海湖大坝两侧各有一山峰，南为"猴子岩"，北称"鲫鱼婆"，均因形似而得名，两山之间河面狭窄。传说，古代有一商人从吴城去修水经商，船至猴子岩，夜泊于河心，半夜商人被争吵声惊醒，披衣细听，乃猴子岩与鲫鱼婆争吵打斗：看谁长得快。猴子岩说："我猴子岩马上长过来。"鲫鱼婆不服气："我鲫鱼婆马上长过河。"说完两山直向河中靠拢。商人见状，急叫船夫开船，但船未开，山即将靠拢，万分紧急之时，突然出现一白须老者，大声喝道："且慢，且慢，我是山神，未经禀报，尔等焉能擅自逞强，要过河需待千年之后。" 猴子岩与鲫鱼婆正长到相隔百米处，被山神止住。从此这里成了修河河道最狭窄的地方。商人感激山神搭救，在船头烧香拜祭山神，相沿成习。

桃花尖 传说很久很久以前，这一带还是人迹罕见之处，但山清水秀，风光迷人。天上王母娘娘身边的仙女们被这里的美景所吸引，常来这里游玩嬉戏。有一年，来了一位不速之客——山外一个姓黄名荆的青年，为躲避地主豪绅的欺压，逃到这里开荒种地，安家落户。他凭着自己健壮的体魄和坚强的毅力，克服了数不清的困难，建起了茅舍竹篱，开垦了大片田地，过上了虽无忧无虑，但却只能与木竹相伴、与鸟兽为邻的孤独生活。这一切都被仙女们看在眼里，她们十分崇敬黄荆的勤劳、勇敢，又怜悯他的身世凄凉。一位管理蟠桃园的仙女更由此对黄荆产生了爱慕之情，便偷偷下凡，化作村姑模样，自称名叫桃花，为躲避劣绅欺凌，逃难至此，请黄荆收留。从此，他们结为夫妻，过上了男耕女织的幸福生活。不久，桃花还为黄荆生下了一双儿女，小日子越来越甜。

可是好景不长，王母娘娘知道此事后，便报告玉帝处置。玉帝先是派太白金星来招桃花回天庭。桃花舍不得离开丈夫和子女，不管太白老儿怎么说，她就是不为所动，不愿返回天庭。玉帝便派风、雷、电3神前来捉拿。桃花站在山顶奋力抵抗，虽被打得遍体鳞伤，仍矢志不回。玉帝得知大为震怒，传旨如再抵抗，便将她化为山石，永不超生。桃花也铁下一条心，说即使化为山石，也决不返回天庭，于是风、雷、电3神愈合力施法，一声巨响，可怜桃花仙女被化作山顶巨石，先前圆圆的普通山头，从此变成了现在这般秀美的姿态。但山腰上却有几块怪石嶙峋的山崖，传说那是王母娘娘有意羞辱桃花，亲手撕去她的衣裙而留下的。

山城莲花 相传，唐宪宗元和三年（公元808年）仲夏的一天，有位身披褪色袈裟、脚穿草鞋的僧人，为寻找远离尘世的僻静道场定居，不顾路途遥远，不舍昼夜，跋山涉水，登上匡庐（庐山）。这僧人就是真如禅寺的开山祖师道容。道容在庐山游览3天，觉得此山虽然山势雄伟，风景优美，气候清爽宜人，但非寺院肇基理想之地。于是，打点行装，不等天亮匆匆下山。道容离开庐山的第二天，几经辗转，来到海昏县（今永修县境）修河畔的张公渡村。时近中午，道容行至河边，顿觉口干舌燥，肚瘪肠空，一头昏倒在地。当他醒过来时，睁眼一看，只见对面的云居山云雾缭绕，空旷寂静，道容心中顿生喜悦，立即蹚水过河。来到山脚下，他四处巡视，却找不到登山之路。犯愁中，忽见一只白鹤从天外飞来，落在一棵离他不远的树上，正望着他不停地啼叫，他暗自庆幸："莫非天赐良机，派来白鹤为我引路！"他赶忙朝白鹤站立的树下走去。刚靠近树边，白鹤又朝他呼叫一声展翅飞去，落在另一株树上。于是，道容紧随白鹤，一步步攀登而上。到了山顶，白鹤最终栖息在一株古樟树上，不再飞去。道容便驻足在古樟树下，举目四望，只见四周峰峦崔嵬，一座座山峰恰似莲瓣环列，中央坦然平正宽如莲台，其中的湖、田、茅舍好比莲蕊。望着如此神奇的景观，道容禁不住一声惊叹："好一座一尘不染的莲花城！"于是，莲花城便成了真如禅寺的发祥地。

云湖捧月 云居山钵盂峰前的赵洲关西侧，有座面积0.67公顷的湖池，古称"明月湖"。说到明月湖的起源，有这样一个神话故事：远古时期一个大旱之年的夜晚，云居山上空突然划过一道刺眼的闪电，接着便是一声惊天动地的吼雷，随即一颗流星陨落山中，在地石上砸成1个圆圆的窟窿。第二天，这个不足1平方米的窟窿竟成了1口池塘。此后，池塘几经整修，面积不断增大，水深也多有增加，逐渐形成一座高山平湖。

唐僖宗中和三年，道膺禅师登上云居山，担任真如禅院住持。一个风清月明的晚上，道膺携数名弟子走出寺院，观赏云居夜色。行至湖边时，见水澈如镜，碧波荡漾，一轮明月正映入湖中，泛起道道银波。道膺便问弟子："此湖叫何名字？"众弟子面面相觑，不知所然。道膺笑着说："你们看，此湖形如皎月，我看就称它'明月湖'如何？"众弟子听了拍手叫好。"明月湖"便自此沿袭至今。

明朝末期，建昌县（今永修县）县令蒲秉权上真如禅寺烧香拜佛，特意环绕明月湖畔漫步两周。不久又在湖的下方出水口处建起石坊，镌刻"明月湖"3字。蒲秉权下山不久，密云禅师来游云居，伫立"明月湖"畔，当即题诗面壁："不到此山游，不知此山美。此山雾腾云，明月一湖水。"

1953年，虚云老和尚出任真如禅寺方丈，四年后的秋天，虚云公对"明月湖"进行疏浚。竣工后，在湖畔花岗石壁刻上"明月湖"3字，并在其侧雕刻诗句。紧接着，虚云公又在明月湖放养水族，只养不取，取名“放生塘”，以励游人香客修炼善心。

1987年，寺院住持一诚再次疏浚明月湖，此次工程开挖土方1万多立方米，沿湖修筑了高达3米、长数百米的花岗石堤岸，使“明月湖”面积达到0.67公顷，水深达6米之多。

如今，当人们站立湖畔朝里看，整个真如禅寺建筑和座座山峰落入湖中。顷刻间，山光水色，古树寺楼，穿插交织，相映成趣，为云居山增添了一道奇丽景观。

五龙喷珠 自古道，山高有峡，峡深有潭。云居山十景中有一景名为“五龙潭”。这里山势险峻，峡谷幽深，瀑布飞泻，吸引四面八方的游客到此探幽。五龙潭位于云居山主峰五老峰西北侧的峡谷之中。峡谷中溪水汇集，跌宕冲击，在花岗岩溪床中冲出天然凿圆的五个深潭。5潭大小不一，平均每潭容水6立方米左右，最大的容水10立方米以上，且各潭相距数米至10余米不等。五潭中尤以第五潭深不可测，潭下数十步有一急流冲击而成的悬崖陡壁，形成落差80多米的瀑布，人称“五龙瀑布”。此瀑布平素宛如白练飘逸，雨后则倒海翻江，水声轰然，飞雪喷珠，极为壮观。有人说这是“五龙喷珠”。在瀑布后面的陡壁飞崖中，还有1个天然石洞，洞口宽约10米，洞内空不可测，难以进去。每当人们走近洞口，便有一股清爽的凉风飘然而至，如果对着洞口呼叫，就会响起娓娓动听的回音，令人感到别有一番情趣。

相传唐僖宗中和三年（公元883年），高僧道膺为参方求学，弘扬佛法来到真如禅院担任住持。四月的一天，道膺散步行至小里村东南侧溪边（现云居山水电站机房），在一块巨大而又平整的岩石上小憩。道膺见这里奇花争艳，异卉呈芳，流泉泻玉，飞云缠绵，层峦叠翠，清静幽雅，便自言自语地说：“真是一个读经说话的安静之地。”于是，他便在这里开设道场，经常给佛门弟子讲经说法，传授圣道，深受弟子们的拥戴。

几天后，道膺发觉有5位老人常来听他讲经说法，而且按时到场，不差分秒，感到有些奇怪。于是，他向5位老人问道：“请问诸位施主是哪里人？”，5位老人齐声答道：“我们都是山里人。”道膺心想，山上方圆百里没有人烟，也从未见过有人上山砍柴，这5位老人的神秘出现，使他更加纳闷。散场之后，道膺立即派了几名弟子紧随老人身后，窥视他们的行踪。不等弟子走近潭畔，只见5位老人化作5条青龙，纵身跃入潭中。弟子们见此状况，好不惊慌，立刻回来禀告道膺。道膺这才恍然大悟，对弟子们说：

"云居山乃龙脉之地，想必是龙王派遣5小龙前来学习禅宗佛法。"事后，"五龙潭"便由此得名。

碧溪飞虹 在相距真如禅寺常住山门约150米的碧溪上，横跨着一座花冈石桥，名为"佛印桥"，又称"碧溪飞虹"。相传北宋元丰二年（公元1079年），佛印了元禅师出任真如禅院住持，见僧众香客每天进出山门须涉溪而过，十分不便，决定在溪上架设桥梁。一天清晨，佛印独自来到碧溪旁，在两岸往返踱步，细心观察，选架桥的最佳地段。当天上午，佛印顶着烈日，历尽艰辛，从相隔数百米的钵盂峰下运来2块石头，准备架设桥梁。

就在佛印将两块石头平放在溪两岸的时候，却遇上了一大难题。运来的两块石头长度不够，无法横放在岸两边，佛印只好又去寻找更大的石头，可找了半天还是没有找到。他只好回到原地，把两块石头合并在一起。丈量过后，正好可以横放在岸两边。但是，要想将两块石头拼在一起，中间必须要水泥黏合。可当时并没有发明水泥，他左思右想，终于想到用木柱撑在桥底，当作桥柱。

木柱撑好后，佛印刚从溪中走上岸，忽见一位白须老人要从桥上经过。佛印急忙上前拦阻老人，说："施主且慢！让我先试试此桥是否牢固。"说完，便一步步朝桥上走去。老人乘机偷偷地跟在他的身后。佛印刚走上桥，便发现桥中央接合处往下沉，眼看就要倒塌。这时，在他身后突然响起抹鼻涕的声音，一团鼻涕随即朝桥面飞来，不偏不倚地正好落在桥中央的接合处。当佛印往桥下看时，木柱已随水漂走，而桥却纹丝不动。他不禁一阵诧异，立刻转身寻找白须老人，却不见白须老人的踪影，眼前只有这座石桥。

此后，佛印经常来到桥上观赏水光山色，精读经书。为纪念佛印建桥功绩，人们便称之为"佛印桥"。

桃花源与孙家埠 历来，对陶渊明《桃花源记》中所描述的桃花源所在地，众说纷纭，各地都有争议，而西海湖畔的长水村孙家埠自然村，其山势地貌、历史轨迹都与陶渊明笔下的桃花源酷似，而且地近武陵岩，契合《桃花源记》开篇中提到的"晋太元中，武陵人捕鱼为业"，吻合度极高；且在地理位置上，与陶渊明故里接近，在陶渊明的活动范围之内。

在孙家埠，有一部《孙氏宗谱》，持此宗谱的自称是东吴孙权的后裔。经过考证史实，他们是一支“避乱”于此的孙权第六子孙休的后裔。孙家为何在此开埠呢?

三国末年，东吴皇位继承混乱。孙权喜爱第七子孙亮，立为太子。孙权死后，孙亮继位，不久权臣孙綝发动政变，废孙亮为会稽王，迎孙权第六子孙休为帝。孙休病逝，其侄孙皓继位。根据《三国志·吴书》记载，孙休有四子。东吴元兴元年（公元264年）十月孙皓封孙休长子、原太子孙䨂为豫章王，其余3子分别为汝南王、梁王、陈王。甘露元年（公元265年）七月，孙皓逼杀孙休的皇后朱氏。为防皇位旁落，又将孙休的4个儿子送到吴小城（今江苏无锡），随后不久，又追杀其中年长者2人。《资治通鉴》对此也有同样的记载。孙䨂为躲避追杀，携家眷出逃。自孙钟长乐村种瓜、吴王峰葬母，至数代之后，豫章王孙䨂携其子孙由富春寻访祖迹，复回武宁，在此定居繁衍。“孙钟种瓜”只是一种传说，并无史实。孙䨂被封豫章（今南昌）王，故奔江西而来，并找到了合适的避居场所。

陶渊明不愿“为五斗米折腰”而辞官后，游览山川，或许偶尔进入离其家不远的孙氏避居之所，而作《桃花源记》，假托秦时之人和武陵郡。文中提到“土地平旷，屋舍俨然”“男女衣着，悉如外人”。孙氏避乱在东吴甘露元年（公元265年），《桃花源记》作于晋元熙元年（公元419年）。160余年孙氏在此耕作，自是房屋整齐。而陶氏强调山谷中的村民男女穿着，与外人完全相同则有悖常理。虽然文中强调桃花源中为秦人，但秦朝（公元前221年至公元前206年）与《桃花源记》成文时相隔600余年，服饰已有不少变化。与外界隔绝的秦时人，穿着东晋服饰不合逻辑。不论陶渊明想借此暗示的是什么，但可以肯定的是，《桃花源记》记述的是一群东晋穿着的避居者。此点与避居的孙氏相似。种种迹象表明，孙家埠很有可能就是“桃花源”的原型地。

鸳鸯石 位于桃花溪景区，为两块巨大的石头，他们相亲、相爱、相守不知有多少年。传说这一块稍大一点的石头叫小白龙，另一块叫小白凤。他俩原来是天庭王母娘娘的侍男、侍女。小白龙长得英俊，小白凤生得美丽。有一天他俩与众仙人陪王母娘娘巡视。路过桃花溪，两人在云端上被桃花溪的美景所吸引，下来观赏桃花溪美丽的山水风光，看到人间的百姓男耕女织，夫妻相亲相爱的幸福生活景象，加上他们相互早有爱慕之意，现又有美景相伴，于是，两人下凡私订终身。最终被王母娘娘知道，根据天规，下人是不允许相爱和私订终身的。于是，王母娘娘给他们两种选择，一是两人即刻返回天庭，永远不得有男女私情，才可以留在天庭；二是如果一意孤行，就将两人点化成石永留人间。但两人最终选择了后者，甘愿被点化成石，也要厮守千年万年。由此可见，在天地之间，真挚的爱情是多么的珍贵！

老牛灯 一种以彩灯为道具的民间艺术形式，是传统文化的充分展示，它由4位民间艺人分别扮演农夫、渔夫、樵夫和牧童，操着不同样式的彩灯，一边表演、一边轮换唱着各自一年四季劳作的甘苦，表达追求真、善、美，富有古朴的民俗民情韵味，深受群众喜爱，是景区有着100多年历史的非物质文化遗产。

老牛灯最早发起的是易家河高山村一位姓李的青年。大约100多年前，这位青年被父亲送去外地学手艺。回来时，父亲问他："你出去一年多，学到什么手艺？"他却笑而不答，从口袋里掏出一本《牛灯歌》的手抄本双手递给父亲。父亲气得两眼发直，把儿子狠狠责骂了一顿。几天后，这位青年便组织村里的篾工和会吹拉弹唱的人，一边制作彩灯，一边日夜排练老牛灯，他自告奋勇担当导演，并送给篾工和排练的人一定数量的大米。在村里第一次表演时，村民们高兴得不停地鼓掌喝彩。消息传开后，附近的集镇、村庄纷纷请他们去表演老牛灯。100多年来，每当逢年过节，老牛灯都要从村里演唱到外乡，成了远近乡镇最受群众欢迎的民间传统艺术。直到现在，高山组的村民李业广仍然保存着他祖父当年从外地带回来的《牛灯歌》手抄本。

二、民风民俗

（一）时节

春节 正月初一、初二，天明即起，拜天地，焚香化楮。宗族、外眷、亲朋之间相互"拜年"，口称"恭喜、恭喜"。街市闾里，张灯结彩，请酒唱戏，热闹景观之一年之最。新中国成立前，同族诸村至上年当值村的祖堂，拜祭祖先牌位、宗谱，拜祭后敲锣打鼓送到本年当值村的祖堂供奉。初三，俗称"拜大年"日，即给去年逝世了的长辈的亲友拜年。其他亲朋间不往来，见面亦不称贺。初七日为"人日"。

元宵节 正月十五日称“元宵节”，亦称“上元节”，流传有“年小月半大”之说。元宵节前数日，即作灯市。“设火树、放火爆、抬船踏歌、锣鼓迭奏，称上元”。十五日，各种灯彩：龙灯（亦称神灯，一般从十三日起出灯）、狮子灯、走马灯、蚌灯、船灯，竞艺斗巧，眩人耳目。农村中举行灯彩“游坂”，观者如堵，通宵达旦。新中国成立后，此类活动逐渐减少，“文化大革命”中更被当作“四旧”破除。1976年粉碎江青反革命集团后，农村中恢复了灯彩活动。从正月初十开始上灯，给祖先坟茔供香点灯，进行祭奠至十三或十五日止。

清明节 清明前3日，各户载酒携“钱纸”上坟插柳，培土挂纸，以示哀愁（清明前一日为寒食节，不行此礼）。相沿成习，至今不衰。

立夏 四月立夏日，不论农商各户皆蒸米粉肉，做“立夏粑”，馈送亲朋。同时还“称人”，即用秤称小孩重量，俗传愈称愈长。

端阳节 五月初五日，又称端午节，是春节以后第二大节。民间于五月初一日即开始悬艾挂蒲，亲朋间互以粽子、蚕豆、包子、茶蛋、糕点等相馈赠。儿童穿戴一新。初五日中午将艾取下，全家饮“雄黄酒”，并用艾叶蘸雄黄酒在住房内外，相传能“辟疫辟邪”，又称“过午”。是日举行“划龙船”活动。

中元节 俗称“七月半”或“鬼节”，与盂兰会同，但形式各异。十四日晚，备酒饭点香烛，烧纸钱、锡箔“包袱”，祭奠祖先。十五日俗称是烧给无子孙祭奠的“野鬼”受用，但一般均在十四日夜烧完。

中秋节 属一般性节日，有吃月饼赏月的习惯。但当年准备迎娶的男方，中秋则为大节，需要格外备厚礼送女家。其中有“爷娘饼”，每个重达1~1.5千克。

重阳节 是日，民间的“兄弟会”“姐妹会”会聚一堂，畅叙离怀，联络感情。耗资由“会费”利息中支取。

冬至 是日，家族中以祠堂公款利息会宴同族，但妇女不能赴席。冬至，又称“社日”，为“阴人”之一大节日，所以是为亡者立碑之黄道吉日，又有烧纸祭祖之举。今废。

小年 农历十二月二十三日，各户除秽掸尘，夜晚备酒菜、果豆祭灶，焚香拜送“灶神”。二十四日为“小年”，新中国成立前，长工、店员，是晚参加宴席被“请”坐上席，便意味着辞退。“祭灶神”之举今废。唯打扫卫生和全家备酒团聚风俗仍存。小年之后至大年三十之间每一天都有一个不同的说法，不同的姓氏过大年的日子也有不同。

大年 从二十五日起，每天均有部分村庄住户过年，其历史渊源由各家族的风俗习惯而定。同时过年亦有早、中、晚之分。俗传，古代有一长者生三子，早、中、晚分别到三个儿子家过年，从此，各户均以此为大年之时日，相沿成习。另一种说法：早上是商贾、乞丐过年；二十五日为轿夫过年。

守岁 除夕傍晚，各家张灯结彩，陈设祭品，烧红烛，放鞭炮，祭祖敬天地。祭后吃团圆饭，给小辈“压岁钱”。然后，举家或邀集亲邻聚众烧火欢娱、讲故事、说吉利话，彻夜不眠，称“守岁”。直至东方欲晓，以第一次动物叫声为“接年”，如狗叫称“狗接年”，牛叫称“牛接年”，以此预兆年景丰歉。守岁关门称“封财门”；次日开门称“开财门”。

（二）婚娶

订婚 旧社会男女婚姻均凭“父母之命，煤妁之言”。由媒人将女方“庚帖”送至男家，称“发八字”。男家将庚帖压在中堂神案香炉之下，约十多天后，如平安无事，始将男方出生年、月、日、时辰与妇方出生年、月、日、时辰“合八字”。一般双方八字中有四字相合，才被视为“和合”。其中稍有不合，也可勉强通婚；但有相克者，不得联亲。八字和合后，男方将定亲礼品（包括男方鞋样）送女家称“穿红”，俗称“压鞋样”。女方回敬鞋袜、腰带、手帕之类礼品，并留宴。席上男女双方见面，男方付给“见面礼”算定亲。定亲后，逢时节，男方备礼物相送，称“送节”。妇方亦给一定的回礼。

行聘 男方将迎亲日期通知女方称“送日子”，类似行聘。聘礼大致为衣服、礼金、肉、饼、面、猪蹄膀等。大户挑箱抬笼，乐器吹打；穷家则肩担手提，女方鸣爆接礼。

下衣 婚前一日，男方备百面、百肉、百饼，即面、肉、饼各50千克，以及衣服、彩轿、坐轿等送至女家，随之将女方嫁妆抬回。

待郎 婚前一日，新郎在家拜祭天地祖宗称“待郎”。新郎清晨理发、洗澡，插花披红，到祖坟山拜祖；中午，邀本村未婚男青年吃酒；傍晚“铺床”时，先让“福寿双全”之人订被褥，再将5个童男、2个童女坐在新床上“坐床”。

待嫁 婚前一日，新娘“开面”后，陪亲朋吃“待嫁酒”。“下席”后，进闺房“啼哭”称“哭嫁”，以表示难舍父母，不忘养育之恩。亦有不哭不发之说。晚子时（23:00~1:00），新娘在乐器吹打声中，“陪同”伴嫁娘，将陪嫁衣物在“千人眼”（篾筛）上罩一罩后，装箱打捆，称“装箱”。

迎亲 由媒人领花桥清晨去女家。大部分地区新郎不随轿去女家，但在西部柘林等亦有新郎随桥迎亲的习惯。女家在村头用彩锣迎花轿到“祖堂”。花轿下垫谷桶，再将男方事先贴在花轿、抬杠上的对联（上联）揭下，迅速请先生对出下联，贴回原处，以示男女相配。新娘上轿时脚穿新绣鞋，外套父母旧鞋，由牵爷（或其他亲人）抱到祖堂（防止鞋底带走娘家的财气）。在吹打声中新娘蒙好盖头布，身系120枚铜钱，并悬挂铜镜等物，坐进花轿。花轿在抛撒的五谷、红枣、红筷子等物中，围绕祖堂转圈后上路。中途要停顿锁轿门，传说是预防祝英台哭坟化蝶的故事重演。

拜堂 花轿进村，男方吹打鸣爆，在门口抛撒五谷、红枣、红筷子，花轿转三转，停在门前。新郎将一雄鸡抛过轿顶，付给轿夫“利市”钱，掀开轿门，轿门前置觔桶，内放七星灯，上罩“千人眼”，桶前放3块土瓦，新娘下轿，跨觔桶踩土瓦（俗传一定要踩破，不破不发），再由牵娘扶到堂前，拜天地、祖先、父母后，入洞房。新郎将盖巾揭去，新娘净面后同饮“交杯茶”（红糖水），谓之“合卺”。

闹房 新婚之夜，青年男女齐集新房，逗新郎新娘为乐，称“闹房”。俗有“洞房三日无大小”之说。次日晨，新娘到堂前参拜宗族长辈，称“分大小”，长辈馈赠“见面礼”。

回门 新婚第三日，夫妻回拜娘家，称“回门”。农村中因大都为同姓同族相居，找对象多赖介绍人从中撮合，经男女双方相亲同意后，再“订亲”。其间有的保留了“下定钱”“压鞋样”“送节礼”等旧俗；个别甚至有“要彩礼”及嫁妆讲究“几抬几杠”的不良风气。婚日废除了原花轿迎亲的形式，一般为红旗前导、锣鼓吹打，数十名男女青年作“伴郎”“伴娘”，步行迎亲。“拜天地”等旧形式也基本废除，但摆酒请客之风，仍很盛行。

（三）丧葬

小殓 年老亡故，称“白喜事”。于亡者前烧“送魂纸”，点“长明灯”。小殓前孝子（或孝女）去河边“求水”，给亡者净身，然后穿寿衣。寿衣男女均为上七下五（或上九下七）。男衣为黑色，女衣为红面绿里，均为便装式样。脚穿鞋底勒上有七下八线钉的“百岁鞋”。口内含金银或铜钱。

大殓 俗称“上材”，时间由阴阳先生按亡者八字生辰推算。上材前，棺底垫石灰，上铺火纸（草纸），再铺一层“地灰”（灶灰），将7枚铜钱按北斗图形放置灰上，俗称“按背钱”。按背钱上铺垫被，然后在哀乐、爆竹声中将亡者用被单托进棺内。头部用瓷盘垫枕，脚边置“甑箅”垫脚。另置“万年粮”（大米）等随葬物品。亡者身盖直系亲属献的寿被。寿被层次按亲疏长幼，先子后侄。钉棺后“起灵”至祖堂“停灵”。守灵天数因时、因人而异。大户人家请道士做“水陆道场”“打醮”，天数有三、五、七、九直至四十九日不等。

吊香 出丧前夜举行“吊香”。先由子、侄行三跪九叩大礼，敬酒3次，跪拜3次，散箸、散纸、烧纸、叩拜各3次，点燃檀香，亲属分跪两旁守灵，直至出殡。

出殡 一般均在天亮时的寅时或卯时，以便能当天将殡葬处理完毕。出殡前，先由“八仙”（即八个抬伕）扎好“台子”，举行“祭台”仪式。起灵时鸣爆、奏乐。童男童女鸣锣举灵幡为前导，“引魂幡”随后，亲友送的“铭旌布”，挽联、挽幛、寿布之类，用竹杠或抬或撑，组列成伍；亲属披麻戴孝，孝子、孝婿头戴草扎“龙顶”，中为孝子手持“哭丧棒”扶灵柩行进；孝女（长女）手捧灵牌在前；女婿手持酒壶沿路洒酒（亦有女婿在棺前中央扶棺而行者，称“扶榨”）；亡者第三代孙头扎红布，第四代曾孙头批绿布，高骑棺上，称“骑棺”或“跨棺”。亡者的长辈、配偶不在送行之列。

下葬 灵柩送到祖坟山，八仙在葬棺地抬棺绕3圈，送殡亲属亦扶棺随绕3圈，再将鲜鸡血，洒浇灵地一圈称“圈山”。阴阳先生按“流年”定灵柩放置位置。破土后，取土样放置灵牌托盘上，由孝女沿原路端回。土穴挖好后，先用麻秆烧坑，再按定好的时辰（一般在未时），鸣爆“下材”也称“下字”，下字时，阴阳先生手持一根竹棍伸到土穴底部边画符写字边念念有词。后用特制的椁砖圈椁，椁上用糯米粥浇泼，最后堆“黄金”（土块）成隆起的椭圆鱼背形坟堆。亡者入土后的第七天，配偶首次上坟，烧钱挂纸。女儿在亡者死后35日在家祭祀，称“接五七”。

（四）其他习俗

社日 立春后第五个戊日为“社日”，祭土神祈俗。农家开始浸种。当晚户户备香火，祭奠祖先，亦视为“鬼节”之一。同日新坟要进行祭祀，称“挂社”。今废。

花朝 农历二月十五日相传为百花生日，故称花朝。是日，人们设宴相庆，吃米粑。

开秧门 农家每年首次插秧之日，杀猪备酒，预祝五谷丰收，至今仍存。

晒龙袍 农历六月初六日称“晒龙袍”日。相传五月十三日若下雨，为“天公给了关圣人磨刀水”，六月六日即可“晒龙袍”，是日，各户将衣物翻晒避霉，文人亦晒书避蠹。有些地方还给狗洗澡。

吃新 小暑后，大暑前，逢卯日“吃新”（当年收新米），杀猪请酒，欢庆丰收。

盂兰会 农历七月十五日，大户人家修斋礼拜，请僧道诵经，超度亡灵，称“盂兰会”。今废。

做寿 一般从60岁开始至70岁、80岁、90岁……生辰日，阖家团聚，吃“长寿面”“寿桃饼”，摆宴欢庆。部分地区有“做九不做十”的风俗，即逢59岁、69岁……祝寿。

坐月 妇女生孩子，婆家送红蛋、酒 、肉等赴娘家“报喜”。娘家回赠鸡、蛋、面、红糖、肉等食品和小孩用的摇篮、站桶、小棉被、尿布等，称“做外婆”或“送庚”。“满月”时，娘家另送婴儿穿戴的衣、帽、鞋、袜、围袍、披风等衣物。满一周年做“摸周”，娘家再次送婴儿单衣和夹衣、棉衣及部分食品。

婚后礼 女方家庭婚后当年，送年、节礼给男方家庭。以后，女婿每年要送年、节礼给岳父家，俗有“女方送男家一年，男家送女家一世”之说。所送年、节礼均成双数，上贴红纸。受方不全部接受，以少量礼品回送或“原物奉还”。

满月礼 亲戚朋友为生小孩者一个月内送礼品称之为“满月礼”。

乔迁 亲朋好友送贺匾、贺幛，主人设酒席招待。迁居时必须从旧屋带火种至新房，以示不断香火。新中国成立后，上述陋习渐渐减少，但送礼、请客仍时有之。

禁忌 年、节日及清晨，忌说不吉利话。产妇房间忌进男子和月经期妇女；男人进产妇房不得穿草鞋；进房者均不得带钥匙。用饭后忌喝酒。同姓忌通婚。妇女长短裤忌晒高处、明处；男子尤忌在下通行。坐船忌讲“沉”“翻”及其同音字。其他隐讳语有：猪舌头称“招财”，猪肝称“叶子”，猪血称“旺子”，杀猪称“洗（喜）猪”，断锯称“过山龙”，斧头称“开山”，秧杆称“秧带”等。埋人的工具均加“发”字，如“发锄”“发锹”等。喜鹊叫为“报喜”；乌鸦叫为“兆祸”。打喷嚏疑为有人背后议论自己。油灯生花意为有客将至。以上诸例，中、青年人大都不再有此禁忌。

三、风味小吃

（一）特色鱼宴

鳜鱼

鳜鱼 又称桂鱼、花鲫鱼，生活在湖水底层，是一种凶猛的肉食性鱼类，终生主要以活鱼虾为食。它肉质丰厚坚实，洁白细嫩，味道鲜美，肌间刺少，营养丰富，蛋白质含量高，是驰名中外的淡水名贵鱼类之一。在烹饪方法上，无论清蒸、红烧、糖醋、炸熘等，都是宴席上的佳肴。西海出产的鳜鱼全部是自然生长的，味道更胜一筹。

白鱼 俗称“翘嘴白”，又称“白鳊鱼”，体延长而侧扁，头背面几乎平直，后部微降起。体高与头长略相等，个体长20厘米以下的，头长的比体高为大，20厘米以上的个体则相反，体重可达2.5～3.5千克。食用方法上，清蒸、红烧，或熏或腌均可，白鱼除味道鲜美外，还有较高的药用价值，具有开胃，健脾，消食，利水，补肾益脑，开窍利尿等作用。尤其鱼脑，是不可多得的强壮滋补品。久食之，对性功能衰退、失调有特殊疗效。

棍子鱼 又叫马头鱼，是一种头大、吻扁、唇厚、有一对胡须的小型鱼类，最大的个体也只能长到20多厘米长。它生活在江河湖泊的下层，虽杂食，但偏重觅食动物性食物，如底栖水生物、幼虫等。这种鱼腹腔较小，俗话说“只有一根肠”，易于清洁，可食部分比例大。肉质坚实，肌间刺少，味道鲜美，红烧、辣烩都可，是西海湖区一道特色菜。

鳡鱼 体形长，亚圆筒形，青黄色，体长可长到1米多，最大的重量可达50千克。性凶猛，捕食各种鱼类，为淡水养殖的害鱼，但肉质鲜嫩，为上等食用鱼类。鱼不但可以鲜食，当地人在冬天还将十几斤甚至几十斤重的鳡鱼用盐腌日晒，制成“腊鱼”，风味独特。

青鱼 栖息于江河湖泊的下层，主食软体动物，体亚圆筒形，体长可长到1米多，最大的重量可达到70千克，肉质优良，可鲜食，亦可将个体大的制成风味独特的“腊鱼”。

全鱼宴

鳙鱼 亦称“胖头鱼”，活动于水的中上层，以浮游动物为食，体长可达1米，最大的重量可达35～40千克。其特点是头大，鱼头部分肉质肥嫩，具有独特的鲜味和口感，烹制成“清蒸鱼头”“鱼头煮豆腐”“辣烩鱼头”等菜肴，是宴席上的主菜之一。

（二）土特产

柑橘 景区易家河新村组年产柑橘、椪柑90万千克，果呈红或橙黄色，品质甘甜，籽粒少，曾荣获全国食品博览会金奖，是非常受人欢迎的果品。

柑橘

竹笋 品种有冬笋、春笋；有粗大的茅竹笋，有细长的山竹笋。竹笋营养丰富，含有糖类、蛋白质、脂肪和磷、铁、钙镁等人体必需的营养素。尤其含有大量的纤维素，食后能促进肠胃蠕动，有助于消化，可预防和治疗肥胖症。竹笋可以素食，亦可用来和猪肉等荤菜红烧或清炖，味道异常鲜美。竹笋还可制成笋干或罐头，便于保存和携带，是重要的旅游产品。

蕨菜 是一种野菜，即蕨的嫩茎或嫩叶，亦称“乌糯”。蕨是一种多年生草本植物，生于山下阳坡或疏林下。蕨菜味道独特，性凉，食之有去热、利湿功效。烹制时常用来炒腊猪肉或鲜猪肉。

杨梅

杨梅 西海湖区及周围山上出产的杨梅个大色红，甜中带酸，口味纯正，十分诱人，尤其深受妇女和儿童的欢迎。初夏果熟，在柘林镇有大量鲜果出售，亦有多种加工品常年出售。

红薯粉丝 以优质红薯和蚕豆为原料，采用高新技术及先进设备精制而成。粉丝洁白纯净，晶莹透明，属低脂肪、低糖绿色食品。

绿豆粉丝 采用优质绿豆，经高温消毒，干燥制成。外观洁白透明，无并条，煮后不糊，营养丰富，松爽可口，有清热、健胃功能。

罗汉菜 野生豆科作物，分布高山低温地区，常年生活温度不能超过30℃，在永修县主要分布于江上、柘林等山区，有清热解毒、补气益肾、滋阴壮阳、食疗保健功效。

百合粉 龙牙百合粉富含蛋白质、果胶质、还原糖、粗纤维、钙磷、百合甙A、百合甙B等营养成分，营养价值高，老少皆宜。

茶薪菇 是一种高蛋白、低脂肪、无污染、无药害，具有营养、保健、理疗功能的食用菌。该产品味美香浓，滋阴壮阳，祛湿利尿，常食可美容、抗癌、降血健脾、健胃、抗衰老。

茶薪菇

卷二

基础设施建设

第一章 建设企业

第一节 江西西海投资发展有限公司

2009年4月底注册，2009年6月30日挂牌成立，注册资本1000万元，主营业务为旅游景区景点的经营和开发，旅游产品的研发和销售，物业管理，国内贸易，广告业，信息咨询，旅游基础设施和配套项目的投资、建设、开发、经营与管理，房地产开发经营，以自有资金对外投资等。公司性质为1人有限责任公司（法人独资），由风景区管委会1家出资，实行独立核算，自负盈亏。负责风景区旅游项目及配套项目融资、投资开发以及基础设施建设等经营管理活动；承担出资人资产保值增值的责任。公司下设九江西海投资发展有限公司。

股权结构 公司全部由风景区管委会出资，将风景区管委会所属的下列可用货币估价并可依法转让的非货币经营性资产（国有旅游资产），通过行政划拨方式划拨给公司：（1）风景区范围内旅游资源的有限期开发经营权。（2）旅游线路经营权。（3）水上客运特许经营权。（4）旅游文化广告产业经营权。（5）风景区注册商标品牌使用权。（6）水体旅游资源综合开发权。

公司资产情况 共购置资产16宗土地，共28.89公顷，价值3.1047亿元。2015年，公司无债权债务。

江西西海投资发展有限公司购置16宗土地一览

表2-1 单位：平方米

序号	土地编号	土地坐落	面积	土地证号
1	DGQ2013004	武宁县巾口乡	13434	因该宗地与武宁天成公司权属纠纷未解决，所以未发证
2	DGQ2013005	武宁县巾口乡	2793	九城国用2014第085号
3	DGQ2013006	武宁县巾口乡	1247	九城国用2014第088号
4	DGQ2013007	武宁县巾口乡	557	九城国用2014第089号
5	DGQ2013008	武宁县巾口乡	508	九城国用2014第091号
6	DGQ2013009	武宁县巾口乡	315	九城国用2014第090号
7	DGQ2013010	武宁县巾口乡	289	九城国用2014第086号
8	DGQ2013011	武宁县巾口乡	619	九城国用2014第087号
9	DGQ2014004	武宁县巾口乡	26562	九城国用2014第174号
10	DGQ2014005	武宁县巾口乡	87834	九城国用2014第175号
11	DGQ2015007	武宁县巾口乡	3713	九城国用2015第185号
12	DGQ2015008	武宁县巾口乡	21429	九城国用2015第182号
13	DGQ2015009	武宁县巾口乡	41653	九城国用2015第181号
14	DGQ2015010	武宁县巾口乡	25413	九城国用2015第183号
15	DGQ2015011	武宁县巾口乡	56602	九城国用2015第186号
16	DGQ2015012	焦武公路北侧	5994	九城国用2015第184号

经营情况 2015年，根据法律、法规规定，本着平等自愿的原则，就江西世高文化旅游发展有限公司租用“西海宾馆”进行酒店经营，江西世高文化旅游发展有限公司聘请委托深圳市深航物业酒店管理有限公司进行酒店经营管理之事，通过友好协商，就3方合作事宜订立协议。2015年，整体经营状况良好。

人事情况 董事长：于先葵；董事：汪会友（委派）、江家和（委派）、邹秀峰、杨祖荣（委派）、黄远林（委派）、蔡文斌、陈大友（委派）、熊晟华（委派）、孔维兴；监事：邢国军（委派）

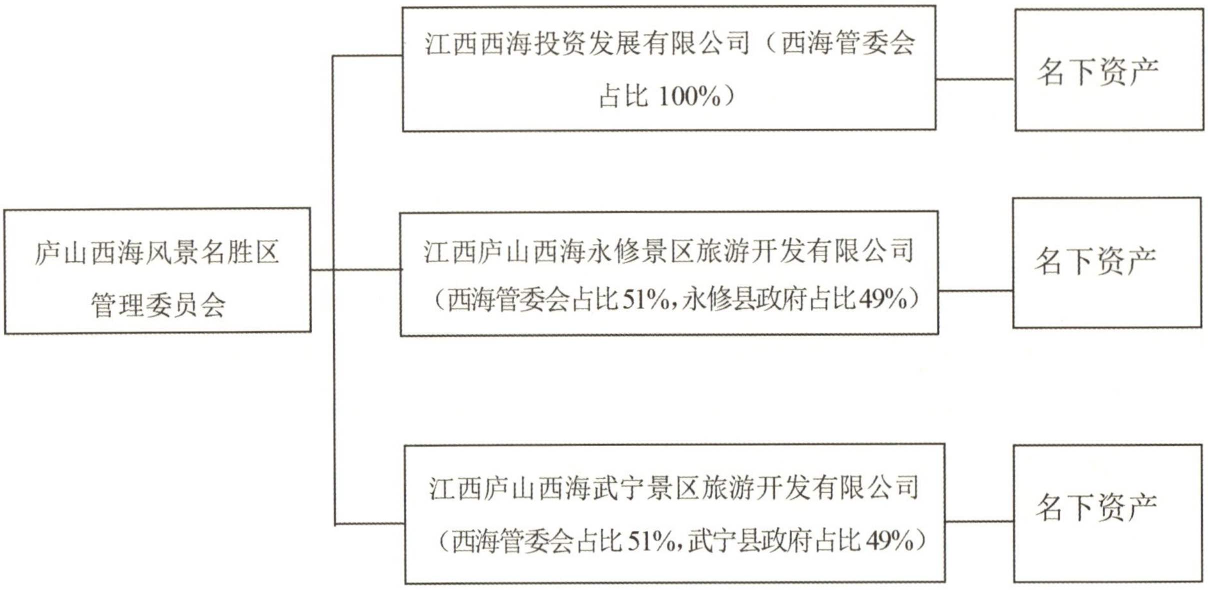

图 2-1　江西西海投资发展有限公司组织架构

第二节　庐山西海国资旅游发展有限公司

2012年4月成立，为庐山西海管委会投资设立的国有独资公司，代表管委会对景区所有国有资产进行统一管理和经营，注册资本1000万元，主营业务为对旅游景区景点的开发经营，旅游产品的研发销售、物业管理、国内贸易、广告业、信息咨询，旅游基础设施配套项目的投资建设、开发及管理，房地产开发经营，以自有资金对外投资（公司为风景区管委会、永修县、武宁县共同持有股份，分别占比36%、35%、29%。其中武宁县、永修县前5年不参与分红）。

公司于2013年6月向永修县农村信用联社融资1.2亿元，以9900万元收购江西神州通旅游公司的全部股权，取得整个湖区308平方千米经营主导权。公司下设江西柘林湖旅游投资有限公司、永修县柘林湖云海有限公司、江西庐山西海生态旅游产品有限公司3个子公司。

资产情况　1. 拥有西海湖区全部经营权。2. 司马旅游码头游客中心、梅棠至码头沿线景观路灯、停车场、商业街、趸船、驳岸等固定资产。3. 旅游码头有偿使用权、水上旅游经营权、岛屿适度开发权、旅游船舶使用权等“四权”无形资产。

经营情况　自2013年6月正式主导经营后，西海湖区旅游接待人数连创新高，保持持续较大增幅。2013年6～12月，接待进湖人数116756人，同比增长41.97%，实现经营总收入1114.6851万元。2014年全年，接待进湖人数222575人，同比增长30.4%，实现经营总收入2707.1012万元。2015年1～12月，接待进湖人数318393人，同比增长43.05%，实现经营总收入2987.5576万元。

债权债务情况 2015年年底债务情况：（1）永修农村信用联社6500万元本金未还。（2）向九江光大银行新贷款2亿元，其中1亿元存款质押。债权情况：（1）司马码头公司欠款830万元。（2）西海水世界、西海温泉等企业联合营销广告费用、门票分成等约100万元。

人事情况 2012年4月，法定代表人、执行董事兼总经理江家和，监事邢国军。2013年5月24日，法定代表人、执行董事兼总经理由江家和变更为于先葵，监事邢国军。2015年11月10日，法定代表人、执行董事兼总经理由于先葵变更为汪会友，监事邢国军。

第三节 庐山西海旅游股份有限公司

由江西西海投资发展有限公司和江西庐山西海国资旅游发展有限公司共同出资组建成立，注册日期为2014年4月28日，注册资金2.51618亿元。公司下设行政部、财务部、营销部、经营部、发展部、康龙游客中心（2015年增设）6部门，共有员工100多人，负责景区对外经营业务，在市场营销上与江西、湖北、湖南、安徽等省市、地区建立良好合作互动关系。2015年，公司无债权债务。

组织架构 公司下设行政财务部、人力资源部、质检稽查部、市场营销部、船艇运营部、岛屿管理部、项目开发部7部门。2015年3月，变更为行政部、财务部、营销部、经营部、发展部5部门。2015年7月，变更为行政部、财务部、营销部、经营部、发展部、康龙游客中心5部门1中心。2016年4月，变更为行政部、财务稽查部、营销部、经营部、发展部、康龙游客中心5部门1中心。2015年年底，公司合同员工共96人，另有外包合同人员16人，共112人。

人员情况 2014年4月20日，首届董事会选举产生的第一届董事会成员为钟华坚、于先葵、黄远林 、黄海 、周丽敏、蔡文斌、王忠鑫，其中钟华坚为公司第一届董事会董事长，于先葵为公司总经理、法定代表人。2014年 4 月20 日，首届监事会选举产生陈大友、张红、桂琦为监事，其中陈大友为首届监事会主席。

第四节　庐山西海武宁景区旅游开发有限公司

2013年6月3日，经庐山西海保护与开发工作委员会批准同意，由庐山西海风景名胜区管委会与武宁县人民政府共同出资组建成立，全称江西庐山西海武宁景区旅游开发有限公司，公司注册资本为1000万元，其中庐山西海风景区管委会出资额为510万元，占注册资本总额的51%，武宁县人民政府出资额为490万元，占注册资本总额的49%。该公司负责对划入风景区总体规划范围的37平方千米区域（庐山西海管委会与武宁县人民政府约定的、巾口乡政府牵头开发建设的集镇范围除外）进行统一开发。统一组织巾口乡土地开发、经营和景区景点开发、建设、经营。

2013年7月23日，江西庐山西海武宁景区旅游开发有限公司召开首届董事会第一次会议，会议学习传达了市政府有关文件精神，并对《江西庐山西海武宁景区旅游开发有限公司章程（初稿）》条款进行了审议，产生首任公司任职人员：

董事长：李甫勇。董事：汪会友、王正发、王永红、黄远林、吴文礼、黎青。汪会友兼任总经理，王永红、黄远林兼任公司副总经理。监事会主席：刘仁羿；监事：何斌、蔡璐珠、周文蓓。

随着公司章程定稿，公司逐渐形成议事制度，凡遇涉及两地的重要事务，公司组织开展董事会议进行磋商。至2016年4月，共召开公司董事会5次。

第五节　庐山西海永修景区旅游开发有限公司

2013年6月3日，经庐山西海保护与开发工作委员会批准同意，由庐山西海风景名胜区管委会与永修县人民政府协商，共同出资组建成立，全称为江西庐山西海永修景区旅游开发有限公司，公司注册资本为1000万元，其中庐山西海风景区管委会出资额为510万元，占注册资本总额的51%，永修县人民政府出资额为490万元，占注册资本总额的49%。该公司负责对柘林镇划入风景区总体规划范围的区域[司马村、易家河村（含附坝林场、采育林场）两个行政村]进行统一开发。统一组织柘林镇岸上土地开发、经营和景区景点开发、建设、经营。

2013年6月22日，江西庐山西海永修景区旅游开发有限公司召开首届董事会第一次会议，会议学习传达了市政府有关文件精神，并对《江西庐山西海永修景区旅游开发有限公司章程（初稿）》条款进行了审议，产生首任公司任职人员：

董事长：钟华坚；董事：江家和、朱勇、许松华、涂云竹。江家和兼任总经理，许松华、涂云竹兼任公司副总经理。监事会主席：周文蓓；监事：何斌、蔡璐珠、汪玉贵。财务总监由程世方担任。

2015年6月15日，江西庐山西海永修景区旅游开发有限公司完成工商注册。随着公司章程定稿，公司逐渐形成议事制度，凡遇涉及两地的重要事务，公司组织开展董事会议进行磋商。至2016年4月，共召开公司董事会8次。

董事长：于先葵；董事：江家和、陈琪、柯园龙、朱灵芝。江家和兼任总经理，陈琪、柯园龙、朱灵芝兼任公司副总经理。

监事会主席：周文蓓；监事：何斌、蔡璐珠、汪玉贵。财务总监由程世方担任。

第二章　景区建设

第一节　规划

一、风景区总体规划编制

2007年，在江西省住房和城乡建设厅指导下，风景区管委会通过国内外公开招投标方式选定江西省城乡规划设计研究院和上海大观景观有限公司联合体承担风景区总体规划编制任务，设计单位于2007年年底提交规划成果《云居山—柘林湖风景名胜区总体规划（2008～2025）》。2008年1月27日，通过省住建厅组织的专家评审，并于同年上报国务院。2010年，住建部组织召开部级联席会对“总规”进行审议并提出修改意见。随后的近两年时间，风景区管委会组织设计单位对规划进行修改并与相关部委进行沟通协调，2012年4月将规划修改稿《云居山—柘林湖风景名胜区总体规划（2012～2030）》上报住建部。5月，住建部第二次召开部级联席会进行审议并原则通过该规划。风景区管委会根据会议审查意见将规划年限调整为2012～2025年，并将最终修改成果于2013年1月上报国务院。2013年2月1日，国务院正式批准《云居山—柘林湖风景名胜区总体规划（2012～2025）》。

二、控制性详细规划

2013年3月27日，《司马旅游接待服务区控制性详细规划》获住建部批准，规划面积为1959.93公顷，以自然山水、风情小镇为主要特色定位，集接待服务、休闲娱乐与旅游观光等功能于一体的旅游接待服务区。

2014年1月28日，《巾口西部启动区控制性详细规划》获住建部批准，规划面积为

726.06公顷，以自然山水为主要特色定位，建设集接待服务、休闲娱乐与旅游观光等功能于一体的生态旅游休闲度假目的地。

规划评审

2014年1月28日，《市口旅游镇中部组团控制性详细规划》获住建部批准，规划面积为433.62公顷，以现状风情小镇为主要特色定位，建设集接待服务、休闲娱乐与旅游观光等功能于一体的旅游接待服务区。

2014年1月28日，《国际艺术园控制性详细规划》获住建部批准，规划面积为628.76公顷（含278.87公顷的水域面积），以山水风光、特色旅游、艺术创作园为主要特色定位，建设集接待服务、艺术创作与观光体验等功能于一体的综合旅游服务园区。

2015年4月14日，《西海温泉旅游服务村控制性详细规划》获住建部批准，规划面积为339.68公顷，以自然山水、温泉保健、长寿养生、生态柑橘、有机鱼文化为主要特色定位，建设集接待服务、休闲娱乐与旅游观光等功能于一体的旅游接待服务村。

2015年6月29日，《云居山—柘林湖风景名胜区其他类旅游点规划选址与床位数论证报告》获省住建厅批准，规划面积171.45公顷，以其他类旅游点14个，总床位数规模3000张，作为景区旅游接待体系的组成部分其他类旅游点。

三、规划执行

2010年12月8日，《庐山西海花源谷休闲度假旅游区修建性详细规划》获省住建厅批准，该项目位于风景区百湾迷宫景区，包括入口综合服务区3.52公顷、皮划艇俱乐部1.06公顷、加龄瑜伽养生区12.6公顷、根雕盆景园0.51公顷、琴棋书画院2.87公顷、花海景观建筑区1.37公顷、白石居0.37公顷。

2011年11月1日，《中信庐山西海精品酒店区修建性详细规划》获省住建厅批准，项目位于巾口西部启动区A9地块内，主要经济技术指标：规划总用地面积32.76公顷，总建筑面积29950平方米，容积率0.19，建筑密度15.55%。

2012年11月1日，《中信庐山西海A7–4公寓酒店及配套用房规划设计方案》获省住建厅批准，项目位于巾口西部启动区A7–4地块，主要经济技术指标：规划总用地面积89000平方米，总建筑面积35561.9平方米（不包括架空层面积1112.6平方米），容积率0.4，建筑密度9.2%。

2012年12月17日，《巾口滨水生态休闲区规划设计方案》获省住建厅批准，项目位于巾口西部启动区B3–3地块，主要经济技术指标：规划总用地面积121.51公顷，总建筑面积20949.2平方米（不包括地下室面积971.6平方米），容积率0.02，建筑密度2.24%。

2012年12月25日，《司马旅游码头改造修建性详细规划》获省住建厅批准，项目位于景区南岸，紧挨省道焦武线，属于老项目改扩建，主要经济技术指标：规划总用地面积95600平方米，总建筑面积45094平方米（包括地下室面积2858.8平方米），容积率0.47，建筑密度18.5%。

2013年6月6日，《庐山西海养生半岛修建性详细规划》获省住建厅批准，项目位于司马旅游镇雷州岛，用地性质为旅游接待用地，主要经济技术指标：规划总用地面积106355平方米，总建筑面积12520平方米，容积率0.12，建筑密度7%。

2014年1月21日，《梦幻宾馆改造规划与方案设计》获得省住建厅批准，项目位于风景区鹿角尖景区东面，属于老项目改造，主要经济技术指标：规划总用地面积53000平方米，总建筑面积20054平方米，容积率0.38，建筑密度20%。

2014年2月6日，《巾口旅游综合服务中心规划及建筑设计方案》获省住建厅批准，项目位于巾口旅游镇中部组团，分为巾口码头区块、行政中心区块和生活区。主要经济技术指标：巾口码头规划总用地面积91200平方米，总建筑面积3905平方米；行政中心规划总用地面积25440平方米，总建筑面积13694平方米，容积率0.54，建筑密度21%；生活区规划总用地面积17000平方米，总建筑面积16895平方米，容积率1.0，建筑密度22%；

2014年2月6日，《巾口接待中心规划及建筑设计方案》获省住建厅批准，项目位于巾口旅游镇中部组团，主要经济技术指标：规划总用地面积32600平方米，总建筑面积13040平方米，容积率0.4，建筑密度16%。

2015年8月17日，《柘林湖宾馆改造项目修建性详细规划》获省住建厅批准，项目位于焦武线南侧，司马旅游码头对面，属于老项目改造，主要经济技术指标：规划总用地面积130628.4平方米，计容总建筑面积63919.41平方米，容积率0.4893，建筑密度19.35%。

2016年3月4日，《庐山西海渔园生态农庄选址与建筑方案》获省住建厅批准，项目位于柘林湖司马旅游接待服务区中北部，项目性质为酒店设施，主要经济技术指标：规划总用地面积13258平方米，总建筑面积7548.4平方米，容积率0.57，建筑密度20%。

2016年3月4日，《庐山西海渔园休闲半岛选址与建筑方案》获省住建厅批准，项目位于柘林湖司马旅游接待服务区中北部，项目定位为野外游憩接待点，主要经济技术指标：规划总用地面积6.44公顷，总建筑面积3180.7平方米，容积率0.05，建筑密度2.5%。

第二节　土地管理

一、建设用地管理

风景区管委会不是一级政府，属市政府派出机构，不具备建设用地报批、出让和土地登记主体资格。2011年之前，凡属景区项目建设用地报批须通过项目所在地县政府向省政府申报。2011年之后，景区所有项目建设用地都以九江市政府名义向省政府申报。2008年10月13日，市政府办公厅专门下发关于风景区国有建设用地使用权出让和发证程序的抄告单，明确风景区土地招拍挂出让和土地登记程序。为简化审批手续，2008年11月，市国土局授权委托庐山西海分局签订《国有建设用地使用权出让合同》。2012年8月，市政府《关于进一步加快庐山西海风景名胜区开发建设的意见》文件明确，庐山西海主要负责统一组织武宁县巾口乡、永修县柘林镇的土地报批（含占补平衡）、土地收储、土地出让、旅游行业管理。征地拆迁安置、农民建房、养老保险等社会事务继续由永修、武宁两县管理。巾口乡和柘林镇以外的土地实行共同规划、共同管理，以县为主开发经营。

现场核实违法用地

2006年12月至2016年4月，风景区共报批25个批次集镇建设用地，面积472.60公顷；收储国有建设用地22宗，面积34.82公顷；公开出让国有建设用地使用权109宗，面积384.58公顷，出让价款119711.6175万元；划拨9宗，其中有偿划拨2宗，划拨价款128万元，面积0.604公顷；无偿划拨7宗，面积14.89公顷。

二、地籍管理

沿革 景区开展第一次土地调查时，庐山西海国土分局还未成立。第二次土地调查时，因景区没有行政区划，经与永修、武宁县国土局协商，景区范围内的土地调查工作按行政区划分别由永修和武宁县国土局承担，景区按土地调查工作量承担土地调查经费，实行成果共享。配合永修、武宁国土局顺利完成了第二次土地调查工作任务。

城镇地籍调查 2009年8月，管委会投入30万元，委托九江地质工程勘察院工程测量分院，对风景区范围内的柘林镇和易家河村进行1:500地形数字化测量，总面积8.1平方千米，2009年10月全面完成了柘林旅游集镇的测量工作。

土地登记发证 因景区没有实行属地管理，农村农民建房的审批，集体土地的登记发证工作都分别由永修县和武宁县国土局负责审批，庐山西海国土分局只负责风景区范围内项目建设用地登记发证工作。自2016年1月起，全市统一实行不动产登记，风景区纳入市本级不动产登记范围，国土分局负责风景区范围内项目建设用地和房产不动产登记材料的收集整理，报市不动产登记中心审批。截至2016年4月，共办理国有建设用地使用权初始登记141宗，面积549.66公顷，变更登记36宗，注销登记36宗，不动产登记1宗。

三、土地监察

国土资源执法监察动态巡查 坚持每月开展动态巡查，将国土资源违法行为遏制在萌芽状态。每年联合风景区综合执法、公安、建设房产、规划等部门，不定期对风景区范围内进行巡查，截至2016年4月，共发现并制止5宗违法用地行为。

建设用地批后监管 通过采取台账管理、电话提醒、警示约谈、实地督促检查等措施，将13.33公顷批而未供国有建设用地通过区位调整进行处置；对湖滨山庄、温泉度假村和柘林湖宾馆改造等项目下达了《加快开工建设通知书》，督促企业加快建设、加大投资强度，致力提高风景区土地供地率和利用率。

查处违法用地 自2009年起，景区开展土地矿产卫片执法，做到将日常国土资源执法动态巡查、年度土地变更调查和卫片执法检查工作有机结合起来，保持严厉打击违法用地行为的高压态势，严厉打击国土资源违法行为，土地矿产卫片执法检查工作连续6年顺利通过省、部级验收，实现了零约谈、零问责的目标。截至2016年4月，共查处违法用地案件9宗，面积91.79公顷，其中省国土资源厅直接立案查处中信高尔夫球场违法用地76.3公顷，市国土局直接立案查处中信安置点违法用地7.536公顷。

土地信访 建立处理来信来访工作责任制和来信来访登记制度，坚持做到信访案件事事有答复，件件有落实，景区自成立以来未发生任何涉及土地领域的信访案件。

第三节 项目建设

一、游乐项目

滑水看台 位于景区原梦生山码头（北码头），用于观看水上项目的大型表演、比赛，拥有座位数5052个，总投资700万元，2010年7月动工，2010年9月竣工。

鹿角尖景区亮化 主要选择其中6个岛屿进行亮化，总投资580万元，2011年9月动工，2012年5月竣工。

桃花溪度假村改造项目 项目占地7.19公顷，总投资2亿多元，主要建设AAAA以上集培训、会议中心、旅游度假中心（含星级以上度假酒店）为一体的综合旅游服务内容，2013年12月竣工投入运营。

柘林景区岛屿改造项目 为原有5个岛屿改造提升项目，其中美丽西海组团、文化西海组团二个组团分别由西海千岛文化产业有限公司和九江庐山西海康龙旅游发展有限公司投资建设，项目总投资约1.5亿元。2014年11月，项目开工建设。2015年5月1日，岛屿部分已对外运营，一期硬件建设已基本完成，启动了二期商业和服务配套项目建设，预计2016年4月全面建成。

垂钓中心项目 总投资约3亿元，该项目以打造集国际垂钓、温泉养生、文化体验、生态休闲、水上娱乐、精品度假为一体的旅游休闲综合体，一次性可容纳400人同场竞技，具备举办国际大型垂钓比赛的条件。

农业观光园项目 位于巾口景区，占地300公顷，总投资约3.5亿元，由武宁县百信农业综合开发有限公司开发，项目以科技与农业，文化与景观，人与自然有机结合为特色，分为蔬果、家禽、垂钓、养殖4大功能区。

二、配套项目

行政服务中心 该项目位于巾口旅游集镇中部组团，2012年9月由江西省第六建筑工程有限公司承建，总投资额6000万元，占地面积约3.07公顷，建筑总面积约13000平方米，其中主楼约6000平方米，为风景区党委、管委会办公用楼；附楼约5000平方米，为驻区单位办公用房；综合楼约2000平方米，为食堂等后勤用房，整个项目于2014年11月份正式投入使用。

西海佳苑小区 该项目位于巾口旅游集镇中部组团，2013年4月由武宁县房地产综合开发公司投资承建，总投资约2300万元，用地面积14053平方米，建筑面积15200平方米，共11幢、130户，其中80平方米户型5幢，100平方米户型4幢，120平方米户型2幢，整个项目于2014年11月15日竣工。

柘林湖湖泊生态环境保护（简称PPP）项目 2014年12月，该项目被财政部列为国家首批政府与社会资本合作示范项目，实施包括产业结构调整与生态移民、流域污染源治理、生态修复与保护等3大类共计21个子项目，总投资估算13.2亿元，项目分布地跨“一区两县”，其中庐山西海风景区项目8个，投资估算8.29亿元；修水县项目9个，投资估算3.84亿元；武宁县项目4个，投资估算1.07亿元。2015年12月2日，完成公开选择社会资本投资企业招标，确定兴源环境科技股份有限公司作为中标的社会资本投资方，并签订框架协议、PPP项目协议、合资协议。2015年12月21日，PPP项目首批6个子项目正式开建。

西海法庭项目 占地面积0.2公顷，建筑面积2680平方米。2013年5月，由江西中鹏建筑有限公司承建，总投资约500万元。2015年11月，该项目竣工并投入使用。西海法庭实行“三块牌子、一套人马”，具体是九江市中院民事审判第四庭、九江市中院环境资源审判庭以及西海巡回法庭。

西海宾馆 全称庐山西海接待中心，是风景区的接待中心，坐北朝南，景色优美，位于庐山西海风景区巾口码头东南侧沿湖地带。该项目集贵宾接待、度假、会议等功能于一体，分为接待区、生态公园区、温泉体验区3部分。项目一期占地面积约3.33公顷，总建筑面积约1.3万平方米，共8栋建筑，总投资约1.5亿元，由香港华艺设计公司进行设计。主要建设项目包含宾馆（床位数121个）、员工宿舍、停车场、景观公园、景观道路、小型游艇停靠点及配套市政设施等。项目于2012年11月1日开工建设，2015年7月1日竣工并投入试运行，2015年7月28日正式接待游客。

北戴河宾馆 项目占地4公顷，分为主楼、附楼、别墅3大部分。由江西省财政厅下属的行政事业单位管理中心投资兴建，是一家涉外四星级度假宾馆，其中酒店拥有豪华客房和套房，房间不仅舒适典雅，而且设施齐备。同时，还拥有独立的会议、宴会设施。宴会厅可容纳200人，会议室可容纳300人。此外，酒店设有休息厅、影视厅。酒店观光厅位于主楼六楼，豪华别致、三面观景，内设可供25人同时就餐的大型圆桌，并设有独立厨房为观光餐厅提供专职服务。

爱心山庄湖滨度假村 总投资4300万元，建筑面积8673.55平方米。项目主要有会议接待中心、综合楼、水景别墅、贵宾楼。

星期酒店 位于庐山西海风景区南岸、105国道旁，总投资1189万元，占地面积7.2公顷，建筑面积18200平方米。拥有客房169间套、会议室8个及露天泳池、棋牌室、咖啡厅、健身房、乒乓球室等多项配套休闲设施。

仙女峡景区游客服务中心项目 为桃花溪漂流扩建项目，总投资约1000万元，主要建设游客服务中心主楼、大型生态停车场等设施。

此外，还有江西省柘林湖林业有害生物监测防控中心工程、花源谷游步道工程、江西庐山西海服务区康龙酒店服务中心、江西省农村信用社商学院基地室外工程、中信庐山西海精品酒店、庐山西海旅游镇西组团景区道路等6个项目，总投资达55219万元，建筑总面积61639.3平方米。

三、招投标管理

风景区管委会严格执行国家关于招投标管理领域的文件和政策，针对依法必须招标的工程建设项目，要求项目审批部门应当在办理项目审批核准时，一并核准招标事项；招标事项未经核准的，招标人不得擅自组织招标。同时，要求相关部门及项目单位不得以会议纪要等形式替代招标事项核准文件或规避招标，禁止任何人员以任何方式非法干涉招标投标活动。此外，结合景区没有公共资源交易中心这一实际，大力借助市公共资源交易中心这一平台，大力推行“三个规范”（规范市场准入、规范标底编制、规范工程招投标备案制度）、“三个加强”（加强对招标代理机构代理活动监管、加强投标资格审查、加强投标代理人资格审查）、“两个建立”（建立招投标违法违规行为举报制度、建立招投标不良行为公示制度）等举措，不断构建招投标运作和监管查处机制。截至2016年4月，景区共报建项目24个，投资总额1507782万元，应招标项目的招标率达100%。通过招标，审查招标单位49次，严把了施工队伍的资质关，工程造价平均下浮8%，共节约建设资金120662万元。

一线检查

2009 ~ 2015 年庐山西海公开招投标项目一览

表 2-2

年份	项　目
2009	易家河大桥工程
2010	滑水看台场地工程
2011	中信庐山西海国际生态旅游度假区项目施工总承包、江西柘林湖林业有害生物监测防治中心道路工程、柘林湖康龙高速服务中心酒店工程、柘林湖康龙高速服务中心公寓工程、景区夜景照明工程、基础设施二期—北线码头改造工程、云居山东线公路改造工程、云居山西线旅游公路勘察设计、中信庐山西海国际生态旅游度假区项目工程监理
2012	柘林湖康龙服务中心酒店装修工程及绿化亮化工程、庐山西海司马旅游码头工程、巾口码头服务中心土方、游客服务中心服务大楼、西海宾馆和湖滨大道工程
2013	西海法庭、康龙度假村接待中心装修工程、巾口便民服务中心、西海佳苑、巾口旅游码头、岛屿改造一期项目
2014	康龙服务中心强电工程
2015	湖滨大道二期项目、柘林湖湖泊生态环境保护PPP项目

第四节 执法监管

景区成立以后，共出动联合执法检查1000余人次，下达责任停止违法（章）行为通知书189份，其中乱搭乱建56份、乱砍滥伐45份、开山围湖养殖38份、违反规划建设18份，对景区湖区采砂船驱离22船次。

共办理有影响的案件30余起，累计产生罚没款人民币20余万元。其中，2013年11月16日，景区综合执法局联合公安、农林水务等职能部门在鸦雀山一带开展湖区水域“三无”船舶和非法采砂整治，针对不法分子正在非法采砂作业，当场进行人民币1000元处罚；2014年10月，针对江西嘉园房地产开发有限公司未经报批，在景区规划范围内官莲乡东山村擅自开工、开发建设康龙服务区违法行为进行10万元处罚；2015年，在景区规划范围内永修三溪桥镇横山村下刀组，对违规非法开山移土，破坏地形地貌的当事人进行人民币4000元处罚。

针对私自拦网进行执法

第五节 环境保护

一、水资源保护

（一）水质监测 2015年7月，第一座水质自动监测站在景区旅游码头（柘林湖出口水域断面）动工新建，计划投资100万元。该监测站将采用自动化操作，全天24小时对水质进行全程监测，重点监测水温、pH值、化学需氧量、氨氮等指标，一旦发生污染物超标，监测系统会迅速报警。此外，可根据需要即时提供网上查询各类监测指标，做到实时、动态监测水质安全，实现进一步提升水污染事件的预测、预警、处置能力。

（二）水土保持和林地征用报批 2013年之前，景区没有管理这块业务的专门机构，这项职能放在综合管理局，但没有开展相应工作。2013年2月，机构正式成立，随着林业和水政这两项职能的理顺，相关工作步入正轨。

水土保持 巾口“一路三中心”和柘林湖宾馆改造——管理人员办公和生活用房建设

项目5个项目的水土保持方案审批，柘林湖宾馆改造——管理人员办公和生活用房建设项目的水保设施验收，统一挂牌渔船297艘（其中，永修县柘林镇158艘，武宁县巾口乡68艘，罗坪镇39艘，杨洲乡32艘），协调全面取缔西海湖区武宁水域内网箱养鱼，理顺采砂机制。

林地报批 牵头协调办理巾口“一路三中心”（湖滨大道、码头服务中心、巾口游客服务中心和接待中心）、西海接待中心外环路、幸福大道等10余个项目约18.5公顷林地征占用手续和庐山西海鱼岛改造项目71.32立方米林木砍伐手续。

2008 ~ 2015 年庐山西海林地报批一览

表 2-3 单位：公顷

时　间	建设项目名称	林地报批面积	使用林地性质
2008年12月	柘林湖二期宾馆	2.9843	永修县林业工业公司 国有林地
2013年8月	接待中心	0.6333	武宁巾口乡西下村 集体林地
2013年8月	巾口游客服务中心	1.12	武宁巾口乡上畈村 集体林地
2013年8月	码头服务中心	2.9133	武宁巾口乡上畈村 集体林地
2013年8月	湖滨大道	4.9733	武宁巾口乡上畈村 集体林地
2013年8月	自来水站	1.5414	武宁巾口乡上畈村、西下村集体林地
2014年1月	西海接待中心外环路	0.8807	武宁巾口乡西下村 集体林地
2014年12月	庐山西海海云龙度假酒店	3.2033	武宁巾口乡上畈村 集体林地
2014年12月	西海水天玲珑湾	0.6	武宁巾口乡上畈村 集体林地
2014年12月	庐山西海巾口温泉度假村	0.525	武宁巾口乡上畈村 集体林地
2015年10月	永武高速巾口互通至巾口旅游码头公路支线工程（幸福大道）	2.0738	武宁巾口乡西下村 集体林地

2013 年庐山西海林木采伐报批一览

表 2-4　　　　单位：公顷

时间	建设项目名称	林地报批面积	使用林地性质
2013年5月	庐山西海鱼岛改造	2.9843	永修县林业工业公司国有林地

二、环境污染治理

规费收入 2013年，征收建筑噪音排污费646045.12元。2014年，征收建筑噪音排污费71866.56元。2015年，征收建筑噪音排污费119012.13元。

项目环境影响评价 2010年，审批报告表4个。2011年，审批登记表2个。2012年，审批登记表1个，报告表19个。2013年，审批报告表9个。2014年，审批登记表2个，报告表7个。2015年，审批登记表2个，报告表2个。

环境卫生整治 2014年12月开始，持续时间1个月，投入资金40多万元，累计投入人员312人次，果皮箱80个、新设垃圾箱20个、带轮垃圾桶4个、大型垃圾收集箱2个、翻新垃圾收集箱38个、设立创卫宣传牌2处、清理景区内的游步道16条、刷新墙体2000平方米、修剪绿化植被1300平方米、清运垃圾3车、捡拾垃圾412袋、更换导游导示牌39块、清理出店经营2起。

征收噪音排污费

三、污染防治

2012年12月16日，位于司马旅游码头的污水处理站竣工投入运行，按日接待量1万人的标准设计建造，主要收集司马旅游镇的生活污水，每日可收集600吨的污水。

2015年7月28日，位于巾口旅游码头的污水处理站竣工投入运行，按日接待量1万人的标准设计建造，主要收集巾口旅游镇行政中心、码头中心和生活区的生活污水，每日可收集500吨的污水。与此同时，位于巾口旅游集镇的四座总能力达100吨/天的污水处理站竣工投入运行，主要收集巾口旅游镇接待中心及周边零星的生活污水。

四、环保执法

认真落实国家、省、市环境保护规划，在行政执法中针对排污收费、处罚、限期治理等方面使用规格不一的法律文书，如排污收费通知单、处罚通知单、限期治理通知单等。2013年，集中开展环保大检查行动2次，共检查企业9家。其中，约谈9家，提出整改意见15条。2014年，集中开展环保大检查行动2次，共检查企业23家。其中，约谈12家，提出整改意见11条。2015年，集中开展环保大检查专项行动3次，共检查企业54家。其中，约谈18家，提出整改意见96条，下达限期整改通知书1份。

现场执法

五、环保宣传

2013年，围绕保护西海美丽山水和建设生态绿色家园这一主题，在机关、涉旅企业、主要景点张贴彩色环保宣传画报，张贴绿色节能倡议书。

2014年，联合妇联组织巾帼志愿者开展以“生态西海，绿色同行”为主题的“六•五”世界环境日公益宣传活动，在景区码头、岛屿、主要干道张贴环保宣传画、绿色节能倡议书，发放环保宣传册，设立环保咨询台，对游客进行生态绿色示范，使游客参与呵护景区的环境。开展“游客环保知识有奖竞猜”活动，邀请游客现场参加环保答题，向游客发放征求意见单，为景区发展建言献策。多角度开展环保公益宣传，通过LED屏幕、广场电视、公益微博、公益微信、标语横幅等方式进行全方位、立体式宣传。

2015年，联合组宣部制作专题新闻“践行绿色生活”并在九江电视台一套《县区直通车》栏目播出，全面反映景区在污染治理、污染减排、环保基础设施建设、生态示范创建等方面开展的工作和取得的成果。会同妇联开展新环保法宣传，发放宣传资料600余份，发放环保袋200个，并对桃花溪河流、西海温泉等多家涉旅企业发放新“环境保护法”宣传册2000份。

第三章　交通通信建设

第一节　公路桥梁建设

湖滨大道（一期） 该项目在巾口旅游集镇中部组团，2012年10月，由江西庐山西海武宁景区旅游开发有限公司投资新建庐山西海湖滨大道工程，总投资约5000万元，道路全长3.2千米，路面宽20米，沥青路面，设计公路等级为一级，项目于2013年9月竣工通车。

湖滨大道（二期）及幸福大道 该项目总投资约1200万元，道路全长2.6千米，分为幸福大道段和湖滨大道段。幸福大道起于永武高速巾口连接线的终点，终于国际艺术园，道路长约2千米，路基宽12米；湖滨大道起于接待中心出口处，终点与幸福大道连接，道路长约0.6千米，路基宽30米。项目于2015年12月15日竣工验收，项目的建成形成了环巾口旅游集镇交通网络，同时促进交通厅和国际艺术园项目开发建设。

易家河大桥 位于柘林大坝下游3千米处，总投资2600万元，大桥总长915米，主桥长495米，2009年5月开工，2010年5月29日建成通车。

梅乐高速连接线路灯项目 位于柘林观光休闲带，全长8.8千米。共夯挖、浇筑路灯基础（60厘米×60厘米×140厘米）208个，管线沟槽8200米，电源控制箱8个，安装路灯207盏，总投资200万元。于2015年3月开工，当年7月中旬完工。

易家河至司马码头路灯项目 306省道的一部分，全长6.8千米，总投资150万元，共夯挖、浇筑路灯基础（60厘米×60厘米×140厘米）127个，管线沟槽6600米，电源控制箱4个，架设50千伏安“专变”2台，安装路灯127盏，于2015年8月开工，当年11月底完工。

第二节 码头建设

司马旅游码头 该码头总投资约5亿元，占地面积约9.67公顷，分为公建项目和商业开发项目两大部分，其中游客中心大楼，占地面积1398平方米，总建筑面积为3528平方米，停车场面积19300多平方米，包含460多个停车位。商业开发项目总建筑面积40228平方米（商业街7228平方米，华一商业广场1.9万多平方米，润华大酒店1.4万多平方米）。2012年5月动工建设，2013年9月正式投入使用，是一个集行政办公、游客服务、宣传展示、餐饮购物、观赏游览、写生摄影等多功能为一体的大型综合性旅游码头，日最高接待量可达1万人次。码头共划分为3大功能区域，即上船码头服务区、库湾水上商业区和下船码头服务区，能满足游客游览服务、购物休闲、观光娱乐等不同层次的需求。规划主要以“舟水相映、人景互融、动感湖湾、魅力西海”为设计理念。其中游客服务中心建筑设计上，就地取材，采用新型环保材料。停车场、护坡均采取生态环保措施，并建设大型污水处理设备。

巾口旅游码头 2013年9月开工建设，该码头是庐山西海风景区“一南一北”两大综合性旅游码头的北码头，由香港华艺设计公司设计，服务中心主楼为诺亚方舟现代风格。整个项目占地面积约15.33公顷，总投资约5亿元。分公建工程和商业开发工程两大部分，集游客集散服务中心、特色旅游、特色购物、特色餐饮、特色休闲娱乐的码头商业体于一身，日接待游客可达2万人，于2015年7月对外正式开放。其中，停车场面积为19496.4平方米，停车位466个（小车停车位404个，中巴停车位36个，大巴停车位26个）；整个游客中心大楼总高度为12.15米，总建筑面积4126.1平方米（一层面积为2140平方米，二层面积为1765平方米，夹层面积为222.1平方米）。商业开发项目于2014年12月开工建设，总建筑面积31980平方米，商业街内建有一条人造景观河道，河道全长约340米，深约80厘米，最宽处约8.7米，最窄处约2.4米，主路口处是一座仿古门楼，宽10米，高10米，河道之间建7座桥，河床内铺设鹅卵石、大理石，并安装喷泉、彩灯等。

第三节 信息化

机构 2010年，景区管委会正式组建信息中心，隶属于党政办。2013年，根据需要，划归党委组宣部管理，由此，信息化工作走向正轨。

网络建设 包括内外网，在柘林，只有视频会议室，一套政府内网。2013年之后，内外网分设，内网只管公文传输，外网只管视频会议。同时，组宣部、国土分局、海事处利用内网线路，开通各自业务内网。2014年11月，管委会整体搬迁至武宁巾口后，客户终端由武宁电信负责，设2个视频会议室，一套政府内网。2015年10月，环保局开设内网。

无线电管理 2011年，管委会成立协管办，主要针对景区、景点和企业用地、无线电设施进行监管。

智慧景区建设 一、天网工程建设。2015年7月1日，投资100余万元建设的风景区总监控室在巾口景区游客中心投入使用。2015年11月，投资100余万元建设的覆盖全景区的监控点接入总监控室，至此“一张网，两个平台”的防控体系在风景区形成，主平台互通，实现分级监控管理，对重点要害部位的动态实时管控，使风景区的视频监控达到全覆盖。二、平台设施建设。初步搭建景区政务网站、智慧旅游官方网站、智慧旅游电子商务云平台、景点电子门票O2O云平台、景点视频监控系统、智慧旅游手机APP、CMS内容发布管理平台、智慧旅游营销服务云平台、智慧旅游旅行社报班系统；外部还对接中国移动订票接口、中国电信订票接口、中国银行订票接口、同程网订票接口、驴妈妈订票接口、拉手网订票接口、携程网订票接口等订单接口；以及对接移动手机支付接口、银联手机支付接口、支付宝手机支付接口、财富通手机支付接口等支付接口。按照“智慧管理、智慧营销、智慧服务”的目标，基本满足“一部手机管西海、一部手机游西海”的要求。

金财工程 共分为业务应用系统、信息网络系统和安全保障体系3个方面，即以应用为中心，以网络为支撑，以安全为保障。一、应用系统，包括预算管理系统、国库集中支付管理系统、总账管理系统等12个业务应用系统；二、三级网络系统，包括本级局域网、纵向连接各级财政部门的广域网和横向连接同级各预算单位、国库、银行、税收等相关职能部门的城域网；三、安全保障体系，即建立以认证中心、数据加密为核心的统一安全保障体系，确保景区“金财工程”应用系统高效、稳定运行。至2016年4月，尽管相关的设备、设施已基本配备到位，但由于金库暂时还不能设置在景区（设在永修），加上缺乏这方面的业务人才，导致这项工作基本处于停滞状态。

“一证一码”工程 将企业登记时依次申请，分别由工商行政管理部门核发营业执照、质量技术监督部门核发组织机构代码证、税务部门核发税务登记证的登记方式，改为一次申请、由工商行政管理部门核发一个加载法人和其他社会组织统一社会信用代码的营业执照。此项工作开始于2015年10月1日，至2016年4月，景区共核发加载统一社会信用代码的营业执照89份，其中开业登记12户，变更登记35户，换发登记42户。

第四节 水域管理

水域管理分为水上安全执法和运输监管，其中，水上安全执法由海事部门负责，运输监管由港航部门负责。

一、航道管理

2000年，柘林湖景区“五一”节初次对外开放，当时接待游客达2万人次。旅游区游船发展迅速，有各种旅游船只78艘，水上安全监督管理工作难度较大。2001年11月，柘林湖港航监理站成立，省交通厅将柘林湖水上交通安全工作列为全省重点工作之一，通过解决机构、人员、装备等问题，着力保证柘林湖旅游风景区水上交通安全监督管理工作有效开展。其中，为解决办理船舶证书和船员培训等问题，港监和船检人员实行现场联合办公，6次到柘林湖解决船舶登记、船检发证问题，仅在半年时间，基本解决船舶违章载客现象，所有旅游船实行每航次签证。2000年 10月，辖区发生水上交通事故1起，造成1人受伤，1艘小艇沉没。经过认真总结事故教训，进一步健全各项管理制度，加大现场监管力度，从2000年11月至2015年12月，辖区连续15年未发生水上交通事故，4项指数即：事故起数、沉船数、伤亡人数、经济损失均为零。

上船检查

2003年，柘林湖旅游风景区旅游船增至43艘，小快艇增至54艘，拥有客位3171座，“五一”“十一”黄金周期间接待游客达3万～4万人次。在黄金周等重要时段，由九江市港航管理局（以下简称市局）增派人员到一线指导，确保重要时段水上交通安全稳定。

2004年，“柘林湖”杯全国摩托艇精英赛期间，抽调九江范围内各地海事处人员共计47人，投入海巡艇6艘，全力维护赛事秩序，保证比赛安全顺利进行。

2006年，围绕缓解柘林湖水上旅游区对船员的需求和进一步提高船员的素质，“五一”“十一”黄金周前分别举办2期“四、五等船员”培训考试，1期内河客船船员特殊培训考试。

2009年，为实现海事工作制度化、规范化、标准化和信息化，着重抓好“三个环节”：一是建立完善台账制度。通过多年的实践和完善，在全省海事系统率先建立较为规范的业务工作台账，共分为3大类11项，使海事管理工作进一步规范；二是加强海事信息化建设。建立信息网络，完善船舶管理系统、事故处理系统，率先试行船舶报港制度；三是做好旅游船的安全管理。建立旅游船、客船电子档案，在辖区旅游船景点进行清理登记并采取定期报送制度，完善对水上旅游景点船舶的监管工作。

2010年，永武高速公路工程建设项目3座跨河大桥是柘林湖水库重要的跨河建筑。为确保大桥建设水上水下施工作业的通航安全，柘林湖海事处积极为项目做好服务，帮助项目部做好3座大桥的审批工作。随着工程进度的推进，执法人员认真履行职责，坚持每天巡航，对桥区水域进行现场维护，确保大桥施工安全有序进行和船舶航行安全。

2011年，柘林湖地方海事处被江西省港航管理局九江分局授权航道维护与道政管理职责，辖区水面航标26座，岸标9座。

2012年，全面开展客渡船舶安全专项检查活动，对柘林湖库区56艘旅游船进行全面检查，留下影像和文字依据，提出整改措施并限期整改到位。12月，对管辖水域进行调整：北岸以永武高速红岩潭大桥西端至南岸罗坪镇漾都村2号岸标的连线作为柘林湖地方海事处与武宁县地方海事（航道）处管辖水域的分界线（以下简称分界线）。分界线上游武宁县行政区划内（含红岩潭大桥以北）水域由武宁县地方海事处（航道处）管辖；分界线下游（含红岩潭大桥）至永武高速修河大桥（含修河大桥）水域由柘林湖地方海事处管辖；永武高速修河大桥以下修河水域由永修县地方海事（航道）处管辖。

2013年，会同永修县渔政部门开展打击渔船非法载客及渔具侵占航道专项整治活动，查处渔船非法载客6起，清理渔具侵占航道3处。

2014～2015年，开展船舶监管工作，进一步规范船舶准入制度，出台一系列船舶管理办法。其中，为有效提高庐山西海水上应急处置能力，2015年12月29日，庐山西海水上应急指挥中心成立，挂靠柘林湖地方海事处管理。

二、航运管理

（一）港口沿革

庐山西海（柘林湖）港为大坝蓄水后逐步形成，早期有武宁经鸦雀山至柘林大坝的客班轮。大量的竹、木水运进港，也多通过自然岸坡人工装卸中转为陆运。1990年，永修县立新乡个体户自筹资金建造4艘12座小型客班船，在柘林湖港区从事柘林至附坝、武宁的水路客运班线。随着柘林湖旅游开发的发展，柘林湖风景区管委会利用梦生山和南岸旅游码头及各景点斜坡道泊位，于2000年开始组织旅客水路旅游服务。2000年，港区为旅客水路旅游服务的是17艘个体客船，396客位。当年，永修县港航管理所柘林湖港航管理站，利用从彭泽县港航管理所调配的24米水泥趸船进港作为柘林湖港航管理站工作基地，对个体客船依法实施行业管理。海事、公安等部门亦相继进港，形成旅客进出港作业功能齐全，管理完善的旅游港区。

下达处罚通知书

（二）行业管理

最开始进驻庐山西海港（柘林湖港）区的是永修县港航管理所柘林湖港航管理站。当时，针对船舶证照不齐，客运资质条件不符这一现状，依法及时召集17艘个体客船船主，注册成立5家具有法人资格的客运公司，由此，旅客运输市场基本达到规范要求。至2010年，柘林湖港区有4家水路客运企业，92艘客船，2866个客位，年平均客运量8万人/次。2000～2015年，未发生重大安全事故。

（三）征收规费

2008年，征收货港费（湖区挖砂）1238370元，滩场、岸线使用费3000元。2009年，征收货港费（湖区挖砂）205000元，滩场、岸线使用费3000元。2010年，征收滩场、岸线使用费3000元。2011年，征收滩场、岸线使用费3000元。2012年，征收滩场、岸线使用费3000元。2013年，征收滩场、岸线使用费3000元。2014年10月起，停止征收滩场、岸线使用费。

（四）水运企业

2010年，共有4家水运企业，分别是永修县柘林云海轮船有限公司、江西高能旅游开发有限公司、永修县柘林湖华怡有限公司、永修县永安旅游舰艇有限公司。2015年，共有2家水运企业，分别为永修县柘林云海轮船有限公司和江西高能旅游开发有限公司。

卷三

党政机关

第一章　中共庐山西海风景名胜区委员会

第一节　组织机构

一、中共庐山西海风景名胜区委员会组成人员

2006年4月，党委组成人员有书记1人、副书记（兼管委会主任）1人、党委委员1人。2006年10月，党委组成人员有书记1人、副书记（兼管委会主任）1人、党委委员2人。2007年5月，党委组成人员有书记1人、党委委员2人。2007年7月，党委组成人员有书记1人、副书记1人，党委委员2人。2008年8月，党委组成人员有书记1人、副书记2人（1人为管委会主任）、党委委员2人。2009年9月，党委组成人员有书记1人、副书记2人（1人为管委会主任）、党委委员4人。2012年9月，党委组成人员有书记1人、副书记3人（1人为管委会主任）、党委委员4人。2013年11月，党委组成人员有书记1人、副书记5人（1人为管委会主任）、党委委员7人。2015年1月，党委组成人员有书记1人、副书记4人（1人为管委会主任）、党委委员7人。2015年10月，党委组成人员有书记1人、副书记4人（1人为管委会主任）、党委委员6人。2016年2月，党委组成人员有书记1人、副书记4人（1人为管委会主任）、党委委员5人。2016年9月，党委组成人员有书记1人、副书记4人（1人为管委会主任）、党委委员6人。2016年10月，党委组成人员有书记1人、副书记2人（1人为管委会主任）、党委委员6人。2016年12月，党委组成人员有书记1人、副书记2人（1人为管委会主任）、党委委员6人，正县级待遇1人。

2006 ~ 2015 年景区党政领导变动一览

表 3-1

姓　名	籍　贯	职　务	任职时间
祝先进	江西瑞昌	市长助理、党委书记	2006.3 ~ 2010.1
		市人大常委会副主任、党委书记	2010.1 ~ 2011.8
李甫勇	江西永修	市政府党组成员、党委书记	2011.8 ~
周　林	浙江兰溪	党委副书记、管委会主任	2006.3 ~ 2007.5
李小林	江西永修	党委副书记、管委会主任	2008.8 ~ 2011.8
钟华坚	江西九江	党委副书记、管委会主任	2011.8 ~ 2015.1
于先葵	江西星子	党委副书记 党委副书记、管委会主任	2012.9 ~ 2015.1 2015.1 ~
石　峰	江西修水	党委副书记	2007.7 ~ 2012.10
徐张勇	江西武宁	党委委员、管委会副主任	2009.8 ~ 2011.11
		党委副书记、管委会副主任	2011.11 ~ 2012.9
江家和	安徽无为	党委委员、主任助理（正科）	2006.8 ~ 2007.6
		管委会副主任	2007.6 ~ 2012.5
		党委委员、管委会副主任	2012.5 ~ 2013.4
		党委副书记	2013.4 ~ 2016.10
		党委正县级待遇	2016.12 ~
汪会友	江西武宁	党委委员、主任助理（正科）	2006.10 ~ 2007.6
		管委会副主任	2007.6 ~ 2012.5
		党委委员、管委会副主任	2012.5 ~ 2013.4
		党委副书记	2013.4 ~ 2016.10
		管委会副调研员	2016.11 ~
邹秀峰	江西德安	党委副书记	2013.11 ~
郑庆华	江西星子	党委委员、纪委书记	2009.9 ~ 2013.12
柳鸿斌	江西都昌	党委委员、组织宣传部部长	2009.9 ~ 2013.12
戴锦清	浙江淳安	党委委员、管委会副主任	2011.11 ~

续表 3-1

姓　名	籍　贯	职　务	任职时间
许松华	福建南安	管委会副主任	2009.5 ~ 2012.5
		党委委员、管委会副主任	2012.5 ~
詹宏夫	江西彭泽	党委委员、纪委书记	2013.11 ~ 2016.8
李院清	江西都昌	党委委员、纪委书记	2016.9 ~
杨祖荣	江西永修	党委委员	2011.11 ~ 2012.2
		党委委员、管委会副调研员	2012.2 ~ 2015.1
		党委委员、组宣部部长、管委会副调研员	2015.1 ~ 2016.8
黄远林	江西都昌	党委委员	2011.11 ~ 2012.2
		党委委员、管委会副调研员	2012.2 ~ 2015.10
吴文礼	江西修水	党委委员	2013.4 ~ 2013.5
		党委委员、管委会副调研员	2013.5 ~
陈　立	湖北黄梅	党委委员、组宣部部长	2016.9 ~
刘　俊	湖北武穴	党委委员、公安局局长 党委委员、政法委书记、公安局局长	2016.9 ~ 2016.11 2016.11 ~
戴志坚	江西永修	公安局局长、副县级干部	2012.2 ~ 2013.4
		党委委员、政法委书记、公安分局局长	2013.4 ~ 2015.2
		党委委员、公安分局局长	2015.2 ~ 2016.2
徐祥勇	江西永修	公安分局政委、副县级干部	2012.2 ~ 2016.2
黄　海	江西星子	主任助理（挂职）	2014.1 ~ 2015.12

二、工作部门

党政办 是风景区党委、管委会重要办事机构和综合职能部门，也是整个景区工作运转、承上启下、联系左右和沟通内外的枢纽，具有参与政务、处理事务、履行服务三大职能。景区成立之初，只有管委会办公室，未设立党委办公室。2007年12月，风景区党委归属市委直管后，党政合一，管委会办公室于2008年1月正式更名为党政办公室，配主任1名，副主任2名。下属事业单位机关后勤服务中心为副科级事业单位，配主任1名。

接待办 成立于2008年12月，核定编制7名，配主任1名、副主任2名。2013年1月，接待办变更为党政办下属正科级事业单位。主要负责接待到风景区视察或考察的中央、省委、省政府和市委、市政府的领导，兄弟县（市）党政主要负责人，以及风景区党政领导通知接待的有关人员；组织协调风景区内重大接待活动。

2006 ~ 2015 年景区接待副国级以上领导一览

表 3-2

时 间	对 象
2006年10月20日	以周铁农为团长的全国政协委员赴赣视察团
2008年3月5 ~ 11日	中共中央政治局原常委、中共中央纪委原书记吴官正
2008年4月12日	中央政治局原委员、中共中央军委原副主席、国防部原部长迟浩田
2009年10月26日	中共中央政治局原常委、原国家副主席曾庆红
2009年4月21日	中共中央政治局委员王刚
2009年6月30日	中共中央政治局原常委、政法委原书记罗干
2009年9月13日	全国政协副主席张梅颖
2010年10月1 ~ 6日	中共中央政治局委员、国务院副总理回良玉
2011年5月3日	全国人大常委会原副委员长李铁映
2011年5月11日	全国政协原副主席赵南起
2012年10月2 ~ 6日	中共中央政治局委员、国务院副总理回良玉
2013年8月31日	十一届全国政协副主席、中国生态文明研究与促进会会长陈宗兴等率中国生态文明研究与促进会成员
2014年4月22日	中共中央政治局原常委、全国政协主席贾庆林
2015年3月31日	中共中央政治局原常委，十届、十一届全国人大常委会委员长吴邦国
2015年10月15日	中共中央政治局原委员、北京市原市委书记刘淇

组宣部 全称组织宣传部（中共庐山西海风景名胜区委员会组织宣传部）。2008年1月成立，当时没有核定具体编制。下属事业单位党员干部现代远程教育中心，成立于2011年3月。2013年1月，组织宣传部挂编办、机关工委、人力资源和社会保障局牌子，设正科级职数2个（编办主任、机关工委书记）、副科级职数2个（副部长）、事业副科

级职数（1人）（远教中心主任）。截至2016年4月，参照公务员管理在编在岗5人，事业编在编在岗2人。

政法委 2009年成立，核定编制2名，设正副职领导各1名。2013年，为内设正科级机构，加挂综治委、信访局、维稳办牌子，负责风景区政法管理、综治管理、信访、维稳等工作。2008年7月，成功化解永修县柘林镇渔民与神州通公司补偿燃料费矛盾纠纷事件。2013年10月，成功化解司马码头发生1起上船区通道护栏扭曲和桥面塌陷的旅游安全事故。2014年8月，针对南昌县村民蒋中华就其承包的稻田被淹要求赔偿事宜，成功移交给永修县政法委。2015年10月，成功地化解1起永修县籍民工因疾病死亡，扬言要抬尸闹事事件。2015年9月，成功化解行政中心工程纠纷案。2015年12月，成功化解中信项目农民工上访事件。

第二节 会议与决策

一、中共庐山西海风景名胜区委员会会议

简称党委会，参加对象主要有党委书记、副书记、党委委员，会议一般由党委书记主持，固定列席成员为纪委、党政办、组宣部，其他部门根据需要列席。具体会议情况如下：

党委会

2006年，共召开党委会15次，主要就接管、运转、体制、总规启动、人事、招商和旅游宣传等事宜进行研究部署。2007年，共召开党委会14次，包括1次民主生活会，主要就招商、内部管理、财政运行、人事等事宜进行研究部署。2008年，共召开党委会14次，主要就招商引资、理顺体制机制、服务项目、财政运行、争资争项、后勤保障等事宜进行研究部署。2009年，共召开党委会15次，主要就财政运行、项目落户、提升景区品位、机关后勤、人员调配等事宜进行研究部署。2010年，共召开党委会18次，主要就创建全国文明景区、责任分工、项目推进、招商引资、人事编制、财政运行、机关后勤等

事宜进行研究部署。2011年，共召开党委会19次，主要就财政运行、承办重大活动、机构编制、机关后勤、干部人事、招商引资等事宜进行研究部署。2012年，共召开党委会10次，主要就体制机制、财政运行、项目建设、旅游营销、责任分工、机关后勤，干部队伍建设等事宜进行研究部署。2013年，共召开党委会12次，主要就湖岛开发、财政运行、招商引资、媒体宣传、后勤保障、片区工作等事宜进行研究部署。2014年，共召开党委会11次，主要就景区创建、旅游产品营销、周边市场拓展、项目建设、群众路线教育、干部人事等事宜进行研究部署。2015年，共召开党委会10次，主要就项目推进、招商引资、干部人事、AAAAA景区创建、“三严三实”专题教育等事宜进行研究部署。

二、党政联席（扩大）会议

2008年8月之前，党政联席（扩大）会和党委会基本合而为一。2008年8月至2011年8月，重大事项由党委会研究，一般性工作基本由主任办公会决定。2011年8月，党政联席（扩大）会步入正轨，形成常态。其中，2012年共召开党政联席会26次；2013年共召开党政联席会24次；2014年共召开党政联席会15次；2015年共召开党政联席会16次。具体情况如下：

党政联席会议

2012年2月10日，第四次党政联席会议，就“围绕五个突破，实施3239工程”工作意见、“3239工程”实施方案、绩效考评方案、重点工作考评结果、表彰大会议程（先进单位、先进个人名单）、健全宣传队伍强化宣传工作方案、庐山西海国资旅游发展有限公司组建方案、成立景区鄱湖办、岛屿亮化工程等相关事宜进行研究并形成纪要。

2012年3月5日，第五次党政联席会议，就项目年度目标和月度进展、剖析项目推进障碍并制定逐项化解意见、3月份各分块及部门主要工作部署等相关事宜进行研究并形成纪要。

2012年3月28日，第六次党政联席会议，就2012年财政预算安排、神州通公司股权转让资产核算、司马旅游码头、2012年招商引资工作意见、规费征收优惠政策、成立鄱湖办、2011年度优秀公务员等相关事宜进行研究并形成纪要。

2012年4月5日，第七次党政联席会议，就3月份工作完成、公开招考副科级领导干部情况、传达全市政法工作暨社会治安综合治理工作表彰会议精神、全市信访工作会议和加强法治政府建设专题讲座会议精神、4月份景区各分块及部门主要工作部署安排等相关事宜进行研究并形成纪要。

2012年4月9日，第八次党政联席会议，就学习《九江日报》3篇评论员文章、近期主要工作安排、《风景区宣传工作责任分工意见》、干部选拔方案、司马旅游码头工程监理等相关事宜进行研究并形成纪要。

2012年5月10日，第九次党政联席会议，就5月份景区各分块及部门主要工作部署安排等相关事宜进行研究并形成纪要。

2012年5月14日，第十次党政联席会议，就巾口片区、柘林片区、各部门当前主要工作等相关事宜进行研究并形成纪要。

2012年6月5日，第十一次党政联席会议，就上半年工作冲刺重点、6月份各分块及部门主要工作部署、云居山登山公路3.5千米水泥路沥青铺面改造等相关事宜进行研究并形成纪要。

2012年6月25日，第十二次党政联席会议，就当前主要工作明确、云居山国际禅修院项目开工、中信景观大道土地出让、景区宣传折页制作、加强干部职工人性化管理、人事安排等相关事宜进行研究并形成纪要。

2012年7月4日，第十三次党政联席会议，就7月份各分块及部门主要工作部署、庆祝建党九十一周年暨创先争优表彰名单、个别班子成员分工调整、人事安排等相关事宜进行研究并形成纪要。

2012年7月19日，第十四次党政联席会议，就传达全市推进县域经济发展现场会议精神、评价景区上半年主要工作、近期主要工作布置、江西庐山西海武宁景区旅游开发有限公司组建等相关事宜进行研究并形成纪要。

2012年8月7日，第十五次党政联席会议，就8月份各分块及部门主要工作部署、司马码头游客服务中心等项目报批手续、司马码头及周边区域给排水系统筹建、巾口“一路三中心”BT运作方案、《风景区财税征收奖励办法》、规范干部外出学习考察、人事安排等相关事宜进行研究并形成纪要。

2012年8月27日，第十六次党政联席会议，就巾口“一路三中心”项目工程招标工作、讨论干部团购房、《关于落实“三重一大”事项集体决策制度的实施办法》、《干部学分制管理意见》、创先争优活动总结表彰大会、成立工商和地税两个党支部、近期重点工作安排等相关事宜进行研究并形成纪要。

2012年9月7日，第十七次党政联席会议，就8月份工作完成、9月份各分块及部门主要工作部署、干部团购房等相关事宜进行研究并形成纪要。

2012年9月27日，第十八次党政联席会议，就传达全省社会管理综合治理暨信访工作会议精神、“十一”黄金周假日安排、近期重点工作、干部团购房等相关事宜进行研究并形成纪要。

2012年10月8日，第十九次党政联席会议，就回良玉到庐山西海考察情况、“十一”期间干部值班到岗、近期主要工作安排等相关事宜进行研究并形成纪要。

2012年10月16日，第二十次党政联席会议，就传达全市信访联席会议（扩大）会议精神、通报9月份重点工作完成及10月份工作布置等相关事宜进行研究并形成纪要。

2012年10月28日，第二十一次党政联席会议，就永修县林业公司违法建设行为进行处置、干部职工团购房、近期主要工作部署和督促等相关事宜进行研究并形成纪要。

2012年11月8日，第二十二次党政联席会议，就组织集中收看十八大开幕会议、传达省纪委周泽民书记在九江市纪检监察工作座谈会上的讲话精神、10月份重点工作完成及11月重点工作部署、西海法庭项目用地、司马旅游镇总体规划编制费用等相关事宜进行研究并形成纪要。

2012年11月20日，第二十三次党政联席会议，就传达市委十届四次全体（扩大）会议精神、传达全市作风整治活动转段动员会议精神、理顺管理职能的建议、调整三定方案的建议稿、干部团购房分配方案等相关事宜进行研究并形成纪要。

2012年12月4日，第二十四次党政联席会议，就12月份景区各分块及部门主要工作部署、审议团购房等相关事宜进行研究并形成纪要。

2012年12月21日，第二十五次党政联席会议，就市口片区工作进展、干部团购房的布局和结构、按市政府要求组建三个公司的意见、年终巡回看变化方案、财政资金和财务管理办法、差旅费管理规定、新增建设用地拟供地有关情况、近期工作部署等相关事宜进行研究并形成纪要。

2013年1月8日，第二十六次党政联席会议，就点评全年工作情况、春节前工作安排等相关事宜进行研究并形成纪要。

2013年1月16日，第一次党政联席会议，就传达全市经济工作会议精神和听取全市县域经济考察工作情况汇报、庐山西海法庭项目建设用地和规划建筑方案、党政班子贯彻党风廉政责任制报告、15个内设机构和5个驻区机构2012年度民主测评等相关事宜进行研究并形成纪要。

2013年1月30日，第二次党政联席会议，就落实船舶统一管理、财政资金管理及财务管理、并购神州通股权、中信庐山西海（九江）投资有限公司关于要求对其公司员工给予奖励、2012年度目标考评结果、学习贯彻中央“八项规定”等相关事宜进行研究并形成纪要。

2013年2月25日，第三次党政联席会议，就党政领导分工、2012年度总结表彰会有关事项、2013年度工作绩效考评方案（包挂项目安排）等相关事宜进行研究并形成纪要。

2013年3月18日，第五次党政联席会议，就审定《关于进一步加强包挂项目，大力推进“3239工程”的实施方案》及《庐山西海风景名胜区2013年度工作绩效考评方案》、创建国家AAAA级旅游景区、向省信用联社融资、部署近期工作等相关事宜进行研究并形成纪要。

2013年4月2日，第六次党政联席会议，就安排部署4月份工作、审议公务员考核意见、收回永修县柘林湖天亮旅游发展有限公司土地使用权、司马旅游码头游客服务中心及停车场用地划拨等相关事项进行研究并形成纪要。

2013年4月17日，第七次党政联席会议，就干部双向选择及人事工作、2012年度财政预算执行情况及2013年度财政预算、进一步加强干部作风建设、地热资源开发和加油站拆迁、水上经营权等相关事宜进行研究并形成纪要。

2013年4月27日，第八次党政联席会议，就传达学习省委书记强卫在省十二届人大常委会二次会议闭幕会上及在九江调研时的重要讲话、市委书记钟利贵在全市领导干部会上的讲话精神、督导近期相关工作、通报2012年度党风廉政建设责任制和推进惩防体系建设考核情况等相关事宜进行研究并形成纪要。

2013年5月3日，第九次党政联席会议，就4月份工作进展情况、5月份工作安排、2012年度市管党政班子和党政领导考核布置等相关事宜进行研究并形成纪要。

2013年5月9日，第十次党政联席会议，就通报神州通公司接管及收购之后合作做强、团购房有关问题、临聘人员有关待遇、传达全市集中开展“整治‘小鬼难缠’、优化发展环境”专项活动动员会议精神、审议景区机关党支部组建等相关事宜进行研究并形成纪要。

2013年5月17日，第十一次党政联席会议，就接管神州通公司、近期工作部署、司马码头附近小岛主题雕塑相关创意方案等相关事宜进行研究并形成纪要。

2013年6月14日，第十二次党政联席会议，就5月份工作进展及6月份工作部署、党风廉政建设和反腐败工作、审议喻星和胡淑兰2人长期脱岗调查处理意见、中信项目协议兑现、比选市口行政中心大楼装修方案等相关事宜进行研究并形成纪要。

2013年7月3日，第十三次党政联席会议，就6月份工作进展及“逢季看变化”、针对包挂“3239工程”项目推进情况进行据实评分、7月份工作部署等相关事宜进行研究并形成纪要。

2013年7月8日，第十四次党政联席会议，就司马码头润华酒店协调及码头竣工运营、道路扩宽和省联社二期等林地征用手续、组建3个公司并完成水上经营接管手续、岛屿和船舶等改造、市口林地手续补办及岛屿林政管理、市口征拆协调会及6幢农房拆除、依法处理天成公司、AAAA景区创建、争资争项和项目申报、景区贵宾票使用管理办法、与北京洁热公司关于地热资源开发利用合作协议、传达省（市）党风廉政建设有关文件精神、传达市安委会第二次全体（扩大）会议精神等相关事宜进行研究并形成纪要。

2013年8月8日，第十五次党政联席会议，就传达市委十届五次全体（扩大）会议精神、传达全市深化平安九江建设工程会议精神、8月份重点工作部署、建设项目规费收缴标准及西海法庭项目规费减免、启动市口码头岸线工程建设等相关事宜进行研究并形成纪要。

2013年8月27日，第十六次党政联席会议，就审议与华天集团签订的补充协议、司马码头公路改造工程、巾口湖滨山庄项目投资补充协议及温泉度假村项目补充协议、巾口沙滩浴场项目合作、公安和环保附楼建设、巾口土地挂牌出让等相关问题进行研究并形成纪要。

2013年9月4日，第十七次党政联席会议，就8月份工作进展及9月份重点工作部署、传达省市有关文件及会议精神、润华酒店违规建设及巾口“一路三中心”项目林地报批滞后情况调查处理意见、讨论规范公务船艇使用、巾口旅游镇便民服务中心建设项目规费减免等相关事宜进行研究并形成纪要。

2013年9月29日，第十八次党政联席会议，就传达学习市委书记殷美根在市四套班子会上的讲话精神、代市长钟志生和副书记冯静在风景区调研、贯彻落实《关于实行党风廉政建设责任制的规定》的实施意见（讨论稿）、传达“红包治理”及落实“八项规定”有关文件精神、传达2013年第三次市安委会全体成员（扩大）会议精神、山水旅游周活动有关情况、黄金周码头各岗位安排、安排部署国庆期间有关工作、巾口码头土地出让、岛屿改造一期工程招标工作方案等相关事宜进行研究并形成纪要。

2013年10月17日，第十九次党政联席会议，就司马旅游码头上船通道塌陷事故有关情况及整改提高措施、传达停止新建楼堂馆所和清理办公用房、通报9月份工作及安排部署10月份重点工作等相关事宜进行研究并形成纪要。

2013年11月6日，第二十次党政联席会议，就“逢季看变化”有关情况以及10月份工作进展、据实评分包挂“3239工程”项目推进情况、11月份重点工作安排部署、传达推进旅游强省建设座谈会议精神、传达全市新闻工作座谈会精神、船舶改造工作、省信用联社二期项目用地等相关事宜进行研究并形成纪要。

2013年11月15日，第二十一次党政联席会议，就传达学习党的十八届三中全会及全市领导干部会议精神、督促安排近期工作、传达学习市纪委《关于市路桥工程处少数工作人员工作日午间饮酒致一职工意外死亡的通报》等相关事宜进行研究并形成纪要。

2013年12月7日，第二十二次党政联席会议，就11月份工作总结及12月份重点工作安排部署、部门召开工作例会、船改工作、庐山西海武宁景区旅游开发有限公司融资等相关事宜进行研究并形成纪要。

2013年12月16日，第二十三次党政联席会议，就部分班子成员临时分工、风景区经济普查、近期工作布置、2014年度价格调节基金征集工作意见、江西神州通旅游发展有限公司下属云海轮船有限公司及柘林湖旅游发展有限公司税收清算等相关事宜进行研究并形成纪要。

2013年12月31日，第二十四次党政联席会议，就传达学习市委十届六次全体（扩大）会议精神、总结2013年工作、部署2014年工作、传达学习市纪委《关于在元旦春节期间开展公款送礼、公款吃喝、奢侈浪费专项整治工作实施方案》文件精神、船舶改造等相关事宜进行研究并形成纪要。

2014年2月25日，第一次党政联席会议，就传达学习全市宣传思想工作会议精神、传达学习全市党的群众路线教育实践活动动员大会精神、安排部署景区教育实践活动开展、传达学习市政府第三次廉政工作会议、传达市纪委十届四次全会和相关文件精神、传达全市政法工作会议精神、传达全市安全生产工作会议和全国两会安保工作会议精神、车船使用税开征、巾口码头项目建设、解除陈大友行政记过处分、2013年度目标考评结果、党的群众路线教育实践活动动员大会暨2013年度总结表彰会安排、2014年度财政预算等相关事宜进行研究并形成纪要。

2014年3月6日，第二次党政联席会议，就2014年度工作绩效考评方案、领导包挂项目方案、有关工作组安排、3月份重点工作安排部署、岛屿改造、巾口码头建设等相关事宜进行研究并形成纪要。

2014年4月8日，第三次党政联席会议，就3月份工作完成及4月份工作安排、成立西海旅游股份有限公司、融资工作、办公楼安排、平安景区（点）建设等相关事宜进行研究并形成纪要。

2014年5月6日，第四次党政联席会议，就4月份工作完成及5月份工作安排、征求领导班子和各部门“四风问题”意见整改台账、传达全市平安建设工作会议和市安委会第一季度全体（扩大）会议精神、庐山西海武宁景区公司融资抵押、宣佳项目服务部和司马旅游码头工作人员生活用房、保留和废止风景区部分规范性文件等相关事宜进行研究并形成纪要。

2014年6月6日，第五次党政联席会议，就5月份工作完成及6月份工作安排、巾口生活区、岛改规划等相关事宜进行研究并形成纪要。

2014年7月9～10日，第六次党政联席会议，就上半年及6月份工作完成和7月份工作安排、接待门票使用管理、《庐山西海风景名胜区建立健全惩治和预防腐败体系2013～2017年工作方案》、加强景区内部接待管理、庐山西海岛屿露营项目合作协议、庐山西海水世界项目合作补充协议、桃花岛和外婆岛旅游项目投资合同书、武宁景区公司融资担保土地挂牌出让、清水山庄改造意见、神州通西海天堂项目概念规划、人事问题等相关事宜进行研究并形成纪要。

2014年8月5日，第七次党政联席会议，就传达学习省委十三届九次全会和全市推进县域经济发展会议精神、7月份工作完成及8月份安排、干部职工带薪年休假、传达市安委会第二次全体成员（扩大）会议精神、《关于开通永修至庐山西海风景名胜区司马旅游码头客运班线的协议》等相关事宜进行研究并形成纪要。

2014年8月13日，第八次党政联席会议，就传达学习全市信访工作领导小组扩大会议精神、巾口游客服务中心项目等相关事宜进行研究并形成纪要。

2014年8月29日，第九次党政联席会议，就传达学习市委书记殷美根在景区调研讲话精神、当前几项重点工作、传达《关于做好中秋国庆期间贯彻落实中央八项规定精神坚决纠正“四风”工作的通知》文件精神、《庐山西海加强干部作风建设严肃工作纪律若干规定》、青海湖考察情况等相关事宜进行研究并形成纪要。

2014年9月11日，第十次党政联席会议，就8月份工作完成及9月份工作部署、《奋战100天，全力推进“一二三四”活动方案》、关于进一步规范旅游与接待船艇管理、高速公路连接线至艺术园延伸线、关于高能项目及李良璞自用房土地出让、关于设立国家司法救助资金列入财政预算、部署国庆及十八届四中全会期间安全稳定工作等相关事宜进行研究并形成纪要。

2014年10月10日，第十一次党政联席会议，就“一二三四”活动开展情况、9月份工作完成及10月份工作安排、市委（市纪委）约谈风景区党委书记（纪委书记）有关情况、“十一”黄金周加班补助及先进表彰、办公楼搬迁、巾口码头两宗用地权利人变更、租赁宣佳办公生活用房、《庐山西海航空旅游观光项目框架协议书》等相关事宜进行研究并形成纪要。

2014年10月23日，第十二次党政联席会议，就上次党政联席会部署的几项跨片区部门的工作、市口旅游镇综合开发项目、栖林景区岛屿改造、成立风景区公务用车制度改革领导小组等相关事宜进行研究并形成纪要。

2014年11月11日，第十三次党政联席会议，就传达学习中共十八届四中全会精神、传达学习市委办公厅《关于落实省委第二巡视组反馈意见整改情况的通报》、10月份工作完成及11月份工作安排、办公楼搬迁、《西海康龙度假村旅游项目合作协议》等相关事宜进行研究并形成纪要。

2014年11月25日，第十四次党政联席会议，就督促近期工作及部署2015年工作、传达学习省纪委《关于在全省党员干部、公职人员中进行拒收"红包"警示教育的通知》、传达学习全省非法侵占林地清理排查专项行动电视电话会议精神、陶艺园项目土地出让、九江石化市口加油站合作协议、关于进一步加强公安工作等相关事宜进行研究并形成纪要。

2014年12月8日，第十五次党政联席会议，就11月份工作完成及12月份工作部署、传达全国劳动密集型企业消防安全专项治理工作视频会议精神、2014年1～11月财税收支、市口码头土地收回及签订补充协议、解除曾庆勇行政警告处分、召开江西庐山西海国资旅游发展有限公司等三家公司董事会等相关事宜进行研究并形成纪要。

2014年12月31日，第十六次党政联席会议，就12月份工作完成及2015年1月份工作部署、传达省纪委《关于江西省5起违规收送红包问题的通报》文件精神、市口旅游公交开通、景区公务接待管理、西海旅游股份公司与江西翰顺船舶有限公司合作协议、西海宾馆项目经营合作协议等相关事宜进行研究并形成纪要。

2015年1月6日，第一次党政联席会议，就传达市委十届八次全体（扩大）会议精神、部署迎接全市县域经济巡回检查、PPP项目进展、庐山西海幸福大道及湖滨大道连接线工程施工招标、西海温泉二期开发补充协议、瑶池湾度假山庄和庐山西海欢乐世界项目用地出让等相关事宜进行研究并形成纪要。

2015年1月29日，第二次党政联席会议，就党政领导分工、购置接待用车、市口地热水试验井使用协议、高能旅游项目土地挂牌、巾口码头租赁和水上游乐项目开发协议、传达全市安全生产工作紧急电视电话会和《九江市安全生产“党政同责、一岗双责”实施意见》文件精神等相关事宜进行研究并形成纪要。

2015年2月6日，第三次党政联席会议，就1月份工作完成及2月份工作部署、传达中央、省、市纪委五次全会精神、《2015年纪检监察工作意见》和《关于落实党风廉政建设党委主体责任和纪委监督责任的实施办法（试行）》、2014年度考评结果及总结表彰、《关于恳请省财政厅将庐山西海风景区纳入“财园信贷通”融资模式实施范围的报告》等相关事宜进行研究并形成会议纪要。

2015年3月10日，第四次党政联席会议，就2月份工作完成及3月份工作安排、传达市委《关于全面推进法治九江建设的实施意见》文件精神、三大组团和部门人员调配、2015年度财政收支预算、《巾口景区生活垃圾收集转运系统实施方案》、湖滨大道二期和高速连接线项目土地供应、调整风景区纪委委员、纪检工作人员津贴等相关事宜进行研究并形成纪要。

2015年4月9日，第五次党政联席会议，就吴邦国考察景区情况、3月份各组团工作完成及4月工作安排部署、传达市纪委《关于修水县工商局国家工作人员工作日午间饮酒并造成严重后果问题的通报》文件精神、传达学习全市组织、宣传工作会议精神、团购房审议、《关于进一步加强和改进工会工作意见》和《庐山西海风景区工会经费收支实施方案》、宣佳项目规费收取、庐山西海旅游航空运动飞行体验基地协议书、附坝垂钓基地项目、2014年财政预算执行情况和2015年财政预算、调整干职工住房公积金等相关事宜进行研究并形成纪要。

2015年4月30日，第六次党政联席会议，就4月份工作完成及5月份工作部署、传达学习中央（省、市）强化监督执纪问责深入纠正“四风”电视电话会议精神、垂钓中心项目补充协议等相关事宜进行研究并形成纪要。

2015年5月29日，第七次党政联席会议，就各组团（部门）5月份工作完成及六月份工作安排、传达省、市“三严三实”专题教育推进会议精神、《风景区关于开展“三严三实”专题教育实施方案》、风景区机关工委支部调整、传达市纪委理论中心组（扩大）学习会精神、传达全市深入推进依法行政工作会议精神、《巾口景区对外开放暨重大旅游项目开竣工发布会筹备方案》、办公生活区结算、巾口码头景观河建设及商业用房办证预售、云居山禅修院项目规费等相关事宜进行研究并形成纪要。

2015年7月7日，第八次党政联席会议，就上半年工作、各组团（部门）6月份工作情况及7月份工作部署、《关于进一步加强社会治安和安全生产工作的实施意见》和公安局招聘协警、九江西海旅游发展有限公司股权转让协议书、成立风景区PPP项目领导小组等相关事宜进行研究并形成纪要。

2015年8月4日，第九次党政联席会议，就传达全市领导干部会议精神、各组团（部门）7月份工作情况及8月份工作部署、传达全市落实把纪律挺在前面要求先行先试部署暨纪检监察工作半年调度会精神、传达《中国共产党统一战线工作条例（试行）》精神、团购房税费缴纳及手续办理、宣佳项目用地延期、《庐山西海风景区退休干职工关怀办法》、工资调整方案等相关事宜进行研究并形成纪要。

2015年9月7日，第十次党政联席会议，就各组团（各部门）8月份工作情况及9月份工作部署、传达市委2015年第一轮廉政巡查工作动员部署会议精神、传达学习《中组部关于组织人事部门对领导干部进行提醒、函询和诫勉的实施细则》《庐山西海风景名胜区2015年全面深化改革工作意见》、机关后勤和接待管理制度、消防手续办理、巾口乡综合大市场和便民服务中心用地等相关事宜进行研究并形成纪要。

2015年10月13日，第十一次党政联席会议，就争资争项奖励、3239工程项目有关情况汇报、各组团（各部门）9月份工作情况及10月份工作部署、传达学习市纪委黄赛荣书记在全市开展领导干部违规插手干预工程项目问题专项治理推进会上的讲话和市纪委《关于3起违反中央八项规定精神典型问题的通报》文件精神、《纪律要求》、保障风景区工商局经费等相关事宜进行研究并形成纪要。

2015年11月3日，第十二次党政联席会议，就公安分局戴志坚、徐祥勇、王辉3人立案调查、西海法庭正式挂牌成立、工商局成建制划转、市场监管局等部门组建、传达学习《中国共产党纪律处分条例》和《中国共产党廉洁自律准则》、10月份工作完成及11月份工作部署、《庐山西海风景区社会评价民意调查工作实施意见有关事宜》、《庐山西海风景区争资争项工作实施办法》等相关事宜进行研究并形成纪要。

2015年11月20日，第十三次党政联席会议，就传达学习市第一轮巡查工作总结暨第二轮巡查启动工作部署会议精神、PPP项目、与省体育局合作建设项目、全市县域经济看变化活动、近期工作督促等相关事宜进行研究并形成纪要。

2015年12月3日，第十四次党政联席会议，就11月份工作完成及12月份工作部署、传达全市党的群团工作会议精神、风景区公安及消防工作、《庐山西海热气球旅游观光项目投资协议书》等相关事宜进行研究并形成纪要。

2015年12月31日，第十五次党政联席会议，就传达学习省纪委《关于江西省6起违反中央八项规定精神问题的通报》、总结2015年工作及谋划2016年工作、干部人事问题等相关事宜进行研究并形成纪要。

2016年1月8日，第一次党政联席会议，就“逢季看变化”活动和2015年12月份工作完成、1月工作安排、开展2015年第四季度“3239工程”测评、年终目标考评部门测评及三大组团对各部门测评、当前工作督促等相关事宜进行研究并形成纪要。

2016年1月26日，第二次党政联席会议，就传达学习市委十届九次全会精神、传达学习中央、省纪委全会精神和省、市纪委有关文件精神、传达全市维护安全稳定工作视频会议精神、2016年党政领导分工和工作意见、2015年度考评（表彰）、2016年考评方案及包挂项目方案等相关事宜进行研究并形成纪要。

2016年3月9日，第三次党政联席会议，就传达全市县域经济发展升级巡回观摩活动总结会议精神、传达学习市纪委十届六次全会精神、《2016年度纪检监察工作意见》《庐山西海风景名胜区廉洁推进项目建设实施办法（试行）》及《工程项目建设廉政承诺制度》《庐山西海风景区党委、管委会成立十周年宣传方案》、发放计生奖和综治奖、《关于全面包挂项目，持续推进“3239工程”的工作方案》和《庐山西海风景名胜区2016年度工作绩效考评方案》、3月份工作安排、柘林湖宾馆改造（宣佳）项目规划局部调整、华天休闲欢乐世界项目融资、2016年财政预算、关于附坝林场三宗土地和柘林采育林场2宗土地出让等相关事宜进行研究并形成纪要。

2016年4月7日，第四次党政联席会议，就传达全市安全生产工作会议和消防工作会议精神、传达学习国务院（省、市）廉政工作会议精神、3月份工作完成及4月份工作部署、市纪委核查景区有关信访的情况、后勤保障、西海宾馆改造提升、2016年财政预算、幸福大道用地划拨、特惠旅游年卡发售等相关事宜进行研究并形成纪要。

第三节　组织建设

一、支部和党员

2006年，风景区党委下辖1个机关支部和2个下属事业单位党支部（西海景区服务中心党支部和云居山景区服务中心党支部），共有党员26人。

2012年，增加地方税务局党支部、工商行政管理局党支部和公安分局党支部，共有6个党支部，共有党员81人。

2013年，机关党支部拆分为机关一、二、三支部，风景区党委下辖8个党支部，共有党员86人。

2015年，风景区党委下辖8个党支部，共有党员83人，其中女性党员15人，占党员总数的18.1%，大专以上学历74人，占党员总数的89.2%，35岁以下党员31人，占党员总数的37.3%；8个党支部中，机关一支部共有党员17人，机关二支部共有党员10人，机关三支部共有党员17人，司马景区中心党支部共有部党员8人，云居山景区中心党支部共有党员6人，公安分局党支部共有党员12人，地税局党支部共有党员4人，市场监管局党支部共有党员9人。

二、党员教育

（一）党委中心组学习　风景区党委中心组紧紧围绕中央、省、市重要会议和重要文件精神进行学习，2006年始，按照年均6次左右要求，先后以中共十七大、中共十八大等系列全会精神，以科学发展观理论、创先争优、党的群众路线教育实践活动、“三严三实”等上级会议和文件精神，以总书记习近平系列重要讲话等为主要内容，组织召开党委中心组学习会64次，实现参学党员领导干部和党员1200余人次。2014年，围绕进一步强化党委中心组学习，出台《关于进一步健全庐山西海风景区党委中心组学习制度的意见》。

（二）山水大讲堂学习　2008年，开始创办党员干部“山水大讲堂”，借助这一平台，每年举办不少于6次党员教育培训活动。2008～2015年，主动邀请省市委党校教授、大专高校教授、企业管理人员、省市旅游系统专家及省内外知名学者，就政治理论、旅游业务、企业经营、景区建设等方面进行专题培训，共举办党员干部“山水大讲堂”教育培训46期，培训党员达到2900余人次。其中，2008年举办培训3期，培训干部职工140人次；2009年举办培训6期，培训干部职工186人次；2010年举办培训6期，培训干部职工267人次；2011年举办培训6期，培训干部职工358次；2012年举办培训6期，培训干部职工400人次；2013年举办培训7期，培训干部职工522人次；2014年举办培训6期，培训干部职工530人次；2015年举办培训7期，培训干部职工546人次。

举办山水大讲堂

（三）“三会一课”学习 按照《中国共产党章程》等有关规定，严格规范支部“三会一课”，及时出台《关于进一步加强基层党组织建设的意见》等文件，严格要求各支部每半年召开1次党员大会、每2个月召开1次支委会、每月召开1次党小组会和每季度上1次党课，并要求各支部充分利用“三会一课”加强党员学习教育，努力在支部中形成常态化的教育模式。

三、组织活动

（一）贯彻落实 2006年1月至2011年7月，以祝先进为班长的风景区第一届党委班子，以科学发展观、创先争优、学习型党组织等主题为载体，分别在2009年3月组织学习践行科学发展观活动、2010年7月开展创先争优活动、2011年3月启动学习型党组织创建活动，认真按照学习教育、查摆问题、整改提高等环节要求，严格规范支部“三会一课”，以深入学习中共十七大会议精神等为主要内容，开展党员政治理论教育，提升党员干部的整体素质，着力提高党员干部凝聚力和战斗力。2011年8月至2016年4月，以李甫勇为班长的风景区第二届党委班子，认真学习贯彻中共十八大，十八届三中、四中、五中全会及省、市全会精神，按照中央、省、市统一部署，分别在2014年2月开展“群众路线教育实践活动”、2015年5月落实“三严三实”专题教育活动，通过进一步加强学习教育、查摆问题，着力整改纠正党员领导干部、党员干部中存在的“四风”问题和“不严不实”问题，进一步改进作风、优化环境。

（二）表彰 积极推荐优秀共产党员和先进基层党组织参加全市党内表彰活动，2006年以来，风景区共有3人被中共九江市委评为“全市优秀共产党员”荣誉称号，2人被中共九江市委评为“全市优秀党务工作者”荣誉称号，2个党支部被中共九江市委评为“全市先进基层党组织” 荣誉称号，1人被中共九江市委评为“全市抗冰减灾先进个人”荣誉称号。积极组织景区党内表彰活动，2007年表彰优秀共产党员4人，优秀党务工作者1人，先进基层党组织1个。2009年表彰优秀共产党员5人，优秀党务工作者1人，先进基层党组织1个。2011年表彰优秀共产党员12人，优秀党务工作者2人，先进基层党组织2个。2012年表彰优秀共产党员6人，优秀党务工作者2人，先进基层党组织1个，创先争优“服务标兵”6人，创先争优“先进集体”6个。2015年表彰优秀共产党员13人。

（三）帮扶 建立健全党内激励、帮扶和关怀机制，坚持每年相对固定在元旦、春节、七一、重阳节期间对困难党员、退休老干部、老党员进行走访慰问。同时，在困难党员、老党员和退休老干部自身或家庭突发情况时，及时进行走访慰问；坚持党内和群团走访相结合，充分发挥群团组织优势，对党员干部进行激励关怀，进一步拓宽组织关怀覆盖面；坚持完善制度和重点研究相结合，先后出台《庐山西海风景名胜区走访慰问制度》和《庐山西海风景名胜区退休干职工关怀办法》，进一步明确关怀对象、关怀形式和经费来源；坚持党费支出和财政预算相结合，为保障党内激励、关怀、帮扶提供工作经费，一是从党费中列支部分费用作为专项经费，二是在年初财政预算中予以安排。截至2016年4月，累计安排党内工作、党员教育经费69万元；投入走访老党员、困难党员和退休老干部走访慰问经费8万元；走访老党员、困难党员和退休老干部100人次。

第四节　宣传工作

一、新闻报道

2008年1月，党委组宣部组建以来，安排专人从事新闻宣传工作（截至2016年4月，共有5人次先后从事新闻宣传工作），购买2台摄像机，1台照相机，新闻宣传的质量和水平得以不断提升。

2008年开始，庐山西海先后在中央、省、市级媒体上稿1286篇。其中，中央级媒体上稿169篇，省级媒体上稿341篇，市级媒体上稿776篇，包括省级媒体头条11个，市级媒体头条39个。

央视节目录像带

二、直通县区

2014年年初，经过与九江广播电视台协商，从当年2月27日开始，管委会在九江电视台一套新闻频道率先开通直通县区——庐山西海专题节目，每周五晚20:00播出，时长10分钟，内容直通西海政务，聚焦西海亮点，助推西海旅游。截至2016年4月，播出112期，成为九江集中展示庐山西海风光和发展成就的新窗口。

三、央视专题

央视专题栏目一直都是景区对外宣传的重要平台。2011年，管委会在央视一、二、四、七、十套等频道推出《远方的家》《快乐汉语》《希望英语》《请您欣赏》《乡土》等节目，累计播出时间长达500多分钟。2012年，央视四套《走遍中国》走进景区拍摄专题节目。2013年4月底，央视十套《地理中国》到景区拍摄专题节目，并在当年11月播出，后于2014年“十一”期间进行重播。

四、形象宣传

景区管委会一共在周边国道和永武、昌九高速沿线自建、租用大型户外广告牌20块，用于庐山西海大型公益广告宣传。

2008年，拍摄首个庐山西海风光宣传片和主题歌曲。其中，主题歌曲《西海》邀请著名歌手雷佳演唱。

2012年，完成“六个一”形象设计工作（一张名片、一个LOGO、一句广告词、一首歌、一部风光片、一幅山水图画）。从当年7月开始，参与全省在央视新闻频道和综合频道每天投放的“江西风景独好——西海人间仙境”的宣传广告。

2013年，开始4D影片和全新宣传片制作，2014年4月底制作完成。

2013～2015年，与江西省气象局合作，在江西卫视旅游气象预报栏目中开设庐山西海窗口。

2014年，开始参与全市在央视新闻频道和综合频道每天投放的“庐山藏天下，九江通四海”的宣传广告。

2016年开始，在江西卫视新闻联播后的天气预报栏目中开设庐山西海窗口。

第二章 庐山西海风景名胜区管理委员会

第一节 机构

一、庐山西海风景名胜区管理委员会组成人员

2006年4月，管委会组成人员有主任1名、主任助理1名。2006年10月，管委会组成人员有主任1名、主任助理2名。2007年6月，管委会组成人员有主任1名、副主任2名。2009年8月，管委会组成人员有主任1名、副主任4名。2011年11月，管委会组成人员有主任1名、副主任5名。2012年2月，管委会组成人员有主任1名、副主任5名、副调研员2人。2012年10月，管委会组成人员有主任1名、副主任4名、副调研员2人。2013年5月，管委会组成人员有主任1名、副主任2名、副调研员3人。2014年1月，管委会组成人员有主任1名、副主任2名、副调研员3名、主任助理1名。2015年10月，管委会组成人员有主任1名、副主任2名、副调研员2名、主任助理1名。2016年11月，管委会组成人员有主任1名、副主任2名、副调研员2名。

二、工作部门

编办 2007年1月，成立中共云居山—柘林湖风景名胜区委员会编制管理委员会办公室，简称编办，与党政办公室合署办公。2013年1月，编办挂靠风景区组织宣传部，只设编办主任1个正科级职数。2016年4月，有参公事业编1人。

旅游局 2006年5月，旅游开发管理局成立，正科级单位，核定参公事业编制5 名。2012年更名为庐山西海风景区旅游局。2016年4月，有参公事业编3人，事业编1人。

财政局 2006年4月成立，正科级单位，内设综合科，负责财政局内部综合职能。下属事业单位财政国库核算中心。2011年9月成立，为股级机构，定编2名。2013年1月，该机构升格为副科级，定编4名。2016年4月，有参公事业编5人，事业编2人。

市场和质量监督管理局

农林水务局 2013年1月成立，核定参公事业编4名，其中，设正科级职数1名，副科级职数1名。2016年4月，有参公事业编2人，事业编1人。

综合执法局 2013年1月，庐山西海综合执法局成立，核定参公事业编2名，事业编2名，其中，设正科级职数1名，副科级职数1名。2015年11月，内设综合执法大队（副科级）。2016年4月，有参公事业编2人，事业编2人。

环境保护局 2008年1月，建设环保房产局成立，为正科级单位，核定参公事业编3名，设局长（正科）、副局长（副科）职数各1名。2008年8月，内设环境监测站和监察执法大队2个机构，核定事业编19名。2013年4月，环保局单设。2016年4月，有参公事业编2人，事业编2人。

经济发展局 2006年4月，招商局成立，为正科级单位。2009年6月，更名为经济发展局（招商、发改、统计），设正、副科职数各1名。2013年1月，经济发展局（挂商务局、统计局、物价局、交通局牌子）设正科职数1名、副科职数2名。2016年4月，有参公事业编2人，事业编2人。

监审局 全称为监察审计局。2008年4月开始组建，与纪委、监察合署办公，局长由纪委副书记兼任。2013年1月，设正副科领导职数各1名。2016年4月，有参公事业编2名。

建设局 2008年1月，建设环保房产局成立，设正、副科职位各1名。2011年6月，增设建设工程质监安监站，作为下属事业单位（股级），核定编制4名。2013年1月，加挂房产管理局牌子，同时升格质监安监站为副科级单位。2013年4月，建设局单设。2016年4月，有参公事业编1人，事业编2人。

市场和质量监督管理局 2011年4月，工商局成立，下设西海分局、易家河分局（云居分局）。2015年11月，工商局变更为市场监督管理局，被赋予市场监管（含工商、质监、食药监）职责，下设司马分局、巾口分局。2016年3月2日，市场监督管理局变更为市场和质量监督管理局，核定编制17名，其中正科级职数1名，副科级职数5名。

武宁办事处 全称为风景区管委会驻武宁办事处，2007年7月成立，2010年5月撤销。属临时性机构，人员定为2名，其中1名为负责人，经费全额纳入财政预算。

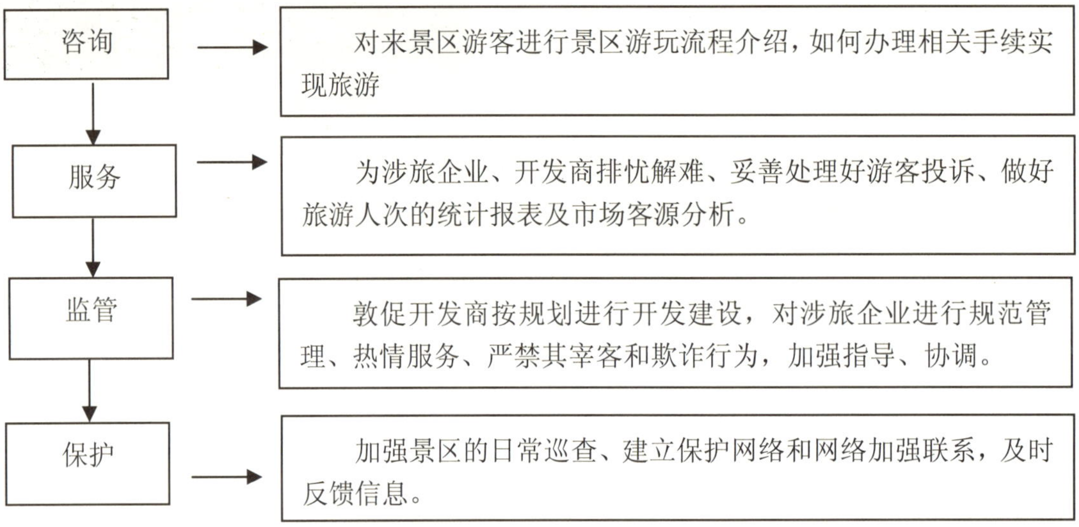

图 3-1　工作流程图

第二节　管委会主任办公会议

一般由管委会主任召集并主持，党政办负责组织。会议一般每月召开1次，根据工作需要，也可随时召开。管委会主任不在时，由主任委托1名副主任召集并主持，一般提前通知出列席人员。议题由各单位或副主任以书面形式提出，经分管领导同意后送党政办，由党政办汇总后报主任确定。会议人员由主任、副主任等处级领导干部组成，根据工作需要，与议题有关的单位负责人列席会议，其他列席会议人员由会议主持人确定。会议严格遵循事先确定的议题和议程进行，一般不在会上临时动议。会议的决定以会议纪要和文件为准，会议纪要由党政办起草，上报和下发的文件由议题主办单位起草。会议纪要和文件由会议主持人签发，也可委托分管副主任签发。

2008年12月5日，第一次主任办公会议，就争资跑项情况汇报、巾口国际艺术园项目合同有关事宜、旅游情况及下步工作意见等相关事宜进行研究并形成纪要。

主任现场办公会

2009年7月7日，第六次主任办公会议，就公安执勤岗位津贴、环保大楼建设用地、云居山景区项目建设、风景区规划范围内采石场处置、南线码头趸船改造、码头公厕及环境改造、成立公共交易中心等相关事宜进行研究并形成纪要。

2009年8月7日，第七次主任办公会议，就导服中心组建、易家河大桥设计变更、南线码头设计方案调整、南、北线码头公厕改造、标志标牌调整修改、门票统一管理等相关事宜进行研究并形成纪要。

2009年11月9日，第九次主任办公会议，就工程建设领域突出事宜专项治理工作方案及领导小组、南线码头建设管理、2010年旅游工作实施意见方案、关于易家河大桥项目检查反馈意见的整改落实工作、《云居山—柘林湖风景名胜区规划管理暂行规定》、干部公费医疗、万贤知返聘等相关事宜进行研究并形成纪要。

2010年1月15日，第一次主任办公会议，就南线码头建设竣工验收、易家河大桥建设、《云居山—柘林湖风景名胜区建设项目管理暂行规定》、组建建设工程咨询公司、政府建设项目审计监督实施办法、游船采购招标、财富网结算、云居山停车场建设等相关事宜进行研究并形成纪要。

2010年3月31日，第二次主任办公会议，就管委会副主任调整分工、2010年度财政预算报告、风景区游湖公司组建、西海景区门禁系统建设、锁岛和千佛山庄门票分成、部门年度审计、纪检监察人员津贴、柘林湖部分岛屿绿化改造等相关事宜进行研究并形成纪要。

2010年7月21日，第三次主任办公会议，就尚水文化旅游节前期筹备、云居山景区停车场建设、旅游度假基地基础设施项目建设、南线码头审计、专项执法检查、梦生商务酒店和江西云居山禅修院项目用地等相关事宜进行研究并形成纪要。

2010年8月17日，第四次主任办公会议，就公安业务技术用房项目申报、明确庐山西海旅游度假基地基础设施项目（二期）设计单位等相关事宜进行研究并形成纪要。

2010年10月27日，第六次主任办公会议，就环保监测执法综合楼招标等相关事宜进行研究并形成纪要。

2010年11月18日，第七次主任办公会议，就传达市政府“六张作业单”调度会议精神、江西柘林湖建昌旅游资源发展有限公司（梦生商务酒店）和北线码头一期工程和宏熙公司用地、《地热资源开发与利用合作协议》、《风景区资源保护和管理实施方案》、桃花溪漂流景区改造升级、与江西神州通旅游投资发展有限公司合作、江西省花源谷旅游股份有限公司组建船务公司等相关事宜进行研究并形成纪要。

2011年4月7日，第一次主任办公会议，就水上表演看台项目、易家河大桥水毁工程赔偿及大桥日常管理维护、湖区亮化工程试点、江西西海投资发展有限公司等相关事宜进行研究并形成纪要。

2011年6月21日，第三次主任办公会议，就庐山西海旅游度假基地二期基础设施建设项目、庐山西海半岛养生山庄项目协议、新余三川贸易公司要求启动西海渔岛建设、西海导游词编写、湖区亮化工程招投标等相关事宜进行研究并形成纪要。

2011年8月12日，第四次主任办公会议，就2011年度部门审计计划、九江西海旅游发展有限公司、云居山安保工程初步设计及施工图纸经费、调整公安、纪检监察办案人员补贴标准、地税局工作经费等相关事宜进行研究并形成纪要。

第三节　政务工作

一、督查

主要有项目督查、工作督查、作风督查。具体由党政办牵头，纪委、组宣部、财政局、旅游局、经发局等相关部门配合，通过安排督查车辆和督查经费，组成督查工作组，形成固定的督查队伍。其中，项目督查按照《“一个中心、四个基地”，大力推进“3239工程”》要求，做到一月一督查；工作和作风督查一般根据需要，采取定期或不定期的方式进行。一是形成督查机制。根据上月底或每月初召开的党政联席会，及时将下月月度工作任务下发给各部门；月中一提醒并梳理每月工作重点，对照目标任务，利用手机短信及时告知各大片区负责人、分管领导及各部门，督促工作进度；月底一督查，每月底带领督查工作组人员，到项目实地不打招呼了解项目进展情况，据实送报给党政主要领导，并评分公示；逢季看进展，每个季度按照党政领导安排，组织党政领导、各部门及涉旅企业负责人到各自项目工地实地查看，形成相互比拼，相互督促的氛围。二是建立督查台账。每月根据年度工作安排、党政主要领导批示及年度绩效考评方案目标任务，梳理月度台账和年度台账，督查对照台账进度严格执行，根据工作完成情况销号。三是落实跟踪办结。围绕“紧盯不放、及时沟通、限时办结”这一原则，及时根据台账告知、提醒责任部门，由督查组负责下发督办通知（利用管委会短信平台统一发送），并记录在案。如不是客观原因或工作完全无人过问的，则由纪委开展作风专项督查。据不完全统计，2012年共完成各类督查39次；2013年共完成各类督查38次；2014年共完成各类督查40次；2015年共完成各类督查41次。

二、文件处理

2006年处理各类文件261件，其中，收文210件，发文51件。2007年处理各类文件350件，其中，收文284件，发文66件。2008年处理各类文件372件，其中，收文301件，发文71件。2009年处理各类文件380件，其中，收文311件，发文69件。2010年处理各类文件421件，其中，收文319件，发文102件。2011年处理各类文件489件，其中，收文353件，发文136件。2012年处理各类文件767件，其中，收文481件，发文286件。2013年处理各类文件570件，其中，收文381件，发文189件。2014年处理各类文件590件，其中，收文491件，发文99件。2015年处理各类文件610件，其中，收文495件，发文115件。

三、政务公开

（一）政务期刊

2006年8月开始编纂《工作简报》，当年印发15期，2007年印发18期，2008年印发17期。2009年《工作简报》变更为《西海通讯》，当年印发4期，2010年印发4期，2011年5期。2012年《西海通讯》变更为《西海信息》，当年印发12期，2013年印发14期，2014年11期，2015年12期，截至2016年5月，印发3期。此外，2012年印发《西海招商通报》6期。

（二）电子政务

庐山西海（云居山—柘林湖）政务网站（又名官网），于2007年年初正式开通运行

（当时主要有简介、招商、图片和政务公开等内容）。2012年，进行第一次改版（扩充信息公开、旅游指南、招商推介等内容）。2013年，进行第二次改版（分为旅游网和政务网两个版面）。2015年9月，进行第三次改版（仅政务公开栏目就增加了法规文件、工作督查、发展规划、办事指南、文件下载等内容）。至2016年5月，共发布各类信息量达上万条。另外，开通了微信公众号，其中“庐山西海微信公众号”于2013年8月21日注册开通，至2016年4月发布信息180条；“西海发布”微信公众号于2016年3月15日注册开通，至2016年4月发布信息20条；官方微博（西海云居）于2011年3月23日注册开通，至2016年4月，共发布信息1100条。

第四节　后勤及事务工作

一、食堂管理

分为2个阶段，第一个阶段（2006年4月至2014年11月），租用柘林镇锦峰宾馆一楼为干部食堂，具体工作采取公开招标的方式承包给社会上有资质、有经验的组织或法人经营。日常监管严格按照双方订立的合同进行。第二个阶段为2014年11月之后，随着管委会整体搬迁至武宁巾口乡，后勤保障彻底告别租用食堂的历史。食堂的具体工作继续沿用公开招标的方式承包经营。监管上除日常委派专人进驻外，还委托工会定期或不定期采取调查问卷的方式进行随机检查。

二、物业管理

2014年9月，通过签订合同，聘请九江誉城保洁服务有限公司负责生活区和办公区的保洁工作以及西海佳苑小区的绿化维护。办公楼、综合楼区域的绿化。2015年10月前，由施工单位江西景态园林艺术有限公司负责，中间短暂交由机关后勤服务中心管理，后于2015年10月聘请九江誉城保洁服务有限公司负责管理。其中，水电管理聘请专人负责。2016年5月，通过签订合同，聘请武宁县天路物业托管有限责任公司负责行政中心及其周边区域范围内物业，具体包括办公楼维护及保洁，生活区、办公区和运动区的道路卫生、绿化、路灯、景观灯日常管理及维护，生活区各单元楼梯及过道的卫生，办公区、生活区的水电管理，办公区、生活区管网的维护和清理，湖滨大道卫生、路灯及树木的管理等。2014年7月，为保障办公、生活用电，购买500千瓦柴油发电机1台。

三、房屋修缮

西海佳苑 2015年6月14日至9月10日，采取包工不包料的形式，对西海佳苑进行整改维修。维修工程主要内容为：11幢楼漏水卫生间墙身90厘米、地面瓷砖的铲除，防水及恢复76个；1号、2号、5号、6号、11号楼天沟防水共5个；1号、2号楼露天阳台防水及恢复5个；4号、6号楼东面外墙腰线防水22米；3号至11号楼单元入户门顶棚防水14个；1号至7号楼空调板防水156个；更换地脚线604米；3号至7号楼厨房墙面瓷砖空鼓维修51个；刮仿瓷522平方米、墙面粉刷修复1194平方米；1号楼做不锈钢、钢化玻璃雨棚3个；更换阳台、厨房、卧室玻璃24块；更换不锈钢下水器30个；更换和修复吸顶灯8个；更换和修复卫生间平板灯7个。

综合楼 2015年11月25日至12月26日，采取包工不包料的形式，对综合楼大门入户雨棚防水、一楼吊顶、二楼卫生间防水进行整改维修。其中，维修卫生间11个。

四、公车改革

2016年3月22日，根据《江西省公务用车制度改革总体方案》和《九江市公务用车制度改革实施方案》两个文件精神，明确参改单位15个，参改人员67名。2016年3月31日，完成对所有参改车辆封存，保留公务车辆9台（党政主要领导用车不参加车改）。4月，根据《司勤人员情况及安置计划》，完成参改司机的清退、转岗和留任。

第三章 中共庐山西海风景名胜区纪律检查委员会

第一节 机构

2006年6月，纪委成立，全称九江市直属机关工委批准成立的机关纪律检查委员会，设机关纪委书记1名。2007年12月归市委直管。2008年4月，纪委、监察、审计3家合署办公。2009年9月起，开始配备纪委书记。2013年1月，市编委办批复，设专职副书记1名，副书记兼监审局长1名，监审局副局长1名。至2015年12月，纪委监审局共有干部4名，其中书记1名，副书记兼监审局长1名，干部2名。

2006 ~ 2016 年纪委书记、副书记变动一览

表 3-3

姓 名	籍 贯	职 务	任职时间
邢国军	江西武宁	机关纪委书记	2006.10 ~ 2009.01
		纪委副书记、监审局长	2009.01 ~ 2015.02
郑庆华	江西星子	纪委书记	2009.09 ~ 2013.12
詹宏夫	江西彭泽	纪委书记	2013.12 ~
王忠鑫	江西九江县	纪委副书记、监审局长	2015.02 ~

第二节 反腐倡廉

2007年，明确党政联席会议定期研究党风廉政建设工作每年不少于4次。制订《关于落实2007年党风廉政建设和反腐败工作方案》《党风廉政建设和反腐败工作考核评比标

准》，将各项任务进行分解和具体分工，落实到各部门，明确任务具体责任人、完成期限和评价标准，建立党风廉政建设和反腐败工作考核评比制度，做到年初布置、年中检查、年底总结评比。当年开展党政“一把手”述职述廉2人次，开展廉政谈话11人次，诫勉谈话14人次。2008年，开展廉政谈话9人次，诫勉谈话4人次。2014年，对党风廉政责任制工作进行2次检查，并下发通报。2015年，研究制定风景区《关于落实党风廉政建设党委主体责任和纪委监督责任的实施办法》，出台落实党风廉政建设主体责任“两告知一督办”制度。

第三节 作风建设

调查核实

2008年，结合机关效能建设提高年，在景区开展“提升行政效能建设服务型机关”活动、“扬廉勤清风正气，促西海跨越发展”和“五查五看”主题教育活动。开展“加强基层党建 全面提升景区服务效能”活动，开展“创十佳服务标兵”活动。2009年，制定出台《云居山—柘林湖风景名胜区开展机关效能年活动工作方案》，成立风景区机关效能建设领导小组，开展效能督查，共查处迟到早退25人次，上班时间做与工作无关的事的人5人次。2010年，成立云居山—柘林湖风景区行政（机关）效能和旅游投诉中心。2012年，牵头成立项目推进考评办公室，实行“一月一督查、两月一察看、半年一考核、年终一总评”督查考评机制，对各片区工作和重点项目按月督查。共下发督查通报8期，查处干部10人次。2013年，推进“整治小鬼难缠、优化发展环境”专项活动，风景区效能办共下发督查通报7期，通报批评干部13名，诫勉谈话9人次。2014年，制定《关于加强干部作风建设严肃工作纪律的若干规定》，针对景区实际分类制定35条规定，共开展作风督查30次，发现并查处干部作风问题10起，涉及16人，其中诫勉谈话3人，通报批评13人。设立公告栏，坚持每月最后一天直接面向游客发放调查问卷，全年共发放问卷1600余份，收集发展性意见建议56条。2015年，专门聘请9名特邀监察员，坚持每月发放游客满意度调查和优化发展环境满意度调查问卷，共发放问卷1300余份，收集意见建议36条。共开展作风督查35次，查处干部作风问题15起，对反映苗头性、倾向性问题的干部，提醒谈话6人；对一般性违纪问题的干部，诫勉谈话6人，通报批评8人。编印下发纪律知识读本360多册，组织景区全体干部开展“一准则两条例”的集中学习、专题讨论、微信测试和知识竞赛等活动。

第四节　源头治理

一、惩防体系

2007年，出台《中共九江市云居山—柘林湖风景名胜区委员会关于建立健全教育、制度、监督并重的惩治和预防腐败体系的实施意见》，共8个方面34条。2009年，下发《云居山—柘林湖风景名胜区贯彻落实〈建立健全惩治和预防腐败体系2008～2012年工作规划〉工作方案》和《2009年度党风廉政建设和反腐败工作任务分工》。2014年，制定《建立健全惩防体系2013～2017年实施细则》，将工作任务分解为71项，全部分解至各责任单位，并督促按期完成。

二、制度建设

2008年，建立办公、接待、话费管理、外出参观考察等工作管理制度。2010年，成立风景区招投标委员会，制定《关于严格规范风景区工程建设项目招标投标行为的若干意见》，对庐山西海北码头改造、江西柘林湖林业有害生物监测防控中心工程项目进行公开招投标。2011年，《关于严格执行党员领导干部重要情况报告制度的通知》，制定风景区《关于进一步推进党务公开的意见》，明确党务公开的形式、内容、程序、时限。设立党务公开宣传栏，实行一季度一期公开形式，设云居山、西海景区服务中心两个党务公开工作联系点。制定《2011年风景区风险岗位廉能管理工作要点》，设立3个廉能管理试点单位，分类制定防范措施和内控制度。制定《风景区党委权力公开透明运行工作实施方案》，下发《风景区党政班子成员主要职责》。2012年，制订《关于加强风险廉能管理进一步规范和监督权力运行的实施方案》，确定7个廉能管理工作重点联系单位。下发《党务公开“回头看”方案》，把机关支部、云居山、西海服务中心3个支部作为党务公开工作联系点。制定下发《关于进一步明晰风景区党委会、党政联席会及其成员的通知》《党委事务例行公开制度》，研究制定《关于落实“三重一大”事项集体决策制度的实施办法》。2014年，共清理不适宜制度32项，制定完善精简会议和规范性文件活动、接待经费管理、差旅费管理、会议费管理及接待门票使用管理办法、公务用船管理等一系列制度。强化风险岗位廉能管理工作，要求各单位、各企业、各项目结合实际工作重新梳理风险点，制定防控措施，完善制度，将景区所有风险岗位廉能管理的工作汇编成册。

三、专项治理

2009年，开展工程建设领域突出问题专项治理、商业贿赂专项治理；对风景区党政机关违反规定配备和使用公务用车，领导干部违反规定收送现金、有价证券、支付凭证（红包），领导干部以各种形式参与赌博或变相赌博和党政机关党员干部违反规定到营业性娱乐场所活动4个问题开展专项治理，出台《风景区机关和单位购置或更换公务用车管理规定》《关于加强公车管理和严禁领导干部驾驶公车的通知》等制度。2011年，开展公务用车清理和规范庆典论坛问题专项治理。2013年，开展集中纠正违反廉洁自律规定和中央“八项规定”等有关问题活动，下发《关于改进工作作风、密切联系群众的工作意见》等文件，大力精简文件、会议，严厉整治公款违规吃请或超标接待、公车私用等问题。全年共召开会议29次、印发文件66件，同比分别减少30%、26%，清理各种简报整合为《西海信息》1份；规范“三公”经费管理，“三公”经费支出与2012年同期相比下降了9.5%。开展“红包”专项治理活动，景区全体党员干部按要求进行自查自纠，并签订廉政承诺书，共主动上交“红包”2.1万元。开展工程建设领域项目信息公开和诚信体系建设及守信激励和失信惩戒制度建设试点工作，对润华酒店项目未按规划建设和巾口“一路三中心”项目林地报批滞后事件进行调查处理，对4名相关人员进行责任追究。2014年，开展防止国家工作人员利益冲突专项治理，出台《庐山西海风景名胜区国家工作人员防止利益冲突行为实施办法》，对“登记表”填报内容进行审核，共抽查6名科级干部，核查特定关系人24人，无漏报、错填现象。开展“升学宴”专项治理活动，对有子女升学的干部进行一次全面摸底调查，与有子女升学的干部签订承诺书，并将贯彻落实情况以“签字背书”的形式报纪委。2015年，开展“违规发放津补贴”专项治理，共查处问题1起，收缴违规资金2.2万元。开展“红包”专项治理活动，主动上缴红包3起，共2700元。开展防止利益冲突专项治理“回头看”活动。开展领导干部违规插手工程项目专项治理活动，扩大治理对象，拓宽活动范围，严格自查自纠工作，全部要求以签字背书的形式作出公开承诺，予以张榜公示，自觉接受监督。

四、廉政监督

2010年，对风景区副科以上领导干部建立廉政档案。2012年，完善科级干部廉政档案管理，对风景区28名中层以上领导干部全部建立廉政电子档案。2015年，实行个人事项报告制度，将个人报告事项延伸至每一名干部，要求如实报告婚姻、出国（境）、收入、房产、投资等14个方面的个人有关事项，并就报告事项真实性、准确性和完整性作出书面承诺，对景区96名科级及以下干部建立“一对一”的廉政档案。对党员干部操办婚丧喜庆等事宜严格落实“两报告一承诺”制度，全年共有7名党员干部进行报告并作出公开承诺。

五、监督检查

2008年，对各单位招待费、差旅费、话费报销等情况先后组织专项检查，重点开展清理个人通信工具与单位办公电话捆绑使用情况。2012年，联合财政局对风景区各部门财务进行一次全面清理，并对风景区各部门报账人员进行集中培训。2014年，对财政局财政预算执行情况、财务运行情况、公务卡使用情况进行检查，深入开展违规发放津补贴的自查自纠活动，对发现的问题进行及时纠正，对3家单位进行通报批评并制定相应的整改措施。2015年，开展行政执法工作检查，共检查行政执法单位12个，并对检查情况进行了通报。

第五节　廉政文化

2009年，围绕建立长期学习的平台，制作党风廉政宣传栏，不断加强党员干部党风廉政学习和宣传教育；通过组织聆听反腐倡廉专题教育、观看电教片、畅谈廉政体会等，教育党员干部严格遵守中央和省市关于廉洁自律的各项规定和要求；及时邀请上级领导作报告和讲党课，促使反腐倡廉教育理念深入人心，确保反腐倡廉“大宣教”工

廉政桌牌

作格局在景区逐步形成。2010年，开展“党风廉政宣传教育月”活动，确定5月为“党风廉政宣传月”，把学习《廉政准则》列入党委中心组学习内容，组织副科以上干部到市警示教育基地参观学习；开展“作表率、创一流”主题教育活动，打牢廉洁从政的思想政治基础；加强制度建设，规范干部行为，将景区成立以来出台的党风廉政建设规章制度汇编成册，发至每一位领导干部，要求认真学习，做到入脑入心。2011年，开展廉政机关和廉政党支部建设活动；牵头“廉勤典型”评选活动；组队参加市纪委举办的“九银杯”廉政教育辩论赛及“唱红歌、扬清风、促赶超”歌咏比赛。2012年，制定下发《党风廉政建设“宣传教育月”活动方案》，将每年6月定为党风廉政建设“宣传教育月”；开展“倡廉洁、树清风”活动；举办“西海大讲坛”、发送“十个不准”宣传卡、设立红盾阅览室；参与市廉政文化示范点建设。2013年，制定下发《廉政文化“三进”活动方案》，开展廉政文化进机关、进企业、进项目活动；在公安、工商、地税、国资公司等单位开展廉政文化示范点创建工作，共征集原创廉政宣传标语75条，设立重点项目公示牌12个，廉政文化示范点5个。2014年，制定下发《廉政文化“四进”活动方案》，打造一批廉政文化创建示范点；开展廉政文化手抄报评比活动；开展家庭倡廉活动，根据干部直系亲属所提倡廉寄语，统一制作亲情廉政寄语，完成桌牌100余个，摆放在每个党员干部的案头。2015年，制定下发《廉政文化“五进”活动方案》；组织开展系统内“围绕绿色崛起，服务景区发展”专题学习讨论活动；举办廉政文化作品展、廉政知识讲座；重点打造公安分局、西海旅游公司、中信集团等廉政文化示范点；就旅游景观融入廉政文化元素，打造巾口旅游码头公共廉政文化景观。

第六节 查办案件

2013年，查办案件2起，涉及2人，其中给予开除党籍1人，党内严重警告1人。2014年，查办案件1起，涉及1人，给予行政警告处分。2015年，查办案件2起，涉及3人，其中给予行政记大过处分1人，行政记过处分1人，“双开”处分并移送司法机关1人。

第四章　驻区机关

第一节　九江市庐山西海保护与开发委员会办公室

2012年9月，庐山西海保护与开发工作委员会（简称市工作委员会）成立，属市政府议事协调机构。其中，工委会主任为市政府分管旅游工作的副市长，副主任为庐山西海党政主要负责人以及“两县”（永修和武宁）政府主要领导，成员包括市发改委、市财政局、市公安局、市环保局、市建设规划局、市房产局、市旅游局、市国土资源局、市交通运输局、市水利局、市林业局、市安监局、市国税局、市地税局、市工商局、市港航局、市地方海事局。工作委员会办公室设在庐山西海风景名胜区管委会，庐山西海风景名胜区党委副书记兼任办公室主任，市政府办公厅科教处处长为副主任。

九江市庐山西海保护与开发委员会办公室

工作委员会下设部门：分别为武宁景区旅游项目推进领导小组（简称“武宁领导小组”）和永修景区旅游项目推进领导小组（简称“永修领导小组”），所属成员比照市工作委员会，并根据江西庐山西海武宁景区旅游开发有限公司（简称“武宁开发公司”）和江西庐山西海永修景区旅游开发有限公司（简称“永修开发公司”）人员确定。

工作委员会职责：负责督促落实市政府《关于进一步加快庐山西海风景名胜区开发建设的意见》文件精神；负责规划区及外围保护区范围内的规划编制、项目审核、重大事项决策等工作；负责武宁县巾口乡、永修县柘林镇征地拆迁的计划安排、调度推进等工作。

工作委员会办公室职责：负责处理工作委员会日常工作，受理各方诉求、协调各方利益关系、落实工作委员会重大决策部署、督促环境保护和项目快速推进、办理项目审核和规划编制等工作。

工作委员会议事规则：

议事范围

1.《关于进一步加快庐山西海风景名胜区开发建设的意见》文件中，涉及重大旅游项目报批与建设，规划编制与报批，征地拆迁和农民安置，乡镇、村组建设与景区协调，旅游行业统一管理及景区开发与保护事宜。

2. 涉及景区与两县相关需协调的其他事宜。

3. 由工作委员会确定需要协商的事宜。

议题确定

1. 工作委员会议议题由会议召集人确定，并提前通知工作委员会成员单位。工作委员会成员单位拟提交会议讨论的议题，需提前两天报送工作委员会办公室。

2. 凡提交工作委员会集体讨论决定的问题，一般应由职能部门提出初步意见并呈相关副主任审阅后，报工作委员会办公室。

3. 涉及比较紧急的问题，也可由工作委员会会议召集人征求有关成员意见，经过充分酝酿后，直接提交工作委员会研究决定。

4. 提交工作委员会研究的议题，事前应进行充分调查研究，广泛听取议题所涉及的部门、行业的专家和群众意见，进行充分论证，并提出解决方案提交会议审定。

5. 提交工作委员会集体研究的议题一经确定，原则上不再临时增加议题。

会议召开

1. 原则上工作委员会议每月召开一次，如遇紧急事务可临时召开。

2. 工作委员会会议由主任召集，工作委员会主任因故不能参加会议时，可以委托工作委员会副主任召集。

3. 工作委员会研究问题时，相关人员应列席会议，具体范围由会议召集人确定。

议事程序

1. 会议开始时，召集人介绍会议的议题。由三地（永修县、武宁县、庐山西海管委会）各副主任介绍议题的主要内容和建议，并对与会人员所提的意见作出解释。

2. 与会人员对议题中所涉及的内容逐项展开讨论，认真听取各方意见。

3. 工作委员会会议决定的重要问题及时编发会议纪要。由工作委员会办公室牵头印发。

督促查办

1. 会议决定由有关单位按规定程序办理，工作委员会办公室负责督促与查办。

2. 在落实过程中，有关单位遇到自身无法协调的问题时，工作委员会负责做好协调工作。

3. 因现实条件导致会议决定无法落实时，有关单位要向工作委员会说明情况，并经工作委员会主任和副主任逐一协商后对原决定进行调整。

4. 工作委员会办公室要及时与主任、副主任报告督查情况，并做好通报工作。

纪律监督

1. 工作委员会议议事范围内的问题，由集体讨论决定。

2. 严守会议秘密，不得随意向外泄露会议内容。

第二节 九江市PPP项目领导小组办公室

九江市PPP项目领导小组办公室

全称九江市柘林湖湖泊生态环境保护项目（PPP运作模式）领导小组办公室，2014年4月成立。工作职责主要为组织开展项目初步论证和PPP项目实施方案编制，并做好项目的规划设计，同时督促、检查、协调项目的开工建设。其中，办公室主任由庐山西海党委书记兼任，常务副主任由市财政局副局长兼任，其他副主任分别由庐山西海管委会主任、市环保局副局长及修水、武宁两县的常务副县长兼任。

第三节 国土分局

2006年6月成立，全称九江市云居山—柘林湖风景名胜区国土规划分局，正科级事业单位，核定编制8名，配正科职数1名，副科职数2名。2007年7月，国土分局分设，为市国土资源局的派出机构，正科级事业单位，核定参公事业编4名，配正、副科职数各1名。2008年1月，内设机构调整为综合科和国土资源科。2011年8月15日，更名为九江市国土资源局庐山西海风景名胜区分局。2016年4月，有参公事业编4名。

国土分局

第四节 规划分局

规划分局

2006年5月，全称九江市云居山—柘林湖风景名胜区国土规划分局成立，正科级事业单位，核定编制8名，配正科职数1名，副科级职数2名，是市国土资源局、市规划局的共同派出机构。2007年7月，规划分局分设，为市规划局派出机构，核定编制4名，配正、副科职数1名。2008年9月23日，列入参照《中华人民共和国公务员法》管理。2012年3月8日，更名为九江市建设规划局庐山西海风景名胜区规划分局。2016年4月，有参公事业编3人。

第五节 地方税务局

2007年5月成立，全称九江市云居山—柘林湖风景名胜区地方税务局，2011年4月挂

地税分局

牌。为正科级单位，实行上级地税机关和当地党政双重领导，以上级地税机关为主的管理体制。核定行政编制15名，配局长1名，副局长2名，内设综合股、业务股2个职能股室。2015年，增配纪检组长1名，增设1个基层分局一分局，为副科级单位。

第六节 九江市港航管理局柘林湖分局

港航分局

2000年6月，柘林湖港航管理站成立，当时隶属于永修县港航管理所。2008年2月，柘林湖港航管理站更名柘林湖港航管理所，为副科级自收自支事业单位，核定编制8名，隶属于九江市港航管理处（2011年1月更名为九江市港航管理局）。2011年1月，柘林湖港航管理所更名九江市港航管理局柘林湖分局，同时升格为正科级自收自支事业单位。2012年3月，变更为现名，内设办公室、港航管理股、稽查股，在职在编5人。

第七节 江西省柘林湖地方海事处

地方海事处

2000年8月，永修县港航监理站柘林湖分站成立。2001年11月，更名为江西省柘林湖港航监理站，仍由永修县港航监理站代管。2005年1月，江西省柘林湖港航监理站正式独立开展工作。2005年6月水监体制改革，江西省柘林湖港航监理站正式变更为江西省柘林湖地方海事处（江西省柘林湖船舶检验处），实行2块牌子1套人马，隶属于江西省港航管理局九江分局，为差额拨款正科级事业单位。

第八节　九江市公安局庐山西海分局

2006年4月，九江市公安局云居山—柘林湖分局成立，正科级单位，当时设分局局长、政委各1名，副局长2名；核定行政编制10名，事业编制10名。2010年7月，核定行政编制30名，其中，设局长、政委各1名，副局长2名，副科职数7名，内设和下设机构调整为办公室、治安管理大队、刑事侦查大队、交通管理大队，均为副科级机构；接受以市局管理为主、管委会管理为辅的双重领导。2011年10月，正式更名为九江市公安局庐山西海分局。2016年4月，实有干警17名。

公安分局

第九节　庐山西海风景名胜区公安消防大队

2008年8月，公安消防大队成立，隶属于九江公安消防中队，主要负责景区柘林湖水面的灭火救援工作和景区各类场所的消防监督工作。2016年4月，大队有官兵5人，水上消防艇1艘。

公安消防大队

第十节　西海法庭

2015年1月，西海巡回法庭（九江市中级人民法院民事审判第四庭）成立。2015年11月2日挂牌，属市中级人民法院派出机构，现有庭长一名、审判员两名、书记员一名，为九江市中院派驻各县区的唯一一家审判机构，全称九江市中级人民法院环境资源庭，也是江西省首家环境资源审判庭。

西海法庭

卷四

旅游业

第一章　旅游企业

第一节　江西神州通旅游投资发展有限公司

2005年，江西神州通旅游投资发展有限公司成立。该公司是深圳市神州通投资有限公司投资的专注于旅游开发经营与旅游地产开发的全资公司，注册资本2000万元。2006年12月，开始与景区合作，随后，根据《关于神州通公司庐山西海项目开发协调会议纪要》精神，神州通公司正式进入景区着手景点改造工作和鹿角尖项目开发。

2012年，该公司由单一的旅游经营逐步转型为以旅游地产项目为平台，打造吃、住、游、购为一体的综合旅游商服企业。作为神州通集团在江西投资旅游项目的平台，神州通旅游公司主要参与景区旅游开发、船舶并购、运营及投资基础设施建设等方面合作。

2003 ~ 2016 年江西神州通旅游投资发展有限公司云居山项目改造一览

表 4–1

时 间	事 件	结 果
2003.1	收购云居山登山公路	取得50年进山门票收费权
2003.4	收购百花百谷景区	实现云居山一票制
2004.2	收购云居山庄	独家经营云居山旅游
2004.9	编制云居山控规	统筹开发云居山旅游
2005.9	收购云山集团6.67公顷地	开发商业性旅游购物
2006.8	编制云居山庄的建筑图纸	升级云居山庄
2008.10	拓宽登山公路工程	增加道路的安全性

续表 4-1

时 间	事 件	结 果
2009 ~ 2012	重新调整云居山用地规划	重点开发云居山庄
2013 ~ 2016	编制云居山庄的设计规划	未完成
2016.4.26	云居山庄被永修县政府收购	永修县政府收购神州通在云居山所有资产

2005 ~ 2013 年江西神州通旅游投资发展有限公司柘林湖项目改造一览

表 4-2

时 间	事 件	结 果
2005 ~ 2006	收购柘林湖所有岛屿	实现湖区一票制经营
2006 ~ 2007	收购柘林湖所有经营船舶	实现湖区船舶统一经营
2007.6	编制柘林湖8岛规划	提升旅游品味
2007 ~ 2008	进行岛屿基础设施升级改造	增加旅游项目
2007 ~ 2008	进行船舶维修及升级改造	提升旅游接待标准
2007 ~ 2008	架设水上浮桥	提升运力节省成本
2010 ~ 2011	编制司马旅游集镇项目规划	开发沿湖旅游地产项目
2012 ~ 2013	由旅游经营变更为旅游地产项目开发	由西海管委会收购湖岛经营

第二节　江西西海温泉假日酒店有限公司

江西西海温泉假日酒店有限公司，2013年12月注册成立，系港恒旅游发展（九江）有限公司下属子公司，由香港港恒旅游发展有限公司和省地矿局于2007年合资建设，企业法人代表闫洪学，注册资本5000万元，占地面积26.67公顷左右，在职员工450余人。目前，年均接待总人数45余万人次，年上缴税收300余万元，是一个主要从事住宿、温泉、餐饮、会议接待、酒店管理及旅游配套项目开发的综合性私营企业。企业共设置经营与职能保障部门10个，分别为行政人事部、财务部、训导部、营销部、房务部、温泉部、餐饮部、工程部、保安部、射击场，是省内规模最大、档次最高、配套最全，以温泉文化为主题的旅游度假和休闲养生居住地。公司以特色温泉、度假酒店及飞碟射击俱乐部为主要经营项目，近年来，陆续荣获“中国十佳温泉度假酒店”“国际白金管家酒店联盟星光奖”“2009华中八大金牌温泉”“中国2008~2009酒店星光奖”“中国养生环境胜地”“九江市知名商标”“2012~2013年度九江市守合同重信用AA公示单位”等多项荣誉和称号。

第三节　桃花溪旅游开发有限公司

全称永修县柘林湖桃花溪旅游开发有限公司。2004年5月，由雷建和注册成立，注册资本100万元。桃花溪漂流和仙女峡景点为投资对象，最初投资额为1500万元。2006年，风景区管委会成立后，该公司扩建停车场，新建办公楼及员工宿舍，改建更衣室，扩宽景区道路会车点等基础设施工程，同时对仙女峡旅游设施进行提升改造。2016年，公司投资收购影响漂流水源的小型水电站1座，投资2500万元开通猛士漂河道，对新的终点码头及服务中心按照AAAAA级标准进行规划，建设漂流终点游客中心、停车场进入景区道路及桥梁，购置一批电动环保观光车等项目。到2016年4月为止，累计共投入资金5120万元，完成由江南勇士第一漂提升为江南猛士漂的任务，进入江西漂流行业的前列，成为庐山西海风景区的又一新亮点。

第四节　庐山西海现代农林生态园

由江苏华天建设集团投资2.8亿元，占地155.33公顷，于2010年开工、2012年建成开业，现有员工150余人。园区是以绿色、生态、科技和循环经济为目的，集研究推广、种植养殖示范、加工服务、观光休闲、酒店服务、体验游乐为一体的生态农林示范区。园区内西海生态大酒店按照四星级以上标准建设，餐饮、会议、娱乐等功能设施齐备。生态园内还建有农业观光、采摘、垂钓、水上休闲游乐等众多参与体验项目，吸引了众多游客来此休闲度假、参观体验，接待量年均增长30%以上。2015年，园区规划新增运动休闲型体育设施，同时，华天建设集团投资42亿元的庐山西海休闲欢乐世界项目已经开工，该项目已列入省重大项目，将打造国际一流的大型综合游乐度假旅游区。

第五节　赛芳橘园度假区

长寿粿

赛芳橘园度假区集生态采摘、酒店餐饮、旅游购物为一体，总投资1.2亿元，总占地面积73.33公顷，其中橘园采摘60公顷、茶叶基地13.33公顷、住宿酒店和旅游商品超市2公顷。赛芳橘园酒店是一家按照四星级标准建造的度假型酒店，拥有各种房型156间套，酒店配套设施齐全，有大型会议厅、多功能厅、贵宾接待室、特色餐厅、大堂吧等，是旅游、度假、休闲的理想之选。度假区有自产系列“张赛芳”特色品牌手工食品，如米粽、清明粿、红薯糕、糍粑等，各种野干菜、柘林湖水产制品等，为游客提供吃、住、游、购一站式服务。易家河柑橘曾获全国农产品金奖，远近闻名，每到秋季前来采摘的游客络绎不绝。度假区采用组建合作社形式，带动周边村民合作经营致富。同时响应国家扶贫政策，精准帮扶当地80多户困难群众，实现经济效益和社会效益的统一。2015年，共接待游客3万人次，实现经营收入1200万元。

第六节　其他企业

江西省西海水世界旅游有限责任公司　2014年4月注册成立，专门从事水上绿色旅游服务。2015年7月1日，正式与庐山西海管理委员会签订租赁合同，租赁巾口旅游码头，主要经营水上娱乐项目。公司总投资额约3亿元，已投入5000多万元，经营的运动娱乐项目包括：水上降落伞、水上自行车、水上竹排、豪华漂移艇、飞碟船、帆船、趸船、快艇、摩托艇、皮划艇、龙舟、游艇、大型天然游泳池、趣味鸭船、游客观光甲板等。

江西省花源谷旅游股份有限公司　2007年，江西省花源谷旅游股份有限公司成立，注册资本1000万元，法人代表为广东惠州客商孙中华，与庐山西海风景区开展合作始于2008年，在景区累计投资近2亿元，主要经营阳光照耀29度假区。

第二章 旅游项目

第一节 西海温泉度假

度假村坐落于景区西海湖畔著名的易家河村（长寿村）内，集温泉养生、娱乐休闲、酒店服务及园林景观为一体，温泉区内设有独特的华夏区、日本区、恒温泳池、水上乐园等世界风情温泉泡浴区，充分展现世界各地的温泉沐浴文化及养生文化，是真正引领旅游消费时尚的度假休闲养生胜地。其标志性建筑是一座按照GB/T14308-2003五星标准打造的酒店，建筑面积30330平方米，拥有包括总统套房、蜜月套房、豪华行政套房、豪华家庭套房、别墅和公寓酒店在内的各种客房600多间，每套房间均引有温泉水。酒店还设有多功能会议室、贵宾接待室，西海阁宴会厅、西海轩中餐厅、西海岸西餐厅、西海韵咖啡厅、西海明珠夜总会和私房菜府等餐饮娱乐设施。园区还打造了近百栋面积从300~500平方米不等的豪华温泉别墅和900余套公寓，并配有温泉泡池、私家泳池、按摩浴缸、观景露台、独立车库。

温泉井口水温70摄氏度，每日可供开采量约5000立方米，每小时放热量243.5大卡，含偏硅酸82.21Mg/L，氡8.75bq/L，硫化氢1.83Mg/L，锂0.275Mg/L，pH值9.7~9.9，矿化度0.19~0.31g/L，属低矿化碳酸氢钠型水。据省地矿局专家介绍，温泉中达国家医疗标准的理化成分有5种，度假村温泉中就有氟、偏硅酸、硫化氢、氡4种，这在温泉中是不多见的；pH值为全省最高，其沐浴梳洗的润滑感及去污功能为全省之最，可与临潼贵妃泉媲美，对多种疾病和不孕不育症具有重要的医疗养生价值。寒冬时节，大雪压板，其周边片雪皆无，热气蒸腾。北宋政治家王安石曾赋诗称赞曰：“寒泉听清水，独此沸如焚，一气无冬夏，诸阳自废兴。人游不附火，虫出又疑冰。更忆骊山下，铿然雪满塍”。

第二节　桃花溪漂流

漂流

桃花溪景区位于风景秀美、千岛落珠的西海湖畔、海拔1100米的桃花尖山峰峡谷间。溪水常年不断地从桃花洞蜿蜒而下，时而在密林中通过，时而在巨石中穿行，千姿百态，落英缤纷。传说桃花仙子骑石龟顺溪而下，因而得名桃花溪。景区内动植物繁多，金丝猴、野猪等多种珍禽异兽经常出没在山涧峡谷之中。红豆杉、桂花树、银杏等珍贵树种繁衍茂盛。茶叶、猕猴桃、梅子、杨梅、尖板栗、罗汉菜等野生食品漫山遍野。一年四季，山花烂漫，鸟语花香。桃花溪气候宜人，水源充足，素有“天然氧吧”美称。气温常年比溪外低5℃~8℃左右。春如丝、夏如海、秋如血、冬如玉。无论何时来这里旅游、休闲度假，均可领略大自然赋予的美好风光。桃花溪漂流全程4千米，需时2小时左右。它分森林逍遥漂、峡谷勇士漂。其中，逍遥漂可让游客在原始森林中逍遥泛舟，尽情领略两岸的自然风光，可谓“艇在森林峡谷漂，人在瑶池仙境游”。勇士漂可让游客在峡谷中穿石绕壁，碧波逐浪，感受大自然的狂野，可谓“两岸猿声啼不住，轻舟已过万重山”。

第三节　水世界水上绿色旅游

水世界水上绿色旅游经营的运动娱乐项目主要有水上降落伞、水上自行车、水上竹排、豪华漂移艇、飞碟船、帆船、趸船、快艇、摩托艇、皮划艇、龙舟、游艇、大型然游泳池、趣味鸭船、游客观光甲板等，是迄今九江地区投资规模最大、设施最齐全、功能最完备的大型豪华游乐平台。现日接待游客量最大可达1万人次，运力达2500人，平均1小时1趟，1天最多8趟。公司每年3月组织万人同游西海，千人共创“皮划艇马拉松世界吉尼斯纪录”，4月带领游客欣赏花源谷漫山遍野的桃花，5～9月打造大型海上乐园，全年开展以落日扬帆为主题的“60岁以上免费西海帆船”活动。

第四节　花源谷沙滩游乐

花源谷美景

景区位于神秘的北纬29°，占地133.33公顷左右，拥有大小岛屿上百座，秀山碧水环绕、阳光花木辉映，是养生度假好去处，故又称“阳光照耀29度假区”。共分4个游览区域，即水韵花魂观赏区、养生休闲度假区、动感芳甸体验区和田园野趣怡乐区，现建有“桃花涧”“玉兰洲”“樱花海”“海棠湾”“杏花港”“荷叶田”“杜鹃谷”“枫杏源”“紫荆峡”“香槐岭”“紫薇山”以及湖滨浴场、沙滩运动等游览项目。景区拥有1座沙滩浴场、1座小型冲浴室和30多间小木屋。设置活动展演区、景观休憩区、冲浴服务区、餐饮购物区、运动娱乐区，开展沙滩排球、冲浪旋艇、快艇、帆船、皮划艇、潜水、沙滩烧烤等丰富的水岸娱乐活动，是九江市唯一一家沙滩游乐场所。

第五节　巾口生态旅游休闲度假

度假区位于庐山西海北岸，地处武宁县巾口乡，是以打造运动文化养生度假为主题的国际生态旅游休闲度假区，也是庐山西海继柘林景区后开放的又一核心景区。规划面积37平方千米，采用“一心、两楔、三组团”的布局结构，“一心”指，旅游镇中部组团。“二楔”指由涵养林地和生态农庄构成的绿楔和由南部水道水湾构成的蓝楔。“三组团”指旅游镇的东组团、西组团和南组团。景区内旅游景区、点、游玩设施包括有投资120亿元建设的中信度假区、投资5亿元的巾口旅游码头、投资1.2亿元的西海宾馆、投资5000万元的巾口水世界等。

中信度假区　全称中信庐山西海国际旅游度假区，不仅是江西省最大的旅游项目、重点工程，也是中信集团“十二五”重大项目。项目占地7平方千米，分为养生度假、生态乐活、会务康体以及运动休闲四大主题，重点打造“2个公园（滨水生态公园、坡地公园）、3个基地（运动基地、养生基地、生态基地）、5个主题酒店（Villa度假酒店、田园度假酒店、高峰会议酒店、高端疗养度假酒店、SPA精品酒店）”。项目计划投资120

亿元，其中，一期投资60亿元，目前已完成投资近35亿元，中信景观大道、沃森会所、半岛餐厅等投入使用。2012年，中信庐山西海旅游度假区被评为“中国醉美度假新兴小镇”。

中信度假区

巾口游湖玩水项目 位于风景区巾口旅游码头，总投资额约1亿元。2015年7月，开始对外试营业，主要经营水上娱乐项目，包含竹排漂流、皮划艇、天鹅船、飞碟船、龙舟、摩托艇、水上降落伞、漂移艇、双发观光快艇、组合摩托艇、雅玛哈观光快艇、米兰游艇、帆船、大型天然游泳池等互动性、参与性强的水上项目。

康龙游客中心 由江西昌泰高速公路有限责任公司和西海旅游股份有限公司合作设立。于2015年4月29日，正式对外营业，该中心设在永武高速西海服务区内，创造性地将交通与旅游进行融合、升级，打造集交通中转、旅游休闲于一体的特色高速服务区和旅游区。作为江西省内第一座四代服务区，整个工程项目投资8000多万元，总占地面积为184800平方米，其中建筑面积10538平方米，绿化面积35898平方米，停车面积46484平方米。该服务区充分利用了高速公路服务区的各种配套措施，并在此基础上进行科学规划、合理扩建，区内配置了商业街、餐饮中心、会议中心、星级酒店、加油站等，可提供休息场所、免费公厕、24小时免费开水、ATM自动取款机、POS机刷卡消费、ETC自助充值机、开水、全区WIFI覆盖、自带食品加热、非处方应急药品、手机充电、健身器材、儿童乐园、交通指南、针线包、擦鞋机、纸笔、老花镜、书报杂志、公路指南、路况信息、天气信息、地图、旅游景点查询服务。此外，设有旅游客车、小汽车等各类停车位295个，建有生态休闲广场，绿化面积9600平方米，种植花草树木80余种。服务区周边景泰宾馆、小福星餐厅、兰州拉面馆等住宿、餐饮设施非常完备，可同时接待近千人住宿用餐。

第三章　旅游产品

第一节　春季“美之行”

春季“美之行”即为“游湖赏花，美丽西海相约”，活动时间为3～5月，推出2条精品旅游路线。具体包括，一日游：a.庐山西海湖区+花源谷；b.庐山西海湖区+云居山（真如寺+百花谷+五龙潭瀑布）。二日游：a.第一天：庐山西海湖区，第二天：云居山（真如寺百花谷+五龙潭瀑布）+花源谷 +仙女峡；b.第一天：庐山西海湖区+西海温泉，第二天：云居山（真如寺百花谷+五龙潭瀑布）+草莓园采摘+花源谷。

第二节　夏季“水之乐”

夏季“水之乐”即为“亲泉戏水，清凉西海相伴”，活动时间为6～9月，推出两条精品旅游路线。具体包括，一日游：a.庐山西海湖区+西海水世界+桃花溪漂流，b.庐山西海湖区+西海水世界+金沙滩。二日游：a.第一天：庐山西海湖区+西海水世界+西海温泉泉水乐园，第二天：仙女峡+桃花溪漂流+葡萄园采摘；b.第一天：云居山（真如寺+百花谷+五龙潭瀑布）+桃花溪漂流，第二天：庐山西海湖区+西海水世界+金沙滩。

第三节　秋季“食之健”

秋季“食之健”即为“鱼肥果香，美食西海相候”，活动时间为10～11月，推出两条精品旅游路线。具体包括，一日游：a.庐山西海湖区+农家乐+易家河柑橘采摘，b.庐山西海湖区+云居山+农家乐。二日游：a.第一天：庐山西海湖区+仙女峡，第二天：云居山

+易家河柑橘采摘+西海温泉；b.第一天：庐山西海湖区+易家河柑橘采摘，第二天：西海温泉+龙山野战。

第四节　冬季“闲之情”

冬季“闲之情”即为“养生养性，闲适西海相守”，活动时间为12～2月，推出两条精品旅游路线。具体包括，一日游：a.庐山西海湖区+西海温泉，b.庐山西海湖区+云居山。二日游：a.第一天：庐山西海湖区+草莓园采摘，第二天：云居山+龙山野战+西海温泉；b.第一天：庐山西海湖区+云居山，第二天：龙山野战+西海温泉+草莓园采摘。

第四章　旅游管理与服务

第一节　旅游管理

一、旅游规划

按照住建部批准的《云居山—柘林湖风景名胜区总体规划》要求，2015年由市人民政府负责，聘请北京达沃斯巅峰旅游规划设计院编制《九江市庐山西海片区旅游总体规划》。2016年年初，根据市委十届九次全会确定的“两圈两带”旅游战略格局，由管委会负责，聘请南昌大学旅游规划研究与设计中心编制《庐山西海旅游经济圈总体规划》，规划范围涵盖修水县、武宁县、庐山西海和永修县，确立“运动、休闲、健康”发展主题，明确统一品牌、统一规划、统一串线、统一营销、分块运转、资源共享、合作共赢的机制。同时对区内的所有项目实行规划前置批准。

二、行业监管

2012年，出台《庐山西海风景区旅游行业管理办法》，明确旅游景点、旅行社、旅游饭店、农家乐餐馆等行业的管理办法。2015年，出台《庐山西海水上运动休闲项目管理规定》，明确新上水上运动休闲项目，在证照齐全的情况下，由海事处、综合执法局和旅游局进行联审联批后方可对外营业。

三、市场开发

2013年6月，庐山西海国资公司成立，下设市场营销部来加强旅游市场开发工作。加强与周边景区合作，设计“一日游”“两日游”旅游线路，实行联票制度，统一推广营销。先后与花源谷景区、桃花溪漂流、西海温泉、武陵源漂流、长墅源漂流、水世界等合作，推出联票制度。明确湖北、湖南、安徽、南昌、九江等周边省市为重点客源市场，分别在各地签约一家特约旅行社，实行梯级目标市场管理，同时对其余外省市客人推行门票优惠的市场政策。建设完善网络销售、预定平台。先后与同程网、天涯社区、携程网等网络平台合作，对网络购票的游客实行优惠政策，出台大型旅游团队奖励办法，鼓励自驾游和专列等大型团队，并实现优惠政策。对特殊群体实行优惠。2014年，出台特殊人群优惠办法，在国家规定的政策外，对永修、武宁2县居民，对全市五保户、贫困人口、全市工业园区集体组织出游等实行优惠政策。加大对学生、农村市场的挖掘，在各高校进行大力宣传，暑期对学生出游实行优惠，同时在农村进行广告宣传。

四、景区创建

2010年4月，庐山西海成功获批全省十大文明风景旅游区。2010年5月，庐山西海成功获批中国网民最喜爱的江西十大旅游景区。2010年12月，庐山西海成功获批中国养生环境圣地。2013年10月，庐山西海成功获批国家水利风景区。2014年6月，庐山西海成功获批国家AAAA级景区。2015年3月，庐山西海成功获批年度最受欢迎国内游目的地。2015年7月，庐山西海荣获全国十佳生态旅游示范景区。2015年8月，庐山西海成功获批最美中国·健康养生旅游目的地景区。2016年年初，启动创建国家AAAAA级景区和申报省级旅游度假区。

第二节　景区服务中心

一、司马景区服务中心

管委会成立前，为永修县柘林湖景区办。2006年8月，更名为庐山西海景区服务中心，为管委会下属正科级事业单位，核定事业编制19名。2013年1月，更名为庐山西海司马景区服务中心，核定事业编制9名，配主任1名，副主任2名。2016年4月，有事业编10人。主要职责：落实国家《风景名胜区管理条例》等法律、法规；认真贯彻执行区党委、管委会对景区的各项规章制度；负责景区日常管理、景区游览门票有效监督管理，为景区旅游观光提供保障服务；协助有关部门做好对自然景观（包括奇石、古树、地

司马景区服务中心

质遗迹、溪流、泉水、瀑布、深潭、水源、珍稀动物、植物）和人文景观（包括古墓、庙宇、古建筑、石雕石刻）的保护和维护工作；协助有关部门制定总体规划和景区详细规划，并督促组织实施；负责对景区投资商经营及履行投资合同的管理；对景区相关单位的协调管理；协助管委会有关部门做好景区开发项目建设审批；协助管委会有关部门作好林木保护、水土保持、生态环境保护；做好景区游客进湖、旅游接待管理、协调搞好景区旅游宣传促销工作，为创造庐山西海的旅游品牌服务。

二、云居山景区服务中心

云居山景区服务中心

管委会成立前，为永修县云居山风景名胜管理局。2006年8月，更名为云居山景区服务中心，为管委会下属正科级事业单位，核定编制15名，设主任1名、副主任2名，股级职数3名，内设办公室、监管股、游客服务股。2013年1月，更名为庐山西海云居山景区服务中心，核定编制9名，配主任1名、副主任2名。2016年4月，有事业编11人。主要职责：落实国家《风景名胜区管理条例》等法律、法规；负责云居山景区日常管理、景区游览门票有效监督管理，为云居山景区旅游观光提供保障服务；协助有关部门做好对自然景观（包括奇石、古树、地质遗迹、溪流、泉水、瀑布、深潭、水源、珍稀动物、植物）和人文景观（包括古墓、庙宇、古建筑、石雕石刻）保护和维护工作；协助管委会有关部门制定总体规划和景区详细规划，并督促组织实施；负责对景区投资商经营及履行投资合同的管理；对景区相关单位的协调管理；协助管委会有关部门做好景区开发项目建设的审批工作；协助管委会有关部门做好林木保护、水土保持、生态环境保护工作；做好景区旅游接待管理、协调做好景区旅游宣传促销工作。

三、巾口景区服务中心

2013年1月5日成立，为管委会下属正科级事业单位，核定事业编制9名，设主任1名，副主任2名。内设稽查科和后勤科，其中，稽查科负责巾口景区游客服务、咨询、投诉，旅游市场和安全生产的监管、稽查，票务管理、统计，船艇停靠管理以及项目服务等工作；后勤科负责游客中心（含路灯）、停车场的水电管理、监控室、沙盘、室外显示屏等设施管理及整个码头区域（含停车场、游客中心）保安、保洁、广告、物业等管理。2016年4月，有事业编7人。

巾口景区服务中心

第三节　旅游交通

庐山西海交通区位优势明显，永武高速、316国道和焦武公路均可进入景区；景区有直达南昌、九江、永修的长途客运班车，每天从早上6时到下午6时每隔2小时1班，双休日和节假日增加班次。司马景区内有公交车，每小时1班。2014年12月，永修至司马旅游中巴开通，每天10班，约1小时1班。2015年9月，南昌直通景区的大巴开通，每天往返2班；此外，武宁县城还有直达景区巾口集镇的中巴。

直达景区的高速公路

第四节　旅游商品

景区各种旅游纪念品种类繁多，如纪念章、太阳帽、太阳伞、文化衫等；木雕、根雕工艺品；傣族的香包；鳄鱼、恐龙、蛇塑料模型玩具；孔雀翎，孔雀羽面具，孔雀蛋；各种木制小工艺品和玩具；庐山西海文化帽、名片夹、镜子、青花瓷、高档折叠雨伞等特色旅游商品。西海鱼制品纯天然加工，美味健康，特产有鳜鱼、鲈鱼、翘嘴白、银鱼、棍子鱼等有机鱼；瓜果有品质甘甜、籽粒少的“中华名果”——易家河柑橘，初夏果熟的杨梅个大色红、酸甜可口；云居山攒林茶、禅茶历史悠久，茶韵绵长；无色透明、窖香浓郁、绵柔甘甜、纯净爽口、回味悠长的庐山西海酒；可食用的山野特产如罗汉菜、蕨菜、茶薪菇、竹笋；此外，还有熏麂子肉等土特产，种类数不胜数。

云居茶

庐山西海典藏

第五节 餐饮住宿

一、餐饮

有各类酒店、饭店50余家，如西海温泉假日酒店、北戴河宾馆、星期酒店、赛芳桔园酒店、生态大酒店、宏泰宾馆、清水山庄、柘林湖宾馆、桔园农家菜、新家园食府、柘林湖农家菜等，经营高、中、低档各种餐饮服务，特色菜有湖水煮鳜鱼、油炸棍子鱼、红烧鲈鱼、炒蕨菜、兰花萝卜等。

二、住宿

景区内可提供住宿的地方很多，小到便宜舒适的旅馆，大到中高档宾馆酒店，还有条件优越的四星级宾馆，有1人、2人、3人标准间共1504套，床位2000余张。其中三星级及以上标准宾馆接待房间为1120间。

三、主要宾馆、酒店介绍

（一）西海温泉假日酒店 按五星级标准打造，拥有行政楼层和总统套房、豪华客房共330间（套），酒店公寓132套，温泉别墅12幢，景观游泳池1个。西海阁VIP包房、西海轩宴会厅、西海岸西餐厅能够提供周到的饮食服务。规格不同的7个会议室和贵宾接待室。西海明珠夜总会内设有演艺厅、迪斯科舞厅、主题酒吧和卡拉OK包房等各类服务设施及休闲场所，可满足不同宾客的需求。温泉区内有充满着世界风情的温泉水疗文化和建筑风格。同时还有五彩叠池、六味圆汤池、天体浴场、恒温游泳、水上乐园等。

西海温泉假日酒店

（二）北戴河宾馆 江西北戴河宾馆是一家涉外四星级度假型宾馆。宾馆占地4公顷，宾馆分为主楼、附楼、别墅3大部分。酒店拥有豪华客房和套房共64间，房间不仅舒适典雅，而且设施齐备。同时，酒店拥有独立的会议、宴会设施。宴会厅可容纳200位宾客，会议室可容纳300位宾客。此外，酒店设有休息厅、影视厅。观光餐厅位于主楼六楼，豪华别致、三面观景，内设可供25人同时就餐的大型圆桌，并设有独立厨房为观光餐厅提供专职服务。

北戴河宾馆

星期酒店

（三）星期酒店 西海星期酒店地处庐山西海景区内，是景区唯一一家建在湖边的高星级酒店，为园林式度假型酒店。酒店隶属于江西省农村信用社联合社，拥有高中档客房169套，拥有大型会议室（最大容量300人）1个，中型会议室（最大容量135人）3个，小型会议室3个，停车泊位97个，餐位300个（其中包厢餐位70个），集住宿、餐饮、会议、商务、棋牌、健身、停车等服务为一体的综合型商务度假酒店。

（四）生态大酒店 西海生态园总用地面积155.33公顷，园区以绿色、生态、科技和循环经济为目的，集研究推广、种植养殖示范、加工服务、观光休闲、快速食品、游乐为一体，优美无污染的生态环境给生态大酒店增添了无限的生机和美感。生态大酒店建筑面积5380平方米，共有客房47间，酒店内设1个宴会厅及6个豪华包厢、1个32人特大水上餐厅。生态美食园可同时接待2000人用餐，酒店还拥有各种规格的会议室6个，多功能厅1个。

生态大酒店

（五）赛芳橘园酒店 江西赛芳橘园酒店是一家按四星级标准建造的度假型酒店。酒店拥有各种房型156间（套），酒店配套设施齐全，有大型会议厅（可同时容纳300人）、多功能厅（可同时容纳60人开会或KTV）、贵宾接待室、特色橘园餐厅（可同时容纳300人用餐）、别致的大堂吧等，可以满足不同宾客的需求，是宾客旅游、度假、休闲的理想之选。酒店还与地方特色产品公司合作，推出一系列手工食品，如米粽、清明粿、红薯糕、糍粑等，各种野干菜、柘林湖水产制品等，为客人提供吃、住、游、购一站式服务。

赛芳橘园酒店

第五章　旅游经济效益

第一节　从业人员

景区涉及旅游从业人员主要集中在宾馆酒店（农家乐）、度假村，涉旅企业、导游行业以及直接为游客提供服务的领域，成员大多来自规划范围内的乡镇及周边永修、武宁两县。其中餐饮服务业有2000人左右，涉旅企业有500人左右，导游行业有20人左右，其他领域诸如橘农、渔民等主要是当地百姓。

每年相关部门会根据旅游业的行情和景区的发展实际，定期或不定期举办风景区讲解员星级评定培训班，形式主要有实地讲解、专业老师培训和讲解员自学。至2015年年底，共举办培训班5次。同时，通过下发文件和监督检查，严格要求各涉旅企业注重员工的教育培训。至2015年年底，共下发文件13份，监督检查17次。

出台一系列政策鼓励景区规划范围内群众积极投身旅游产业。永修县柘林镇从事旅游产业人数达5000人。2015年，全镇农民人均纯收入达12300元。2011～2015年，共接待游客678万人次，旅游收入达1.75亿元，易家河村荣获“中国乡村旅游模范村”称号。武宁县巾口乡从事旅游产业人口数达2000人。2015年，全乡农民人均纯收入达10659元。

第二节　旅游业经济效益

2006年，景区实现国内旅游收入0.35亿元。2007年，景区实现国内旅游收入0.43亿元。2008年，景区实现国内旅游收入0.44亿元。2009年，景区实现国内旅游收入10.3亿元，旅游总收入10.9亿元。2010年，景区实现国内旅游收入0.35亿元，旅游总收入9.69

亿元。2011年，景区实现国内旅游收入12.1亿元，旅游总收入12.68亿元，旅游外汇收入1611.06万美元。2012年，景区实现国内旅游收入6.3307亿元，旅游总收入7.8082亿元，旅游外汇收入2110.86万美元。2013年，景区实现国内旅游收入9.03亿元，旅游总收入10.93亿元，旅游外汇收入2715.9万美元。2014年，景区实现国内旅游收入38.52亿元，旅游总收入40.639亿元，旅游外汇收入3055.55万美元。2015年，景区实现国内旅游收入50.74亿元，旅游总收入53.562亿元，旅游外汇收入3907.96万美元。

2006 ~ 2010 年景区旅游经济效益一览

表 4–3

指标名称	计算单位	2006年	2007年	2008年	2009年	2010年
接待入境旅游者人数	万人次	0.51	2.15	2.15	2.436	3.4
旅游外汇收入	万美元				763.97	1018.95
接待国内旅游者人数	万人次	80.77	102.63	132.46	167.134	134.5
国内旅游收入	亿元	0.35	0.43	0.44	10.30	8.978
旅游总收入	亿元				10.9	9.69
接待旅游者总人数	万人次	81.28	104.78	134.61	169.57	137.82

2011 ~ 2015 年景区旅游经济效益一览

表 4–4

指标名称	计算单位	2011年	2012年	2013年	2014年	2015年
接待入境旅游者人数	万人次	4.85	6.34	8.23	26.57	34.2
旅游外汇收入	万美元	1611.06	2110.86	2715.9	3055.55	3907.96
接待国内旅游者人数	万人次	177.49	95.97	136.82	481.43	634.24
国内旅游收入	亿元	12.1	6.3307	9.03	38.52	50.74
旅游总收入	亿元	12.68	7.8082	10.93	40.639	53.562
接待旅游者总人数	万人次	182.3	102.31	145.06	508	668.44

第三节　旅游服务业经济效益

2011年，排名前十位的旅游服务企业产生利税2465848元。2012年，排名前十位的旅游服务企业产生利税3711578元。2013年，排名前十位的旅游服务企业产生利税4987028元。2014年，排名前十位的旅游服务企业产生利税12108989元。2015年，排名前十位的旅游服务企业产生利税15433543元。

2011年景区排名前十位的旅游服务企业税收收入一览

表4–5　　单位：元

序号	涉旅企业名称	纳税总额
1	港恒旅游发展（九江）有限公司西海温泉假日酒店	2217933.60
2	柘林湖土菜馆	58972.40
3	橘园土菜馆	52280.00
4	九江鹏港物业服务有限公司	50797.57
5	江西庐山西海休闲欢乐世界有限公司	24735.04
6	江西庐山西海地矿体疗中心	20715.25
7	柘林镇一家和土簇坊	19020.00
8	柘林鳄鱼岛餐馆	9660.00
9	江西宏湾投资有限责任公司	6734.00
10	江西庐山西海华达食品饮料有限公司	5000.00

2012年景区排名前十位的旅游服务企业税收收入一览

表4–6　　单位：元

序号	涉旅企业名称	纳税总额
1	港恒旅游发展（九江）有限公司西海温泉假日酒店	3105920.90
2	橘园土菜馆	165018.00
3	柘林湖土菜馆	150462.00
4	九江鹏港物业服务有限公司	67987.93

续表 4-6

序号	涉旅企业名称	纳税总额
5	江西庐山西海地矿体疗中心	61716.64
6	柘林镇一家和土簇坊	46520.00
7	江西柘林湖旅游投资有限公司	44120.23
8	九江西海旅游发展有限公司	26244.19
9	柘林鳄鱼岛餐馆	25175.00
10	江西神州通庐山西海投资发展有限公司	18413.45

2013 年景区排名前十位的旅游服务企业税收收入一览

表 4-7　　单位：元

序号	涉旅企业名称	纳税总额
1	港恒旅游发展（九江）有限公司西海温泉假日酒店	3740111.45
2	江西柘林湖旅游投资有限公司	427790.77
3	永修县柘林湖云海轮船有限公司	333588.92
4	柘林湖土菜馆	134659.00
5	九江鹏港物业服务有限公司	109820.12
6	桔园土菜馆	90760.00
7	江西神州通庐山西海投资发展有限公司	80802.27
8	九江西海龙翔旅行社有限公司	25666.21
9	江西庐山西海地矿体疗中心	22973.31
10	九江西海旅游发展有限公司	20855.75

2014 年景区排名前十位的旅游服务企业税收收入一览

表 4-8　　单位：元

序号	涉旅企业名称	纳税总额
1	江西西海投资发展有限公司	5491008

续表 4-8

序号	涉旅企业名称	纳税总额
2	江西西海温泉假日酒店有限公司	3000640.70
3	江西柘林湖旅游投资有限公司	1541765.40
4	永修县柘林湖云海轮船有限公司	1461288.70
5	柘林湖土菜馆	165813.75
6	江西庐山西海星期酒店有限责任公司	137555.74
7	江西庐山西海武宁景区旅游开发有限公司	100000.00
8	九江鹏港物业服务有限公司	97007.34
9	桔园土菜馆	76440.00
10	江西庐山西海地矿体疗中心	37469.66

2015 年景区排名前十位的旅游服务企业税收收入一览

表 4-9　　单位：元

序号	涉旅企业名称	纳税总额
1	江西西海投资发展有限公司	6441416.00
2	江西西海温泉假日酒店有限公司	2617630.40
3	中信庐山西海（九江）投资有限公司	2186380.20
4	江西柘林湖旅游投资有限公司	1339645.33
5	永修县柘林湖云海轮船有限公司	1307528.29
6	江西西海星期酒店有限公司	1035871.25
7	江西庐山西海湖景宾馆有限公司	165768.00
8	柘林湖土菜馆	141050.14
9	西海旅游股份有限公司	125809.00
10	桔园土菜馆	72444.69

卷五

综合管理

第一章 人事 编制

第一节 人事管理

一、干部录（聘）用

2007～2010年，风景区管委会一共组织2次事业单位公开招考。2007年10月，在全市范围内公开招考4名事业工作人员和选调1名公务员（文秘岗2名，财会岗1名，计算机岗1名，行政执法岗1名）；2010年10月，公开组织招考2名接待办工作人员。此外，通过全省统一公务员招录，分别在2009年招录4名公务员、2010年招录4名公务员、2011年招录7名公务员。

二、干部管理

（一）调配 至2015年年底，从市直单位、兄弟县（市、区）和省外选调优秀干部职工，调进共35人，调出共25人。2008年12月，出台《云居山—柘林湖风景区科级后备干部暂行条例》《云居山—柘林湖风景区不胜任现职领导干部认定标准和处理办法》2个文件。2013年3月，出台《庐山西海风景区内设机构和下属事业单位人才队伍双向选择实施方案》，实施部门与干部职工双向选择定岗，当年对16名干部职工进行调整。2015年，调整交流9名科级干部。2016年年初，调整交流9名科级干部。

（二）考核 2006年开始，风景区按年度对单位干部职工进行考核登记。2007～2012年，考核内设机构和下属事业单位干部职工380人次。2013年，考核干部职工76人。2014年，考核干部职工96人。2015年，考核干部职工102人。

（三）离退休管理 2006年4月，管委会成立时，接收柘林湖管理处和云居山管理处的退休职工6人。2012年10月，风景区分别各办理在职事业干部退休手续1人。2013年2月，退休干部死亡1人。2013年11月，风景区分别各办理在职事业干部退休手续1人。至2015年年底，景区离退休干职工7人。

三、人事档案管理

2007～2012年，共整理景区人事档案380人（次），帮助有关单位查阅、借阅档案30人（次）。其中，2013年，利用档案20人（次）；2014年，利用档案36人（次）；2015年，对96名风景区在编在岗干部职工人事档案进行“三龄两历一身份”全面核查，同时对党员干部的党员材料进行核查，纠正入党志愿书缺失案例1人。

第二节 编制管理

至2015年年底，纳入景区管理的单位有管委会内设机构11个，下属全额拨款事业单位12个，外加公安分局和市场监督管理局（2015年11月划入），共有参公事业编38名，事业编65名，行政编47名。

编制管理严格按照有关规定进行。其中，2012年，对编制情况进行摸底排查，2013年，对风景区成立时从永修划转后长期挂编不到岗的2名事业职工分别办理主动辞职和辞退手续；2014年，对超编、超职数配备情况进行排查整改，共消化超职数配备3人，其中违规硬超2人，兼职1人。

风景区干部任用情况
（2006.4~2016.12）

表 5-1

年度	提拔正科	提拔副科	交流或重用
2006.8			江家和：党委委员、主任助理
2006.9	黄远林：招商局局长		
2006.10			汪会友：党委委员、主任助理 邢国军：机关党委专职副书记兼机关纪委书记 郑庆华：办公室主任 杨祖荣：旅游开发管理局局长
2006.12	熊晟华：综合管理局局长	陈大友：财政局副局长	
2007.2	蔡文斌：云居山景区中心主任 吴　林：旅游开发管理局副局长（正科级）	孙小东：庐山西海景区中心副主任 肖　亮：云居山景区中心副主任	
2007.3		葛　陈：云居山景区中心副主任 张　红：庐山西海景区中心副主任	
2007.8			葛　陈：办公室副主任 张　红：招商局副局长 孙小东：综合管理局副局长
2007.10			熊晟华：环保局局长

续表 5-1

年度	提拔正科	提拔副科	交流或重用
2008.3			柳鸿斌：组织宣传部部长 邢国军：纪委副书记、监察局局长 王　威：组织宣传部副部长
2008.5			熊晟华：建设环保房产局局长
2008.6			葛　陈：党委组织宣传部副部长
2008.7	徐祥勇：综合执法大队大队长		
2008.8		周丽敏：党政办副主任 周继刚：庐山西海景区中心副主任 龚卫国：庐山西海景区中心副主任	
2008.9	王　威：编办主任		
2008.12			王　威：组织宣传部副部长
2009.4	陈大友：财政局局长 孙小东：接待办主任 葛　陈：机关工委书记	夏　莉：综治办副主任 张　红：监察局副局长 程荣旺：党政办副主任	吴　林：综合执法局局长
2009.6			黄远林：经济发展局局长
2010.10			蔡文斌：庐山西海景区中心主任 周继刚：云居山景区中心副主任（主持工作）
2011.2		卢礼衡：信息中心主任	

续表 5-1

年度	提拔正科	提拔副科	交流或重用
2011.3			肖　亮：综合管理局副局长
2011.8	周丽敏：党政办主任 张　红：纪委正科级纪检员 周继刚：云居山景区服务中心主任		王忠鑫：财政局副局长 梁　平：旅游局副局长
2011.12			孙小东：组织宣传部副部长、机关工委书记
2012.7		廖践发：接待办副主任	卢礼衡：党政办副主任
2013.3	郭贵勇：公安局副局长（正科） 王　辉：综合执法局局长 夏　莉：综治办主任 肖　亮：农林水务局副局长、巾口景区中心主任 龚卫国：司马景区服务中心副主任（正科）	杨闽赣：公安分局治安大队教导员 钟　华：公安分局刑侦大队教导员 叶　霓：工会副主席 田　瑛：接待办副主任 邓　敏：巾口景区中心副主任 李　蕾：国库收付核算中心主任 谭　蕾：信息中心主任	许松华：妇联主席（兼） 蔡文斌：工会主席 周丽敏：团委书记 熊晟华：环保局长 吴　林：组织宣传部副部长、机关工委书记 孙小东：农林水务局局长 廖践发：财政局副局长
2014.10	卢礼衡：党政办副主任、接待办主任		

续表 5-1

年度	提拔正科	提拔副科	交流或重用
2015.2	王忠鑫：纪委副书记、监察审计局局长	曾宪文：党政办公室副主任 李可佳：经济发展局副局长 杜　骥：综合执法局副局长 陈　韵：团委副书记 傅君芳：妇联副主席 刘春平：司马景区中心副主任 曹晓武：巾口景区中心副主任 王加武：巾口景区中心副主任 雷进军：云居山景区中心副主任 樊　晓：云居山景区中心副主任 葛　丽：信息中心主任 曾庆勇：质监安监站站长 陈　文：党政办副主任科员 胡亚星：纪委副科级纪检员 熊飞璇：财政局副主任科员	卢礼衡：党政办公室主任 孙小东：编办主任 熊晟华：建设局局长 吴　林：环保局局长 肖　亮：农林水务局局长 张　红：旅游局局长 龚卫国：巾口景区中心主任 周英途：建设局副局长 谭　蕾：远程教育中心主任 郭　斌：司马景区服务中心副主任 郭贵勇：公安局副局长，主任科员 邢国军：组织宣传部副部长、机关工委书记
2016.2	周英途：环保局局长 梁　平：监审局副局、正科级纪检员 郭　斌：司马景区中心主任 廖践发：财政局主任科员	潘欣愈：旅游局副局长 刘　湾：环保局副局长 刘晓兰：农林水务局副局长 邓　剑：组织宣传部副部长 蔡小毛：司马景区服务中心副主任 甘卫平：组织宣传部副科级组织员 彭亚玲：纪委副科级纪检员	邢国军：组织宣传部副部长（正科级） 吴　林：机关工委书记 卢礼衡：财政局局长 陈大友：经济发展局局长 葛　陈：旅游局局长 葛　丽：国库收付核算中心主任 胡亚星：旅游局副局长 陈　文：财政局副局长

续表 5-1

年度	提拔正科	提拔副科	交流或重用
2016.6	熊清宁：综合执法局局长	熊朝阳：市场和质量监督管理局司马分局局长 杨丽香：市场和质量监督管理局巾口分局局长 余　军：机关服务中心主任	龚卫国：司马景区服务中心主任 郭　斌：巾口景区中心主任
2016.11	田　瑛：接待办主任 谭　蕾：妇联主席	夏　雨：综合执法局副局长 于腾飞：质监安监站站长 王高峰：公安分局办公室主任 傅荣涛：公安分局治安管理大队大队长 闵亨利：公安分局治安管理大队教导员 张　陈：公安分局交通管理大队教导员 卢　峰：公安分局刑事侦查大队大队长 张金武：公安分局副主任科员	刘　俊：政法委书记（兼） 余英锋：综治办副主任（正科级） 夏　莉：公安分局副局长（正科级） 杜　骥：公安分局交通管理大队大队长 田　彬：公安分局副主任科员

第一章 财政 税务

第一节 财政

一、管理体制

2006年，根据《关于理顺云居山—柘林湖风景名胜区管理体制的方案》明确的财政体制，风景区管委会在人民银行永修县支行设立一级国库，景区没有向市财政上缴的任务，景区的收入，尤其是管委会分成部分，原则上全部用于景区宣传营销和开发建设，两县分成部分，也尽量安排支持景区保护和建设，以促进景区长远发展。

（一）收入范围 管委会管理范围内的所有税收仍按原渠道归永修、武宁2县征收，其中管委会管理范围内的旅游性税收收入地方所得部分由受益县所得。

（二）税收管理 围绕加大税源开辟、规费征收工作力度，确保财政收入持续、稳定增长，制定风景区税收管理办法。

税务部门：以上一年度工商税收总量为基数，新增200万元以内按5%的比例，200万~500万元按10%的比例，奖励税务部门作为征管工作经费；增收500万元以上部分，另行研究确定奖励办法。若未达到上一年度基数，按缺口额15%的比例核减下一年度工作经费。

纳税大户：年度纳税达到一定标准的各类企业。包括通过有关方面努力到我区注册登记并依法纳税的新成立企业；原在异地经营、异地纳税，现转入景区经营、纳税的企业；在景区内变更工商、税务登记，纳入景区管理的企业。具体为年纳税额为10万~50万元的企业，按照3%的比例给予企业一次性奖励；50万~100万元，按照4%的比例给予企业一次性奖励；100万元以上，按照5%的比例给予企业一次性奖励。

招商引进纳税企业和个人：鼓励各部门，社会力量和个人支持风景区招商引资工作，管委会对招商引资单位或个人进行奖励。对招商引进的企业年度纳税达到10万~50万元的企业，按照1%的比例给予招商引进单位或个人奖励；50万~100万元，按照2%的比例给予引进单位或个人奖励；100万元以上，按照3%的比例给予引进单位或个人奖励。

行政收费职能部门：管委会按年度对规费征收情况组织核查，对全额及时征收到位的部门，按照2%的比例奖励具体操作部门补充工作经费，上限不超过10万元；对未能及时全额征收到位的，限时追缴，若限时追缴不力按缺口金额5%的比例核减该部门预算指标，并追究有关人员责任。

二、收入支出

2006年，完成收入299.19万元，其中地方公共预算收入200万元，其他收入99.19万元；全年一般公共服务支出353.35万元。

2007年，完成收入448万元，其中地方公共预算收入为348万元，其他收入100万元；全年累计支出486.68万元，其中一般公共服务支出324.48万元，项目支出162.20万元。

2008年，完成收入 945.51万元，其中地方公共预算收入874.80万元，其他收入70.71万元；全年累计支出1035.28万元，其中一般公共服务支出769.36万元，项目支出265.91万元。

2009年，完成收入 2007.50万元，其中地方公共预算收入748.8万元，争取专项资金1000万元，其他收入 258.70万元；全年累计支出2942.35万元，其中一般公共服务支出923.37万元，项目及其他支出合计2018.98万元。

2010年，完成收入1451.21万元，其中地方公共预算收入815.00万元，其他收入636.21万元；全年累计支出2718.47万元，其中一般公共服务支出1651.04万元，项目及其他支出合计1067.43万元。

2011年，完成收入3190.72万元，其中地方公共预算收入2270.53万元，其他收入920.19万元；全年累计支出2922.62万元，其中一般公共服务支出1888.19万元，项目及其他支出合计1034.43万元。

2012年，完成收入4356.22万元，其中地方公共预算收入4147.29万元，其他收入208.93万元；全年公共预算支出2557.12万元，其中一般公共服务支出1627.97万元，项目及其他支出合计929.15万元。

2013年，完成收入6071.08万元，其中地方公共预算收入完成5503.72万元，其他收入567.36万元；全年公共预算支出2787.59万元，其中一般公共服务支出1586.85万元，项目及其他支出合计1184.74万元。

2014年，完成收入7856.78万元，其中地方公共预算收入完成7435.65万元，其他收入421.13万元；全年公共预算支出4482.32万元，其中一般公共服务支出1963.12万元，项目支出988.86万元，体制划转及年初预留1530.34万元。

2015年，完成收入8556.49万元，其中地方公共预算收入完成8109.55万元，其他收入446.94万元；全年公共预算支出7540.22万元，其中一般公共服务支出4812.34万元，项目及其他支出合计2727.88万元。

三、财务管理

2007年1月，出台《云居山—柘林湖风景名胜区财务管理制度》，明确景区内行政事业单位财政体制，做到景区内财务管理工作有章可循。

2008年1月，对财务管理制度进行修订及完善，结合国家有关管理条例，重新出台《云居山—柘林湖风景名胜区财务管理制度》。

2010年1月，进一步加强财务管理工作，对2008年出台的财务管理规定进行修改，增加政府采购、预算外资金、国有资产和公务卡等财务管理要求，风景区党政联席会议决定，出台《云居山—柘林湖风景区财政资金管理及财务管理办法》。

（一）预算管理 预算管理坚持“量入为出、收支平衡”原则安排收支，规范预算行为，调整和优化支出结构，保证全景区各项事业和行政经费需求，支持重点专项资金的需要。实行专项资金跟踪管理，推行政府采购，改进预算管理。

年度财政预算由下而上逐级编制，年度终了编制决算。其中，风景区预算和决算均报党政联席会议决定后，再报市人大常委会审议。

财政支出年度预算按照“以收定支”原则，由管委会内设部门报送预算草案，由财

预算部门报账

政局审核、汇总、平衡，向管委会报告景区财政支出预算（草案），提交景区党政联席会议审议。最后根据市人大常委会批准的年度财政预算支出，向景区内设部门批复单位的年度支出预算，由其分解到各独立核算的预算单位。

年终决算按照“真实、准确、全面、及时”要求，财政部门、各主管部门、各单位在年度终了时清理核实全年预算收入、支出数字及往来款项，做好决算的对账工作，并按收付实现制原则，填报齐全决算报表，并作出决算报告。自下而上，层层逐级汇总、审核、编报。

（二）政府采购管理 2010年1月起，景区政府采购严格执行《中华人民共和国政府采购法》《江西省市、县（区）政府采购集中采购目录及限额标准的通知》等有关规定，对引入市场机制，实行公开、公平、公正和自由竞争原则，做到择优采购，维护财政专项资金专款专用原则的实施，优化财政资金支出管理，提高资金使用效益。采购资金范围由预算内至预算外，采购项目从设备等货物延伸到服务和工程类，特别规定低值易耗品由部门自行采购。政府采购目录上规定的办公用品一律报批并实行政府集中采购。

资金审批

2010年，政府采购以邀请招标、询价采购等方式采购32次，采购金额42.35万元，节减财政预算资金5万元。2011年，政府采购以邀请招标、询价采购等方式采购56次，采购金额78.35万元，节减财政预算资金12万元。2012年，政府采购以邀请招标、询价采购等方式采购68次，采购金额813.22万元，包括涉水看台工程采购项目650余万元，节减财政预算资金45万元。2013年，政府采购以邀请招标、询价采购等方式采购62次，采购金额128.94万元，节减财政预算资金23万元。2014年，政府采购以邀请招标、询价采购等方式采购62次，采购金额117.75万元，节减财政预算资金41万元。2015年，政府采购以邀请招标、询价采购等方式采购38次，采购金额138.10万元，节减财政预算资金20余万元。

（三）公务卡管理 2012年，根据《江西省财政厅、中国人民银行南昌中心支行转发财政部、中国人民银行〈关于加快推进公务卡改革的通知〉》文件精神，景区开始实行“公务卡”及“报账员备用金卡”制度。2014年1月，根据需要，取消“报账员备用金卡”制度。

2012年，景区公务卡支出金额162.57万元。2013年，景区公务卡支出金额225.44万元。2014年，景区公务卡支出金额252.89万元。2015年，景区公务卡支出金额289.89万元。

2006 ~ 2015 景区预算单位公务卡强制结算目录

表 5-1

序号	公务卡结算项目	备　注
1	办公费	指单位购买按财务会计制度规定不符合固定资产确认标准的日常办公用品、书报杂志等支出
2	印刷费	指单位的印刷费支出
3	咨询费	指单位咨询方面的支出
4	手续费	指单位支付的手续费支出
5	水电费	指单位支付的水电费支出
6	邮电费	指单位开支的电话费、电报费、传真费、网络通信费等支出
7	物业管理费	指单位开支的办公用房、职工及离退休人员宿舍等的物业管理费，包括综合治理、绿化、卫生等方面的支出
8	差旅费	指单位工作人员因出差支付的住宿费、购买机票支出等
9	维修（护）费	指单位日常开支的固定资产（不包括车船等交通工具）修理和维护费用，网络信息系统运行与维护费用
10	租赁费	指租赁办公用房、宿舍、专用通信网以及其他设备等方面的费用
11	会议费	指会议中按规定开支的房租费、伙食补助费以及文件资料的印刷费、会议场地租用费等

续表 5-1

序号	公务卡结算项目	备 注
12	培训费	指各类培训支出
13	公务接待费	指单位按规定开支的各类公务接待（含外宾接待）费用
14	专用材料费	指单位购买日常专用材料的支出。具体包括药品及医疗耗材、农用材料、兽医用品、实验室用品、专用服装、消耗性体育用品、专用工具和仪器、艺术部门专用材料和用品、广播电视台发射台发射机的电力、材料等方面的支出
15	公务用车运行维护费	指公务用车的燃料费、维修费、保险费等支出及赣通卡充值费等
16	其他交通费用	指单位除公务用车运行维护费以外的其他交通费用。如飞机、船舶等的燃料费、维修费、保险费等

四、预算外资金管理

2008年1月，制定并颁发的《云居山—柘林湖风景名胜区财政管理办法》中，要求严格贯彻落实国家《预算外资金管理办法》，设立预算外专户对预算外资金收支进行统一核算和集中管理。

会计核算

同年5月，景区财政为预算外资金设立专门账户，要求预算外资金要按照《预算外资金管理条例》实行收支两条线管理，特别针对景区范围内所有景点的门票收入，对门票实行统一印制、统一出售。

2008年预算外收入完成70.71万元。2009年，预算外收入完成258.70万元。2010年，预算外收入完成636.21万元。2011年，预算外收入完成920.19万元。2012年，预算外收入完成208.93万元。2013年，预算外收入完成567.36万元。2014年，预算外收入完成421.13万元。2015年，预算外收入完成446.94万元。

五、国有资产管理

2010年，根据《风景区财政资金管理及财务管理办法》，着手对国有资产进行必要的处置及审批备案。依法设置资产账簿，国有资产配置、处置须按照规定履行审批手续，审批后的手续作为单位新增资产配置、处置和招标采购、办理资产入户、登记、注销的依据以及单位资产管理部门和财务部门进行账务处理的原始凭证；严格控制单位出租出借国有资产，确需出租出借资产的，要严格履行审核审批程序，未经批准不得擅自出租出借国有资产。加强对资产收益的监督管理，行政事业单位国有资产出售或出租（借）取得的收益、报废（损）取得的残值变价收益和投资收益等要纳入单位预算，实行“收支两条线”管理，严禁隐瞒、截留、挤占、坐支和挪用；严禁违反规定使用国有资产收入，对固定资产定期（每年不少于一次）进行清查盘点和账实核对，做到账实相符、账账相符、账面资产与管理信息系统的资产数据相符，保证资产安全和完整。

2010年年末，盘点全区固定资产合计425.74万元，账实相符、账账相符。2011年年末，盘点全区固定资产合计504.10万元，账实相符、账账相符。2012年年末，盘点全区固定资产合计1317.32万元，工程项目固定资产入账650余万元，账实相符、账账相符。2013年年末，盘点全区固定资产合计1446.26万元，账实相符、账账相符。2014年年末，盘点全区固定资产合计1564.01万元，账实相符、账账相符。2015年年末，盘点全区固定资产合计1702.11万元，账实相符、账账相符。2016年3月，盘点全区固定资产合计1511.11万元，审批处理到期年限资产191万元，账目资产进行核减。

六、税收分成

2012年开始，风景区财税收入原则按照2006年《关于理顺云居山—柘林湖风景名胜区管理体制的方案》、2007年《关于进一步明确和完善云居山—柘林湖风景名胜区管理体制的通知》、2011年《九江市人民政府办公厅抄告单》及2012年《九江市人民政府办公厅抄告单》等文件规定，与武宁、永修2县（以下简称2县）进行分成。

管委会成立之前，2县开发的旅游项目税收，按40%返还给管委会，2县得60%，企业名单以当时移交表为准，具体有以下企业：江西柘林湖旅游投资有限公司（湖区11个岛）；桃花溪漂流；江西星远清水山庄；江西北戴河宾馆；柘林湖建昌旅游开发公司（梦生山宾馆）；江西新缘旅游开发公司（柘林湖宾馆）；永修县柘林湖天亮旅游发展有限公司（梦幻宾馆）；永修县柘林湖滴水洞旅游中心（滴水洞宾馆）；江西省联社桃花溪度假村培训中心；江西柘林湖旅游投资发展有限公司和新缘、柘电、华怡3个公司（各种游船艇106艘）；柘林湖地方海事处办公楼（培训中心）。

管委会成立之后，对原移交企业进行改扩建且办理注册更改的企业，按照永修40%，庐山西海60%的原则分配，具体有以下企业名单：江西省信用联社桃花溪度假村改造工程（原桃花溪度假村培训中心，现星期酒店）；柘林湖宾馆改造项目；梦幻宾馆改造项目；爱心山庄（原滴水洞）。

根据2012年《九江市人民政府办公厅抄告单》，市政府对景区企业另有特别抄告规定：①庐山西海国际温泉度假村及其所属企业：西海温泉假日酒店，九江鹏港物业服务有限公司，永修县西海龙山旅游开发有限公司，江西庐山西海地矿体疗中心，按照2011年《九江市人民政府办公厅抄告单》结算：永修得60%，庐山西海管委会得40%；②港恒旅游发展（九江）有限公司（销售不动产），永修县第二建筑工程有限公司（一次性建安税）；③永修第一建筑工程有限公司（一次性房产建筑安装税收）（按照2012年《九江市人民政府办公厅抄告单》计算，2012年1月1日前所缴纳的一次性房地产建筑安装税、销售营业税归永修）。

根据2011年《九江市人民政府办公厅抄告单》规定，由庐山西海管委会与两县共同引进的项目企业，按照永修得40%，西海60%计算分成，企业只有一家（庐山西海休闲欢乐世界）。

防洪保安金、地方教育及附加费100%归两县。

2015年税收分成，因双方对市政府抄告单理解上的偏差，景区管委会建议对无任何异议的部分税收先行进行财力划转，有争议部分进一步沟通，永修方面至今未予同意，无法达成共识，财力划转事宜至今没有办理，故2县2015年税收分成事宜未予办理。

附：景区与 2 县税收分成情况

2011 年 5 ～ 12 月景区与永修税收分成一览

表 5-2 单位：元

序号	纳税人名称	永修分成比例	西海分成比例	年纳税额
1	西海温泉假日酒店	60%	40%	2128593.93
2	九江鹏港物业服务有限公司	60%	40%	48477.88
3	浙江环宇建设集团有限公司	60%	40%	35829.43
4	江西建工第一建筑有限公司	60%	40%	272382.44
5	江西柘林湖旅游投资有限公司	60%	40%	1151.15
6	庐山西海风景区管理委员会	60%	40%	291096.97
7	陶临风、王诵雄、李进华	60%	40%	29850.00
8	永修县西海龙山旅游开发有限公司	60%	40%	4830.00
9	江西庐山西海地矿体疗中心	60%	40%	19769.79
10	深圳中建建筑设计院有限公司	60%	40%	67611.61
11	赣北地质工程勘察院（港恒）	60%	40%	37011.80
12	江西柘林湖建昌旅游发展有限公司	60%	40%	107200.00
13	庐山西海休闲欢乐世界有限公司	40%	60%	24735.04
14	陈泽平	40%	60%	147062.00
15	江西华天旅游房地产开发有限公司	40%	60%	10000.00
16	赣州汇丰建设工程有限公司	40%	60%	50142.90
17	江西庐山西海华达食品饮料有限公司	40%	60%	5000.00
18	九江西海龙翔旅行社有限公司	40%	60%	907.50
19	港恒旅游发展（九江）有限公司（销售不动产）	100%	—	1073222.84
20	永修县第二建筑工程有限公司（一次性房地产建安税）	100%	—	467922.97
21	永修县第一建筑工程有限公司（一次性房地产建安税）	100%	—	80241.27

续表 5-2

序号	纳税人名称	永修分成比例	西海分成比例	年纳税额
22	港恒旅游发展（九江）有限公司（销售不动产）	100%	—	282980.28
23	防洪保安资金	100%	—	22167.95
24	教育费附加	100%	—	155439.00
合计				5363626.75

2012 年景区与永修税收分成一览

表 5-3　单位：元

序号	纳税人名称	永修分成比例	西海分成比例	年纳税额
1	西海温泉假日酒店	60%	40%	2964216.90
2	九江鹏港物业服务有限公司	60%	40%	64782.13
3	永修县第一建筑工程有限公司	60%	40%	318927.13
4	江西庐山西海地矿体疗中心	60%	40%	57874.96
5	庐山西海风景区管理委员会	60%	40%	861690.05
6	江西神州通庐山西海投资发展有限公司	60%	40%	18413.45
7	江西国威暖通空调设备有限公司	60%	40%	17595.00
8	深圳市维业装饰集团股份有限公司	60%	40%	133660.80
9	王诵雄	60%	40%	15458.24
10	九江市昌荣科技有限公司	60%	40%	15300.00
11	中国一冶集团有限公司	60%	40%	124857.49
12	东至惠中农林科技开发有限公司	60%	40%	55600.00
13	广州番禺潮流水上乐园建造有限公司	60%	40%	88695.67
14	深圳市特艺达装饰设计工程有限公司	60%	40%	277777.18
15	江西柘林湖建昌旅游发展有限公司	60%	40%	5358.49
16	柘林鳄鱼岛餐馆	60%	40%	24537.50

续表 5-3

序号	纳税人名称	永修分成比例	西海分成比例	年纳税额
17	江西柘林湖旅游投资有限公司	60%	40%	42758.16
18	永修县柘林湖云海轮船有限公司	60%	40%	30.00
19	庐山西海休闲欢乐世界有限公司	40%	60%	1835.36
20	江西华天旅游房地产开发有限公司	40%	60%	21108.62
21	江西建工第一建筑有限公司	40%	60%	91800.00
22	永修县西海龙山旅游开发有限公司	40%	60%	7800.00
23	永修县爱心山庄湖滨度假村	40%	60%	9110.00
24	江西宏湾投资有限公司	40%	60%	879.00
25	江西庐山西海华达食品饮料有限公司	40%	60%	40.00
26	九江西海龙翔旅行社有限公司	40%	60%	8795.82
27	江西西海国际游艇俱乐部有限公司	40%	60%	1515.00
28	赣州汇丰建设工程有限公司	40%	60%	75480.66
29	九江巨能实业总公司	40%	60%	47736.00
30	江西建工第四建筑有限责任公司	40%	60%	30600.00
31	广东世纪装饰工程有限公司	40%	60%	126596.89
32	港恒旅游发展（九江）有限公司（销售不动产）	60%	40%	1566027.78
33	防洪保安资金	100%	—	107417.52
34	教育费附加	100%	—	425724.82
收入合计				7610000.62

2013 年景区与永修税收分成一览

表 5-4　　单位：元

序号	纳税人名称	永修分成比例	西海分成比例	年纳税额
1	港恒旅游发展(九江)有限公司	60%	40%	2459887.48

续表 5–4

序号	纳税人名称	永修分成比例	西海分成比例	年纳税额
2	港恒旅游发展（九江）有限公司西海温泉假日酒店	60%	40%	3560817.46
3	九江鹏港物业服务有限公司	60%	40%	104641.10
4	永修县第二建筑工程总承包有限公司	60%	40%	132439.70
5	永修县第一建筑工程有限公司（金继兵）	60%	40%	47260.00
6	江西柘林湖建昌旅游资源发展有限公司	60%	40%	60.00
7	江西庐山西海地矿体疗中心	60%	40%	21901.29
8	江西神州通庐山西海投资发展有限公司	60%	40%	80802.27
9	永修县西海龙山旅游开发有限公司	40%	60%	7640.00
10	江西庐山西海休闲欢乐世界有限公司	40%	60%	28.88
11	江西华天旅游房地产开发有限公司	40%	60%	186870.99
12	柘林鳄鱼岛餐馆	40%	60%	16987.50
13	江西庐山西海华达食品饮料有限公司	40%	60%	4429.88
14	九江西海龙翔旅行社有限公司	40%	60%	24515.54
15	永修县爱心山庄湖滨度假村	40%	60%	7040.00
16	江西西海国际游艇俱乐部有限公司	40%	60%	60.00
17	江西庐山西海生态旅游产品有限公司	40%	60%	20.00
18	江西建工第一建筑有限责任公司	40%	60%	278223.14
19	江西建工第四建筑有限责任公司	40%	60%	172776.19
20	广东世纪达装饰工程有限公司	40%	60%	1609737.96
21	江西申威建筑装饰工程公司	40%	60%	222182.02
22	南昌市红谷滩园林绿化工程有限公司	40%	60%	444987.14
23	江西洪都消防工程有限公司	40%	60%	35089.69
24	江西融美科技有限公司	40%	60%	87253.36
25	西海国际置业有限公司	40%	60%	25000.00
26	江西省建华装潢有限责任公司	40%	60%	38940.63

续表 5-4

序号	纳税人名称	永修分成比例	西海分成比例	年纳税额
27	北京泰豪智能工程有限公司	40%	60%	266574.96
28	宏发建设有限公司	40%	60%	52036.04
29	江西雄宇（集团）有限公司	40%	60%	12366.26
30	南昌创智实业有限责任公司	40%	60%	9856.00
31	上海泛亚机房设备工程有限公司	40%	60%	1724.80
32	防洪保安资金	100%	—	137161.75
33	教育费附加	100%	—	285598.89
合计				10334910.92

2014 年景区与永修税收分成一览

表 5-5 单位：元

序号	纳税人名称	永修分成比例	西海分成比例	年纳税额
1	江西西海温泉假日酒店有限公司	60%	40%	2768511.88
2	九江鹏港物业服务有限公司	60%	40%	89127.24
3	港恒旅游发展（九江）有限公司	60%	40%	2553598.50
4	永修县第二建筑工程总承包有限公司	60%	40%	30800.00
5	江西柘林湖建昌旅游资源发展有限公司	60%	40%	60.00
6	永修县第一建筑工程有限公司（金继兵）	60%	40%	73007.14
7	永修县第二建筑工程总承包有限公司	60%	40%	30800.00
8	江西神州通庐山西海投资发展有限公司	60%	40%	21932.52
9	永修县西海龙山旅游开发有限公司	60%	40%	4880.00
10	江西庐山西海地矿体疗中心	60%	40%	35737.50
11	江西庐山西海休闲欢乐世界有限公司	40%	60%	10816.28
12	江西华天旅游房地产开发有限公司	40%	60%	83074.05

续表 5–5

序号	纳税人名称	永修分成比例	西海分成比例	年纳税额
13	南昌市红谷滩园林绿化工程有限公司	40%	60%	156464.00
14	南昌晨宇科技发展有限公司	40%	60%	11543.84
15	江西建工第四建筑有限责任公司	40%	60%	21008.50
16	江西优能技术发展有限公司	40%	60%	18480.00
17	南昌创智实业有限责任公司	40%	60%	7392.00
18	江西省建筑安装工程公司	40%	60%	47581.92
19	南昌市创源智能化工程有限公司	40%	60%	33816.94
20	江西联创节能服务有限公司	40%	60%	141680.00
21	广东世纪达装饰工程有限公司	40%	60%	1047200.00
22	宏发建设有限公司	40%	60%	55440.00
23	北京泰豪智能工程有限公司	40%	60%	59775.92
24	上海泛亚机房设备工程有限公司	40%	60%	3375.64
25	九江西海龙翔旅行社有限公司	40%	60%	13943.94
26	江西宏湾投资有限责任公司	40%	60%	360.00
27	江西申威建筑装饰工程公司	40%	60%	17553.63
28	九江华天酒店管理有限公司	40%	60%	2500.00
29	江西宣佳实业有限公司	40%	60%	11148.00
30	庐山西海风景名胜区西海渔村	40%	60%	13405.11
31	江西省西海水世界旅游有限责任公司	40%	60%	7023.45
32	永修县爱心山庄湖滨度假村	40%	60%	4780.00
33	防洪保安资金	100%	—	235248.37
34	教育费附加	100%	—	277851.66
35	地方教育附加	100%	—	185234.41
合计				8075152.44

2013 ~ 2014 年中信庐山西海（武宁）项目税费征缴及财力测算一览

表 5-6　　单位：元

项　目	合计			2013年			2014年1～10月		
	建安税收	公共财政预算收入		建安税收	公共财政预算收入		建安税收	公共财政预算收入	
		合计	西海55%体制分成		合计	西海55%体制分成		合计	西海55%体制分成
财政收入小计	2671.39	2282.18	1255.20	1510.43	1283.76	706.07	1160.96	998.42	549.13
营业税	1984.38	1984.38	1091.41	1109.45	1109.45	610.20	874.93	874.93	481.21
企业所得税	431.35	172.54	94.90	311.35	124.54	68.50	120	48	26.40
个人所得税	217.34	86.94	47.81	66.44	26.576	14.62	150.9	60.36	33.20
城市维护建设税	20.82	20.82	11.45	11.09	11.09	6.10	9.73	9.73	5.35
印花税	17.50	17.50	9.63	12.1	12.1	6.66	5.4	5.4	2.97
土地增值税	0.00	0.00	0.00	—	0	0.00	—	—	—

备注：1. 经双方税务部门认定，2013年应付西海管委会706.07万元，2014年1 ~ 10月应付西海管委会549.13万元，总计金额1255.2万元。

2. 考虑到2014年的预算平衡，2013年应付西海管委会部门706.07万元，需列入2015年财政预算后再行支付。

七、融资

2014年，景区融资的对象主要有华夏银行南昌分行、中国光大银行、北京银行九江小微支行、永修县农村信用联社、中国进出口银行江西省分行、浦发银行九江支行。融资主体为管委会下属江西西海投资旅游发展有限公司，抵押方式主要通过土地、房产、收费经营权等，具体操作由财政局协调负责，主要就可行性研究、成本效益分析、财务分析、资金的监督与管理等方面进行把关并完成相关手续。至2016年4月，景区融资总额达2.35亿元，主要用于岛屿改造、游玩项目、公共设施等方面的建设。

2014 ~ 2016 年景区融资一览

表 5-7 单位：元

年份	银 行	资金额	备 注
2014	华夏银行南昌分行	0.6亿	借款1年，已归还
2014	中国光大银行	1亿	借款3年
2016	北京银行九江小微支行	2亿	为华天集团融资5年
2016	永修县农村信用联社	1.2亿 0.35亿	1.2亿元于2016年5月归还，将续贷3500万元
2016	中国进出口银行江西省分行	2亿	合同年限为8年
2016	浦发银行九江支行	8亿	发行债券形式，预计发债8年

第二节 税务

一、税务管理

按照“管辖跟着项目走，征管跟着项目走”的原则，景区管委会建立景区、景点及行业三级协税护税组织，形成完整的社会化协税护税网络。其中，2011年，管理纳税人36户；2012年，管理纳税人57户，清查漏征漏管户9户，清查税款2.4万元；2013年，管理纳税人61户，清查漏征漏管户3户，清查税款5.7万元；2014年，管理纳税人65户，清查漏征漏管户1户，清查税款13.7万元；2015年，以“三证合一”为契机，克服辖区横跨永修、武宁两县的困难，强化对景区内部纳税人的登记管理，重点抓好建筑安装行业的征管，加强与公安、工商等部门的合作，规范景区税收秩序。

纳税服务

二、税务稽查

税务检查是税收征收管理的一个重要环节。地税自成立后，强化稽查手段，注重日常稽查与重点稽查、专项稽查与专案稽查相结合，联合公安部门成立税警室，严厉打击偷、逃、抗税等行为，及时查处举报案件。截至2015年年底，共检查纳税人63户次，查补税款2156.15万元（含滞纳金、罚款）。受理举报案件3起，处罚1.28万元。

2011 ~ 2015 年景区地税局分税种收入一览

表 5-8

单位：万元

年度项目	2011年	2012年	2013年	2014年	2015年
总计	2122.44	3680.33	5606.60	4971.35	5026.91
一、税收合计	2097.97	3613.63	5469.90	4821.63	4830.63
营业税	324.93	810.17	1763.41	1110.23	1151.92
企业所得税	40.40	160.80	558.92	196.23	441.19
个人所得税	85.55	223.50	268.47	340.97	303.72
城建税	3.25	8.67	17.43	9.78	11.54
房产税	0	0.50	0	0	0
印花税	6.46	8.68	46.95	45.55	69.66
土地增值税	0	46.38	547.99	41.69	8.43
资源税					7.36
车船税	0	0	0	19.51	6.52
契税	636.54	842.31	1111.42	2021.00	1448.89
耕地税	1000.84	1512.42	1155.31	1032.75	1381.01
二、其他收入	24.47	66.70	136.70	149.72	196.28
教育费	12.59	26.57	52.27	29.32	34.62
地方教育	5.99	17.55	34.99	19.55	23.15
文化费	0	0	0.72	0	0
防洪	2.43	11.34	33.22	24.21	32.68
工会经费	3.45	11.24	15.49	15.49	27.26
残保金	0	0	0	9.20	5.43
价调	0	0	0	51.94	73.14

第三章　经济发展及物价管控

第一节　固定资产投入

项目洽谈

2007年，完成固投总额为6000万元。其中，北戴河宾馆项目完成3300万元；西海国际温泉度假村等项目2700万元。

2008年，完成固投总额为8000万元。其中，云居山登山公路改造工程、易家河大桥、滑水看台等项目完成近2000万元；庐山西海国际艺术园、西海国际温泉度假村等项目完成近4000万元。

2012年，完成固投总额为19.13亿元。其中，巾口旅游集镇投入12.74亿元（含中信庐山西海度假区项目完成近8亿元）；司马旅游集镇投入6.39亿元。

2013年，完成固投总额为23.218亿元，其中，巾口旅游集镇投入15.368亿元；司马旅游集镇投入7.85亿元（含司马旅游码头完成投资近3亿元）。

2014年，完成固投总额为27.29亿元，其中，巾口旅游集镇投入18.34亿元；司马旅游集镇8.95亿元（含岛屿改造项目完成投资近1亿元）。

2015年，完成固投总额为30.042亿元，其中，巾口旅游集镇投入20.002亿元（含巾口“一路三中心”项目完成投资近5亿元）；司马旅游集镇投入10.04亿元。

第二节　争资争项

2009年，向上申报39亿元庐山西海旅游度假基地基础设施项目（一期）。其中，易家河大桥项目列为国家2009年第四批扩大内需中央预算内投资计划，当年下拨1000万元项目资金用于项目建设。

2010年，向上申报庐山西海旅游度假基地基础设施建设项目（二期）。当年争取国家专项资金2000万元。

2011年，向上争取各类资金238万元。其中，庐山西海柘林至易家河旅游公路项目补助资金80万元；云居山上山公路安保工程项目补助资金158万元。

2012年，向上争取各类资金239万元。其中，云居山上山安保工程资金159万元；易家河大桥到柘林镇1千米道路补助资金80万元。

2013年，向上争取各类资金534万元，其中，永武高速巾口互通至巾口旅游码头公路项目获批资金472万元；易家河道路改扩工程到位资金47万元；争得省鄱湖办补助工作经费15万元。

2014年，向上争取各类资金1487万元。其中，九江市云居山—柘林湖（庐山西海）风景名胜区保护设施建设项目1000万元；公安业务技术用房项目240万元；西海法庭项目199万元；巾口自来水项目30万元；上级补助资金18万元。

2015年，向上争取各类资金1422万元。其中，庐山西海（云居山—柘林湖）风景名胜区保护设施建设项目专项资金1200万元；庐山西海巾口旅游集镇垃圾处理设施项目专项资金100万元；柘林湖湖泊生态环境保护（PPP）示范项目省级专项补助资金100万元；业务经费22万元（物价口10万元、交通口10万元、商务口2万元）。

第三节　物价管理

2014年之前，由于不具备行政执法资格，加上机构、编制没有到位，物价管理这块工作没有正式抓起来，直到2015年人员基本配备到位，这项工作才陆续进入状态。一是联合工商局、综合执法局等相关职能部门加大对景区各酒店、农家乐、旅游景点门票价格监管力度，深入景区和价管一线开展工作。2015年，共开展13次物价检查工作，并对西海水世界、西海蛇园、渔岛等下达限期整改通知书，风景区全年未出现一例有效物价投诉。二是切实做好中信物业、西海水世界水上娱乐、巾口游湖玩水、西海宾馆客房及餐饮等收费事宜的备案工作。三是组织2名物价从业人员参加全省行政执法人员综合法律知识考试，取得行政执法资格。此外，与地税部门密切沟通，2015年实现有效征收价格调节基金70.9万元。

第四章 工商行政管理

第一节 登记管理

一、登记

工商登记

机构成立之前，景区的工商登记一直由永修县柘林工商分局负责。2011年，工商局成立后，登记管理进入正轨。至2015年年底，共登记企业82家，注册资本184314万元。其中，2011年，企业总数为40家，注册资本93334万元； 2012年，新登记企业9家，注册资本 26750万元； 2013年，新登记企业11家，注册资本17410万元；2014年，新登记企业20家，注册资本35820万元；2015年，新登记企业3家，注册资本37407.2万元。

二、管理

2014年3月1日，《注册资本登记制度改革方案》正式实施，注册资本由实缴登记制改为认缴登记制，注册资本登记条件由此得到放宽。之后，景区共登记企业35家。

2014年10月1日，《企业信息公示暂行条例》开始实施，将原来的年检改为年度报告，并由企业在网上自行公示。其中，2013年，应报送年报的企业60家，已报60家；应报送年报的个体户6户，已报6户。2014年，应报送年报的企业80家，已报80家 ；应报送年报的个体户9户，已报9户。整体年报率达100%。

2011 ~ 2015 年新登记个体工商户、企业一览

表 5-9　　　　单位：户、万元

项目 年份	企业		个体工商户
	家数	注册资本	户数
2011	19	4680.00	64
2012	6	35000.00	58
2013	20	9252.00	58
2014	37	59788.00	100
2015	3	37407.20	25

说明：2015年5月7日，根据2012年《九江市人民政府关于进一步加快庐山西海风景名胜区开发建设的意见》要求，柘林镇、三溪桥镇辖区企业及个体工商户移交至永修县工商局，共移交个体工商户档案717户（除保留的湖区个体10户外），企业档案182户。

第二节　市场管理

一、食品市场管理

规范食品流通许可办理程序，严把食品经营主体准入关。至2015年年底，在辖区范围内共办理许可证98张，其中2011年从永修接收72张，2012年新增14张，2014年新增12张。按照国家工商行政管理总局《关于规范食品索证索票制度和进货台账制度的指导意见》文件，加强和督促经营户建立健全索证索票和进货台账制度。至2015年年底，共与食品经营户签订诚信经营承诺书98份。开展食品安全专项检查。至2015年年底，对肉制品、酒类、饮料、食用油、腌制品、婴幼儿奶粉以及乳制品、儿童食品、调味品、山寨食品等开展检查52次，针对销售不合格食品、过期食品、“三无”食品和假冒仿冒食品等违法行为依法查办6起，罚没金额5万元。

市场检查

二、旅游市场监管

2011年开始，加强对涉旅经营户的检查和整治力度，做好旅游市场经营主体资格的

清理和整顿，取缔无照经营和超范围经营违法行为，打击“霸王条款”、不合理收费、销售假冒伪劣商品、欺诈和诱骗游客购物消费等违法行为。至2015年年底，共对景区农家乐、餐馆、酒店、旅行社等经营户开展专项检查60次；开展旅游市场专项整治，重点整治景区消费品市场价格欺诈、胁迫消费行为、格式合同侵害消费者权益等违法行为，至2015年年底，共开展旅游市场专项检查20次。

三、创建无传销景区

2011年开始，每年利用春节、五一、十一、中秋等重点节假日，在景区码头、交通要道、客运车辆集中停靠点等公共场所和人员聚集地悬挂“认清传销本质，自觉抵制传销”为主题的宣传横幅，摆放宣传展板，设立宣传咨询台，发放宣传资料，并通过电子显示屏滚动播放打击传销标语；联合景区相关职能部门对重点区域、重点场所进行集中排查，严厉打击传销违法行为。至2015年年底，共开展打击传销专项行动5次。

四、特种设备监管

2015年11月，质量监督管理职能并入后，2个月内针对港恒旅游发展（九江）有限公司、江西庐山西海国资旅游发展有限公司、中信庐山西海(九江)投资有限公司、江西西海星期酒店有限公司等辖区企业开展锅炉、电梯、气瓶、游乐设施等特种设备安全检查2次，发放特种设备安全常识宣传材料20份、签订特种设备安全承诺书10份。

第三节　商标及广告管理

一、商标管理

2011～2014年，引导辖区企业注册商标16件。其中，2013年，永修县柘林湖农副产品农民专业合作社“张赛芳”注册商标被江西省工商行政管理局、江西省著名商标认定委员会认定为“江西省著名商标”；2014年，港恒旅游发展（九江）有限公司西海温泉假日酒店“西海温泉假日酒店”注册商标被九江市工商行政管理局、九江市知名商标认定委员会认定为“九江市知名商标”；“独一处”注册商标被江西省工商行政管理局、江西省著名商标认定委员会延续认定为“江西省著名商标”。

2011 ~ 2015 年景区注册商标一览

表 5-10

单位	注册商标	使用商品
江西庐山西海国资旅游发展有限公司	图形商标	住所（旅馆、供膳寄宿处）；咖啡馆；茶馆；饭店；养老院；日间托儿所；动物寄养；酒吧服务；假日野营住宿服务；自助餐厅
江西庐山西海国资旅游发展有限公司	图形商标	安排游艇旅行；安排游览；导游； 旅行社；运输、出租车运输；船只出租；汽车出租；潜水服出租；包裹投递
江西庐山西海国资旅游发展有限公司	图形商标	果酒（含酒精）；蒸煮提取物（利口酒和烈酒）、葡萄酒；蜂蜜酒；酒精饮料（啤酒除外）；米酒；清酒；黄酒；料酒；烧酒
江西庐山西海国资旅游发展有限公司	图形商标	茶；茶饮料；糖；蜂蜜；糕点；元宵、米、食用淀粉；酱油；调味品
江西庐山西海国资旅游发展有限公司	图形商标	树木；芝麻；植物；活动物；活鱼；新鲜水果；新鲜蔬菜；蘑菇繁殖菌；饲料；酿酒麦
江西庐山西海国资旅游发展有限公司	图形商标	肉；鱼制食品；腌制蔬菜；精制坚果仁；豆腐制品；水果罐头；水果蜜饯；皮蛋；食用油脂；干食用菌
江西庐山西海国资旅游发展有限公司	图形商标	游戏机；摇船；玩具；钓具；纸牌；球拍；锻炼身体器械；体育活动器械；竞技手套装 旱冰鞋
江西庐山西海国资旅游发展有限公司	图形商标	绣花饰品；衣服装饰品；发饰品；纺织品装饰用热黏合补片；服装扣；服装垫肩；假发；针；人造盆景；竞赛者用号码
江西庐山西海国资旅游发展有限公司	图形商标	体操服；手套；皮带；童装；雨衣；鞋、帽子；浴帽；袜；服装
江西庐山西海国资旅游发展有限公司	图形商标	织物；纺织品制壁挂；纺织品制马桶盖罩；帘子布；毡；浴巾；枕套；床单；家具遮盖物
江西庐山西海国资旅游发展有限公司	图形商标	金属家具；非金属箱；镜子；竹木工艺品；木、蜡、石膏或塑料艺术品；树或植物的支桩；家养宠物窝；装饰用木条；玉枕；室内百叶窗帘
江西庐山西海国资旅游发展有限公司	图形商标	动物皮；动物外套；钱包；旅行包；钥匙包；毛皮制覆盖物；皮制系带；制香肠用肠衣；伞；手杖
江西庐山西海国资旅游发展有限公司	图形商标	纸；卫生纸；印刷品；印刷出版物；期刊；宣传画；绘画仪器；订书机；文具；书写工具

续表 5-10

单位	注册商标	使用商品
江西庐山西海国资旅游发展有限公司	图形商标	未加工或半加工贵重金属；首饰盒；小饰物；人造琥珀珍珠；钥匙圈；银制工艺品；角、骨、牙、介首饰及艺术品；景泰蓝工艺品；钟；手表
港恒旅游发展（九江）有限公司西海温泉假日酒店	西海温泉假日酒店	住所；咖啡馆；餐厅；饭店；预订临时住宿；酒吧；旅馆预订；寄宿处；假日野营住宿服务
九江市庐山西海有机白茶专业合作社	庐鼎龙韵	咖啡饮料；茶；冰茶；茶饮料；糕点；天然增甜剂；蜂蜜；谷粉制食品；谷类制品；豆浆

二、广告管理

2011年开始，严把广告内容审查关，注重广告监管，按照统一版面、指定区域，针对柘林镇大街、焦武公路沿线、易家河、司马段的户外广告进行大力整顿和重点规范，标上广告登记号。至2015年年底，共拆除非法广告牌47处，更新22处。

2012 年景区户外广告登记一览

表 5-11

发布时间	发布地点	发布主要内容	编号
11月3日	易家河村柘林湖土菜馆旁	柘林湖土菜馆	云柘户外广登字01号
11月4日	易家河村李琴泳衣店旁	李琴泳衣	云柘户外广登字02号
11月4日	易家河村渔林管土菜馆旁	渔林馆土菜馆	云柘户外广登字03号
11月5日	易家河村清水鱼馆旁	清水鱼馆	云柘户外广登字04号
11月6日	易家河村柘林湖土菜馆旁	柘林湖土菜馆	云柘户外广登字05号
11月7日	易家河村易家河土菜馆旁	易家河土菜馆	云柘户外广登字06号

续表 5-11

发布时间	发布地点	发布主要内容	编号
11月7日	易家河村柘林湖农家菜馆旁	柘林湖农家菜	云柘户外广登字07号
11月9日	易家河村申氏鱼庄旁	申氏鱼庄	云柘户外广登字08号
11月10日	易家河村天天泳衣店旁	天天泳衣	云柘户外广登字09号
12月3日	易家河村武妹泳衣店旁	武妹泳衣	云柘户外广登字10号
12月9日	柘林镇大街老刘鱼馆旁	老刘渔馆	云柘户外广登字11号
12月11日	柘林镇大街美味渔馆旁	美味渔馆	云柘户外广登字12号
12月14日	司马村东南湾宾馆旁	东南湾宾馆	云柘户外广登字13号
12月19日	司马村柴火饭庄旁	柴火饭庄	云柘户外广登字14号
12月25日	柘林大坝公路旁	七一宾馆	云柘户外广登字15号

2013 年景区户外广告登记一览

表 5-12

发布时间	发布地点	发布主要内容	编号
1月9日	司马村福源土菜馆	福源土菜馆	庐西户外广登字16号
2月15日	易家河村薇薇商店	薇薇商店	庐西户外广登字17号
4月8日	柘林镇沿河路	雁庄园	庐西户外广登字18号

续表 5-12

发布时间	发布地点	发布主要内容	编号
5月11日	易家河村 西海缘土菜馆	西海缘 土菜馆	庐西户外 广登字19号

2014 年景区户外广告登记一览

表 5-13

发布时间	发布地点	发布主要内容	编号
8月13日	易家河村 天意兴酒店	天意兴酒店	庐西户外 广登字20号
9月22日	易家河村 新兴门业	新兴门业	庐西户外 广登字21号
11月7日	司马村 矮子酒店	矮子酒店	庐西户 外广登字22号

第四节　合同管理

2012年开始，积极帮助引导辖区企业、个体工商户参加“重合同、守信用”评选活动。其中，江西西海温泉假日酒店有限公司获2012～2013年度九江市守合同重信用AA公示单位；永修县柘林湖农副产品农民专业合作社获2012～2013年度九江市守合同重信用AA公示单位；推荐中信庐山西海（九江）投资有限公司参加九江市工商局组织的2A守合同重信用公示单位评选。

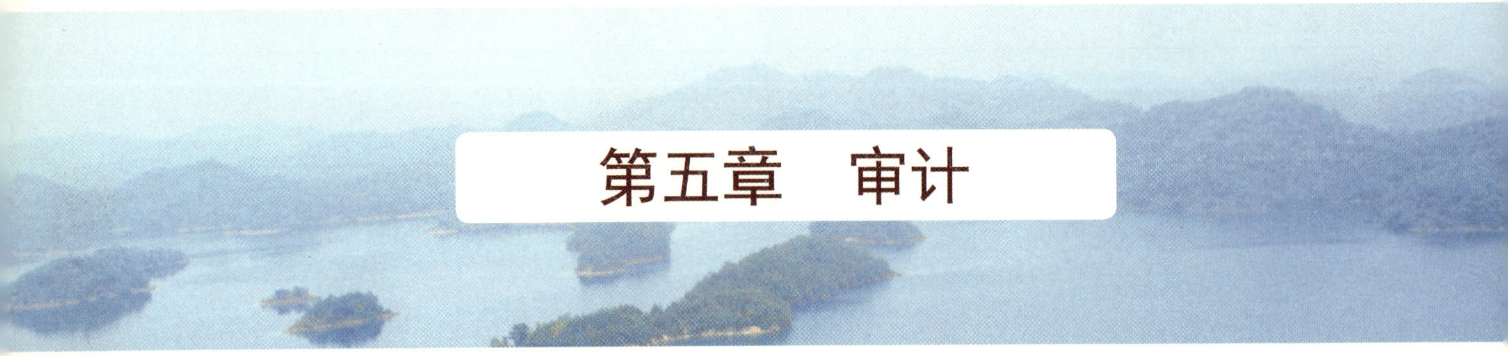

第五章　审计

第一节　经济责任审计

开展审计

2009年6月，出台《云居山—柘林湖风景名胜区政府投资建设项目审计监督实施办法》，对景区西海服务中心主任进行离任审计。2010年成立审计领导小组，对景区2006年成立以来至2009年度的预算内外、政府机关财务等账务进行全面审计。2011年，对景区旅游局、经济发展局等6个正科级单位开展经济责任审计。2012年，对景区2006年成立至2012年11月的财务收支情况进行全面审计。2013年，对景区2012年度财政预算及其他财政预算执行情况进行审计。2014年，对2013年景区财政资金预决算、5个部门及2个公司的财务运行情况进行审计。2015年，对景区范围内11个单位及2014年预算执行情况进行经济责任审计，出具审计报告12份，监察决定书1份，监察建议书2份。

第二节　工程项目审计

2010年，对南线码头改造旅游服务设施工程、南线码头改造停车场地硬化工程、南线码头改造市政园林工程进行结算审计。2011年，对滑水看台场地工程进行结算审计。2012年，对易家河大桥、云居山登山公路、西海景区北码头等工程项目进行结算审计。2013年，对柘林岛屿景光工程10千伏电缆线路及配套工程、湖中岛屿山体亮化样品工程、巾口零星土方工程、巾口旅游码头土方工程、巾口旅游码头排洪渠（涵管接长）工程进行结算审计 。2015年，对北线码头工程进行结算审计。2016年4月，对“一路三中心”（即湖滨大道、行政服务中心、接待中心、码头服务中心）进行工程结算审计。

卷六

群团组织

第一章　人民团体

第一节　工会

一、机构

2013年5月成立，全称庐山西海风景名胜区总工会。属管委会下属正科级事业单位，核定编制4名，设主席、副主席各1名。2016年4月，有主席、副主席各1人。

二、主要活动

2013年5月，机构成立之前，工会工作基本由党政办负责。机构成立后，及时组建云居山景区、桃花溪漂流景区、花源谷景区、神州通旅游股份有限公司、西海旅游股份有限公司等下属机构(企业)的工会组织。2013年5月20日，召开第一届庐山西海风景名胜区工会会员大会，通过投票选举，产生工会主席和副主席各1名，工会委员7名和经费审查委员5名，并有105人加入工会成为会员。

召开会员大会

2013年，帮助安排管委会1名困难职工家属在司马旅游码头做验票员；在司马旅游码头施工现场，自筹资金组织一场防暑降温慰问活动；联合公安分局调解游客中心干挂承包人杨某拖欠工人工资事件；帮助农民工王某讨要右手大拇指因公致残医疗费用2万元；协助农民工王某讨要左腿骨折医疗费1万元。

2014年，联合柘林、三溪桥、江上等周边乡镇举行第一届环庐山西海篮球比赛；积极协调永修县垒旺集团，获赠价值8万元的健身器材，构建职工活动室；积极沟通市体育局，获赠价值2万元的户外休闲器材；积极对接江苏华天集团，获赠价值5万元的书籍及配套器材，搭建“职工之家”。

2015年，联合西海旅游股份有限公司工会开展一次企业安全生产培训会；联合柘林、三溪桥、江上、巾口等周边乡镇举办第二届环庐山西海篮球比赛；建成供干部职工缓解工作压力的图书室、健身房、KTV娱乐室；走访慰问7名退休干部职工；积极宣传省市劳模，全年向市总工会网站报送信息6条；按比例完成上缴工会经费280166元，同比增长81%。

2013 ~ 2015 年景区工会开展文化活动一览

表 6-1

时　间	活动内容
2013年11月	举办一场2013年庐山西海“中国梦”演讲比赛
2014年4月	组织干职工及家属开展“我是谁、为了谁、依靠谁”等座谈会
2014年5月	联合周边乡镇举行环庐山西海篮球赛
2014年9月	举办“实干兴赣——圆梦中国”羽毛球、乒乓球、拔河等系列比赛
2015年4月	组织人员参加九江市总工会举办的第二届“职保杯”职工乒乓球比赛
2015年5月	为每位干职工照片、信息建档，以便送上温馨的生日祝福
2015年10月	组织人员参加市总工会举办的“郎牌特曲”羽毛球比赛

第二节　妇联

一、机构

2013年2月成立，全称庐山西海风景名胜区妇女联合会。属管委会下属正科级事业单位，核定编制4名，设正副主席各1人。2016年4月，有主席、副主席各1人，其中主席不占妇联编制。此外，在涉旅企业共设置妇女工作委员会5个，都配备相应的专职妇女干部。

二、主要活动

开展学习

2013年，印发《妇女法律、法规文件汇编》宣传小册子36份；每个星期利用3天时间开展“瑜伽大讲堂”活动；邀请中国整体形象设计师和形象顾问到景区现场授课1次，组织景区全体女干部职工积极参与“巾帼建功”和“三八”集体创建活动；积极开展景区妇女儿童维权救助活动，结案率达100%；开展春蕾女童十元捐百元捐活动1次；选派景区优秀妇女代表1人出席江西省第九次妇女代表大会。

2014年，在3人以上的机关部门中设立妇女工作委员会；在西海国资公司、清水山庄、星期酒店、西海温泉等涉旅企业逐步建立妇女工作委员会；邀请公安干警为妇女同胞讲授1堂法律维权课；举办1场趣味相投的乒乓球友谊赛；选派景区优秀妇女代表2人出席九江市第十次妇女代表大会。

2015年，开展健康知识讲座1期，法律法规知识讲座4期；成立巾帼创业就业指导志愿队、巾帼维权维稳志愿队、巾帼绿色环保志愿队、巾帼远程教育志愿队、巾帼文体健身志愿队等5个巾帼志愿队，志愿者人数达100多人；围绕“妇女之家”积极开展活动，向《西海信息》投稿12篇。

第三节 团委

一、机构

2013年1月成立，全称共青团庐山西海风景名胜区委员会。属风景区下属正科级事业单位，核定编制4名，设书记、副书记各1名。2016年4月，有副书记1人。

二、主要活动

2013年，团委成立前团的工作一直由景区直属机关下属的团工委负责。2013年，团委成立后按照团结带领广大青年干部爱岗敬业，积极投身风景区建设大潮建功立业这一思路，各项工作正式开展起来。

2013年4月21日至5月4日，联合柘林镇政府、柘林电厂、庐山西海国际温泉度假村、中信庐山西海等单位，分别举办“2013庐山西海共青团‘展青年风采，促景区和谐’五四篮球比赛”和“一个比画一个猜”趣味活动，并为优胜队伍颁发奖杯与奖品。4月27日，开展“美丽西海，扬帆起航——2013庐山西海青年干职工巾口看变化活动”，组织风景区干职工前往风景区巾口项目片区，实地察看项目建设情况，亲身感受风景区发展热潮与重大变化，为项目建设一线工人送去温暖和关怀。6月5日，世界环保日当天，组织青年干职工开展环保专项活动，针对柘林镇至景区北线码头沿途的环境卫生进行清理，在景区相关路段悬挂环保宣传横幅，以维护景区良好形象，促进环保理念深入人心。

举行拔河比赛

2014年，“五四”青年节，联合各涉旅企业，举办“庐山西海‘凝聚青年力量，建设醉美西海’五四青年节大型系列活动”，包含青年摄影大赛、猜谜大赛，成立庐山西海青年志愿者服务队等多项内容。“六一”儿童节，组织干职工家属景区看变化活动。“七夕”情人节，联合信息日报、西海股份有限公司等组织举办庐山西海万人相亲会活动。9月13日，与德安团委共同举办一场“庐山西海——德安青年联谊会”，成功搭建两地青年交友平台。

2014年10～11月，联合机关工委、工会、妇联，举办建国65周年大型系列庆祝活动，通过拔河、乒乓球、摄影、书画多种竞赛形式，展现干部职工多才多艺的风采和奋发昂扬的斗志。10月17日，举办“献爱心，见真情，让您的零钱更有意义”全国首个扶贫日募捐活动，筹得善款1122元，为贫困家庭献出自己的力量。

2015年5月1～3日，开展“微爱一元捐”公益活动，旨在倡议爱心人士捐出1元钱，奉献一点爱，来帮助更多的困难青少年群体。7月，联合机关工委、工会、妇联，举办第一届环庐山西海湖区篮球比赛，以竞赛形式，加强与周边乡镇和企业的联系，增进感情。9月，成立青年电影放映室，通过每周二、三定时播放电影，进一步丰富景区干部职工业余生活。10月16日，世界粮食日当天，组织青年志愿者开展“爱粮节粮”宣传活动，通过发放宣传单、张贴宣传横幅，推广号召广大干部职工、游客爱粮节粮。10月中旬，购置6辆自行车并设置“青年单车便利站”，方便干部职工往返乡镇办事以及锻炼身体。 此外，向上级团委推荐2名优秀团员，1名优秀团干，1个优秀集体和2名优秀个人，并荣获全市青年志愿服务工作先进单位。

第二章　社会团体

第一节　西海慈善基金

一、机构

2014年4月成立，全称庐山西海慈善基金，又叫江西庐山西海武宁景区旅游开发有限公司专户。宗旨在于关心和帮助巾口当地那些丧失劳动能力、因病因灾致贫、寒门学子等弱势群体。最早酝酿是在2012年巾口片区项目工作组开展工作之际。2014年4月18日，资金账户正式设立。

二、主要活动

（一）资金募集

至2015年年底，募集捐助资金4笔，共计17万元。其中，江西省第六建筑工程有限公司孙锦红捐款5万元，武汉长正天成建设工程有限公司黄燕霞捐款5万元，江苏镇江云海房地产有限公司捐款5万元，深圳火种数字科技有限公司捐款2万元。

（二）帮扶情况

2014年8月28日，对巾口乡11名贫困学子进行帮扶，捐助资金共2.9万元；2015年8月31日，对16名巾口乡贫困学子进行帮扶，捐助资金共计2.9万元。

附捐助明细：

2014年景区慈善基金捐助一览

表6–2　　单位：元

姓　名	性别	金额	就读学校	相关情况
王　钟	男	2000	巾口学校	母亲精神不正常，父亲一人务工，赡养两个孩子，两个老人体弱多病
王元威	男	2000		
余珍卉	女	3000	武宁一中	父亲去世，母亲腰椎间盘突出，无劳动能力
余晨曦	男	2000	巾口学校	父亲双腿动手术，家庭贫困
余　浪	男	2000		
王聪冲	男	3000	南昌大学	母亲患肠癌
王　涛	男	3000	南开大学	母亲患系统性红斑狼疮
严　豫	女	3000	巾口学校	单亲家庭
樊雨淇	女	3000	巾口学校	爷爷年老多病，家里三姐妹上学
管伟忠	男	3000	巾口学校	单亲家庭
杜玉环	女	3000	巾口学校	母亲心脏病

2015年景区慈善基金捐助一览

表6–3　　单位：元

姓　名	性别	金额	就读学校	相关情况
卢星缘	男	1500	武宁一中	家庭人口多，上有老下有小，经济条件差
余珍卉	女	1500	武宁一中	父亲去世，母亲腰椎间盘突出，无劳动能力，兄妹读书
余佳维	男	1500	武宁一中	负担重，经济条件差
冷亚玲	女	1500	武宁一中	父亲身体差，负担重
华　锋	男	2000	武宁一中	家庭负担重，缺少劳动力
郭龙鑫	男	2000	武宁一中	体弱多病
王　华	男	2000	河南工程学院	父亲残疾，缺少劳动力
余彩虹	女	2000	武宁职业中专	父亲患病，母亲智力残疾

续表 6-3

姓　名	性别	金额	就读学校	相关情况
居昌建	男	2000	泉州师范学院	负担重，经济条件差
王梦忠	男	2000	九江职业大学	负担重，经济条件差
王华林	男	2000	南昌大学	奖励
陈　静	女	2000	江西财经大学	奖励
张若男	男	2000	江西农业大学	奖励
管仁韬	女	2000	萍乡学院	奖励
黎张楠	男	2000	吉林动画学院	奖励
张毓微	女	2000	集美大学	奖励

第二节　西海旅游协会

一、机构

2009年11月23日成立，全称庐山西海旅游协会。2010年5月4日，经九江市民政局登记注册。协会办公地址在西海温泉假日酒店。2014年4月，协会办公地址变更为司马游客服务中心。协会工作职责和宗旨是遵守国家宪法、法律、法规和有关政策，代表和维护行业的共同利益和会员的合法权益，在景区管委会相关职能部门的业务指导下开展活动，为会员服务，为行业服务，为政府服务，在政府和会员之间发挥桥梁与纽带作用，全面促进景区旅游业的健康、持续、快速发展。

二、主要活动

2010年8月2日，第一次会员代表大会在西海温泉假日酒店召开，参会人员主要有包括各涉旅企业负责人在内共15人，大会通过协会章程、会费管理办法等议定事项，选举产生西海旅游协会会长1人、理事8人、秘书长1人，时任西海温泉假日酒店总经理李春当选为首任会长。2014年4月2日，涉旅企业座谈会召开，会议在听取旅游协会成立4年来的工作情况汇报后，表决通过由时任风景区党委副书记、西海旅游股份有限公司总经理于先葵担任西海旅游协会会长。

卷七

法治工作

第一章　公安　消防

第一节　公安

一、队伍建设

（一）思想教育 2012年，推行中共党建1234工作制度。2013年，开展“整治‘小鬼难缠’优化发展环境”专项活动。2013年，开展以“创建文明单位标兵、争当文明执法先锋”为主题的争创青年文明号活动。2014年，开展党的群众路线教育实践活动。2015年，开展“三严三实”专题教育活动。2015年，开展“秉公执法、人民公安为人民暨严查突出问题、严格队伍管理”教育整改活动。

（二）岗位培训 2012年，开展春季晨跑活动。2013年，开展夏季水上应急救援演练活动。2014年，开展“大培训、大练兵、大比武”集中教育训练活动。2015年，开展“江、湖、海”冬泳竞技活动。2015年，开展以“政治、业务、体能”为主要内容的教育训练活动。

（三）公安宣传 2013年5月，推出“流动警务”新举措，切实“把警力放在游客身边”，设立党员110示范岗。2013年11月27日，“平安西海”腾讯官方微博正式上线。2014年7月1日，成立全省首个“柯善梅警务室”，践行“学习柯善梅，做个好警察”活动。2014年9月，开展“警力跟着游客走，平安成庐山西海另一道风景”活动。2015年12月3日，“平安西海”官方微信正式上线。

（四）队伍管理 2013年，公安分局出台《队伍建设实施方案》《内务管理制度》。2015年实行层层签订廉政责任状，从严治警，落实领导责任制。

（五）**创先争优** 至2015年年底，荣立集体三等功1次、个人三等功5次，有2位民警获评“全市优秀人民警察”。公安分局获市县级“先进基层党组织”“创建平安景区先进单位”“青年文明号”“机关效能建设先进单位”和“服务项目建设先进单位”等荣誉称号30余项。

二、治安管理

（一）**案件查处** 2008年9月，办理打架斗殴案1件。2010年2月，办理桃花溪漂流景区门楼被油罐车撞毁交通事故案1件。2012年5月，办理聚众赌博案1件。2012年10月，办理泰国居民阿布、阿丽两人非法入境、非法居留案1件。

（二）**治安检查** 2006年4月至2011年12月，按照“逢季必检、逢假必检”的要求，检查的对象主要是接管后的岛屿和景区景点。2012年2月至2015年年底，围绕实现重大治安、刑事案件“零发案”，重大治安灾害事故“零发生”，检查的范围扩大到境内的加油船只、宾馆酒店和农家乐餐饮店。

治安检查

（三）**保卫工作** 圆满完成风景区每年度重大活动，每年度“两节”（元旦、春节）“两会”“五一”“十一”等重大节假日旅游高峰，重要敏感节点和重要领导到访的安全保卫任务，如：2013年“9·26”、2014年“4·22”、2015年“4·1”“7·28”和“9·3”等，成功确保保卫对象的绝对安全，确保重要时段景区旅游道路交通安全有序畅通、社会治安持续稳定。

第二节　消防

一、业务开展

2008～2014年，由于人手和硬件等客观原因，基本没开展业务工作。2015年，完成西海宾馆、管委会家属区住宅楼等重点工程的消防审批手续。此外，开展夏季消防检查、冬春火灾防控工作、餐饮场所燃油燃气消防安全大排查大整治等系列专项治理行动。全年共检查社会单位86家次，发现火灾隐患68处，整改66处。同时大队结合景区特点，在“防灾减灾日”“119消防日”期间，面向广大游客普及消防安全常识。协调移动、电信等通信单位向广大游客发送消防安全温馨提示短信。

消防检查

二、设施建设

2015年前，受客观条件限制，大队靠租房办公，没有设置营房。发生火灾主要依靠永修、武宁两地消防队伍救援，难以在第一时间赶赴。随着景区进一步开发，特别是人流、物流的进一步集中，消防安全形式日益严峻，概率大幅增加。基于此，在景区范围内建设消防营房势在必行。根据《九江市消防事业发展“十二五”规划》和《城市消防站建设标准：建标152-2011》要求，2015年12月7日，经风景区党政联席会研究通过，将巾口码头北侧约1公顷土地划拨给庐山西海风景名胜区消防大队用于营房建设。2016年3月11日，九江市不动产登记局颁发了“中华人民共和国不动产权证书”，同意划拨坐落于武宁县巾口旅游码头北侧（湖滨大道西侧）面积9526平方米土地给予庐山西海风景名胜区消防大队作为营房建设用地。2016年4月，营房建设已经立项，规划正在办理中。

第二章　法制

第一节　法制宣传

2006～2010年，侧重《风景名胜区保护条例》等法律法规宣传。2011年8月后，工作逐步得到理顺、充实和规范，由政法委、公安分局和综合执法局共同负责。

2011年，由公安分局牵头开展水上安全法制宣传活动和从业人员安全防范知识讲座，对渔民们进行法律知识、水上安全知识宣传；对辖区内的13处景点、3家宾馆的221名从业人员进行安全防范知识的讲座。综合管理局、旅游局、执法大队、国土资源局、海事处、港航所等5个单位开展集中宣传活动，在景区设置集中宣传点4个、出动宣传车8台次、悬挂标语10幅、发放宣传资料500余份，对《风景区管理条例》、安全生产、旅游安全、水上安全等方面的法律法规进行集中宣传。

2012年，大力开展综治宣传月活动，综治办通过板报、墙报、大横幅标语及发放普法读本、防火知识读本、借助问卷调查等方式开展综治普法宣传工作，同时，组织涉旅游企业利用广播、墙报、电影、书画作品、唱山歌等群众喜闻乐见的宣传形式开展法律宣传。执法大队、综合管理局利用宣传车、讲座、培训等形式开展森林防火知识、安全生产、珍稀动植物保护、生态资源保护等工作宣传。

2013年，大力开展综治宣传月活动，综治办通过板报、墙报、大横幅标语及发放普法读本、防火知识读本、发放问卷调查等方式开展综治普法宣传工作，同时，组织涉旅游企业利用广播、墙报、电影、LED屏等群众喜闻乐见的宣传形式开展法律宣传。综合执法局、工商局、消防大队等部门，利用宣传车、讲座，培训、发放公开信等形式，开展风景名胜区管理条例、总规、森林防火知识、安全生产、生态资源保护等工作宣传。

2014年，开展综治宣传活动和安全生产知识宣传活动。通过板报、墙报、大横幅标语及发放普法读本、防火知识读本、开展问卷调查等方式开展宣传工作。同时，组织涉旅企业利用广播、墙报、电影、LED屏等群众喜闻乐见的宣传形式，开展法律法规、反邪教宣传，使广大干职工、群众及游客对平安创建工作耳熟能详。

2015年，通过诚邀媒体（九江电视台）、悬挂横幅、LED显示屏、发放宣传册、展板等多种形式集中开展综治宣传。由安委会牵头组织成员单位、相关职能部门在司马游客服务中心进行集中宣传安全生产知识，普及全民安全生产意识。按照《关于做好预防学生溺水工作维护社会稳定的通知》要求，与所在地乡（镇）政府、学校、派出所联手宣传、形成合力，特别注意在经常游泳的水域竖立“禁止游泳”的温馨提示牌，确保溺水事件零发生。

第二节 法律顾问

2008年，管委会开始聘用法律顾问。其中，2008~2011年，聘用南昌名大律师事务所担任法律顾问，主要就景区项目建设、招商引资合同等进行咨询和把关。

2011~2015年，聘请江西康润律师事务所担任法律顾问，先后就景区资产收购、巾口片区项目开发等合同文书，进行把关、审核。

第三节 审判工作

2015年9月，西海巡回法庭开始受理案件，至2015年年底，共受理案件25件，其中，环境污染责任纠纷案件1件，结案6件；至2016年4月，西海巡回法庭共受理案件33件，其中，环境污染责任纠纷案件1件，结案19件。

开庭审案

卷八

艺文

第一章 文学

第一节 韵文

云居寺孤桐

（唐）白居易

一株青玉立，千叶绿云委。
亭亭五丈余，高意犹未已。
山僧年九十，清净老不死。
白云手种时，一颗青桐子。
直从萌芽拔，高自毫末始。
四面无附枝，中心有通理。
寄言立身者，孤直当如此。

游云居山寺

（唐）白居易

乱峰深处云居路，共踏花行独惜春。
胜地本来无定主，大都山属爱山人。

云居温泉

（唐）白居易

一眼汤泉流过东，浸泥烧草暖无穷。

骊山温水今何事？流入金铺玉砌中。

戏答佛印

（宋）苏轼

远公沽酒饮陶潜，佛印烧猪待子瞻。

采得百花成蜜后，不知辛苦为谁甜。

戏答佛印偈

（宋）苏轼

百千灯作一灯光，尽是恒沙妙法王。

是故东坡不敢惜，借君四大作禅床。

云山温泉

（宋）苏轼

石龙有口口无根，龙口汤泉自吐吞。

若是众生本无垢，此泉何处有寒温？

云居祐禅师烧香颂

（宋）黄庭坚

一身入定千身出，云居不打这鼓笛。

虎驮太华入高丽，波斯鼻孔撑白日。

咏云山温泉

（宋）王安石

寒泉清听永，独此沸如焚。

一气无冬夏，诸阳自废兴。

人游不附火，虫出亦疑冰。

更忆骊山下，铿然雪满塍。

吟云山温泉

（宋）朱熹

连山西南来，中断还崖起。

干宵几千仞，据地三百里。

飞峰上灵委，众壑下清美。

建兹势力穷，犹能出奇伟。

自题写照

（宋）了元

李公天上石麒麟，传得云居道者真。

不为拈花明大事，等闲开口笑何人？

登云居

（宋）黄庭坚

瘦筇扶我上稜层，眼力穷时脚力疼。

天上楼台山上寺，云边钟鼓月边僧。

四时美景观难尽，半点红尘到不能。

白发庞眉老尊宿，祖堂秋鉴耀真灯。

游云居

（宋）苏轼

一行行到赵州关，怪底山头更有山。

一片楼台耸天上，数声钟鼓落人间。

瀑花飞雪侵僧眼，岩穴流光映佛颜。
欲与白云论心事，碧溪桥下水潺潺。

石　鼓

（明）真可

悬空架地力能移，怪石为匡藓作皮。
无孔铁锤敲便响，传留直下不须疑。

无心杏

（明）真可

有实无心事最真，难将此语对傍人。
只需自己亲尝嚼，始信欧峰别样春。

吟桂花

（明）魏源

岂在山森老年华，男儿踪迹遍天涯。
登临要折蟾宫桂，赏玩须观御苑花。
志气胸中藏日月，文章笔下走龙蛇。
他年大展拿云手，压倒江南宰相家。

（此诗系魏源十三岁所作）

题吴王峰

（明）知州马淮

大瓜种出玉玺见，小瓜种出王业兴；
三仙不辅汉天子，白鹤空传秋气凝。
郁郁地维落吴楚，苍烟宿草迷钟陵；

阿瞒有瓜属典午，江左终偏势莫乘。

莲花城

（清）元鹏

空盘岩谷到城渠，万壑楼台瞰十虚。

五叶凤麟腾祖窑，六朝烟雨绘僧庐。

芙蓉翠前鸿朦拥，雉堞山开混沌余。

尤快地灵呈幻力，华心擎出古皇居。

明月湖

（清）音往

应是园湖爱上流，不然奚涌此山头。

泉飞雪练三千尽，月吼云居四百川。

空谷冷吞冰峤古，乱峰擎出石盂秋。

寒光吸尽归何处？万壑奔雷一镜收。

云居石船

（清）音明

渡生已毕似闭舟，恒泊云湾溪水头。

不住中流藏此壑，何年撑出竹林秋。

云顶田

（清）赵之俊

一犁春雨万峰巅，霄汉何人事耦耕。

稻秫不须谋栗里，桑麻到处即桃源。

牛郎果见来天上，布谷分明向日边。

若是青畴需灌溉，银河平挽月湖前。

莲花城

（清）戒显

崔嵬云头涌平芜，面面青峰拱一湖。
雉堞天然成绣部，龙蟠空外似蓬壶。
千层台拥浮幢寺，十丈莲拈泰华图。
窒达门开通衲海，西江冠绝梵王都。

赵州关

（清）音可

河北曾闻赵老关，倩谁移至在云山?
须知不涉关津者，拍掌吁呵去不还。

明月湖

（清）元兴

平湖涌出乱峰头，一派浮空压众流。
万丈冰涛奔月窟，千重雹雨撼龙湫。
桥横古岸沉谷碧，钵拱当门倒影幽。
绝顶廓开青嶂眼，团乐占断海天秋。

钵盂峰

（清）戒显

莲峰簇簇绕华台，一钵中央倚镜开。
对寺面看云捧出，当湖直逼海浮来。
波心影落潜龙怖，洞口香薰罗汉回。

挂起德山难着手，岩头何处捞如雷。

石船

（清）元鹏

竹林烟里石船浮，万壑奔涛砥逆流。

吩咐篙郎齐着力，莫教泊在半山头。

佛印桥·谈心石

（当代）虚云

坡老崇佛夙愿深，谈心石上畅幽情。

碧谷桥畔留古迹，云任卷舒本无心。

四海欢腾尧天日，泽被苍生庆和平。

信义真诚曾留带，云僻溪桥标印名。

云山纪游

（当代）萧克

云山在望幸重游，崖岸清泉不断流。

水打电机山欲颤，明月倒挂小山沟。

浪淘沙·云山

（当代）邵式平

云山万丈高，青烟束腰，襟带龙凤千里飘，风景独数这边好，物华丰饶。

建国要勤劳，集体英豪，同心同德论略韬，意气风发脱颖出，请看今朝。

庐山西海采风诗稿并序

吴震启

2010年5月7至10日

岁在庚寅初夏，应邀参加中国中信集团和中国友联画院及九江市人民政府联合主办，庐山西海风景名胜区承办的全国著名艺术家“走进生态鄱湖，聚焦庐山西海”采风创作活动。余同刘大为、李荣海、曹全新、张道兴、杜滋龄、马振声、朱理存、萧瀚、谢志高、詹庚西、蔡超、程振国、胡宝利、周荣生、邓维东、孙纸钧、贺成才、陈钰铭、张复兴、王梦湖、王增祥、周志高、李洪海、张桐胜、王保胜、杨大洲诸名家和黄磊、李青、徐文君、祝先进、石峰、孙小东、秦永忠、贾立勇、练炼、袁东来诸君，畅游庐山西海，享绿水青山。尽洗尘心，磋文论艺。诗情澎湃，流而成诗。草成一卷，以壮此行。并呈良师益友斧正。永昊并寄予庐山西海温泉6620灯下。

客庐山西海温泉

身似浮鸿飘若歌，人生有梦汇星河。

京华四望真颜少，此地青山绿水多。

西海印象

名称西海实为湖，万绿丛中嵌碧珠。

此地居民皆隐士，陶公世外不觉孤。

遥望匡庐

身临西海不思还，一世能得几日闲?

面晤匡庐成夙愿，尘心洗尽再登山。

庐山漫咏

汲来西海作云烟，云烟缥渺隐神仙。

神仙来去无牵挂，牵挂多时难上天。

西海温泉

此地为生信有缘，朝行暮宿亦悠然。

炼丹服药多成鬼，洗尽尘心即是仙。

题 画

水自闲吟云自飞，神仙到此亦难持。

画家赖有生花笔，偷得真山满载归。

云居山

缘何四季有云居，太上老君炼丹基。

大圣当年炉踹倒，取经回访几神知？

饮山谷泉醉吟

寒食跋语代相传，修水长流山谷泉。

若使今宵同醉酒，时人一见便呼仙。

柘林湖

山水相依倍有情，当年一诺并肩行。

而今儿女出林秀，爱似白云四季生。

吴 城

百鸟同人共一城，相亲相爱亦相生。

猿能进化还食肉？怎忍相煎手足情。

三爪仑

三爪终归九岭收，不知历尽几千秋？

人生爱发如生命，大地焉能光着头。

武陵峡

谁夺鬼斧运神工，妙境移来韵未穷。

戏水疑将笔砚洗，色流成画入龙宫。

西海温泉

庐山西海有温泉，此处曾经沐众仙。

体健更应方寸美，绝知洗浴即参禅。

西海温泉客次有寄

陶公邀我话桑麻，未见东篱菊灿花。

细问缘由公不语，中天月色照谁家？

雨中游柘林湖

其一

绿水青山是我家，游人到此漫相夸。

岛中仙女难约会，细雨又织新面纱。

其二

大象无形说破禅，原来妙悟在云间。

佛山到此知观止，净水相逢既是缘。

其三

雨中访岛为何求？笑语欢声共一舟。
绿洗尘心浑忘世，青山伴我梦云游。

其四

修水修长修此湖，亚洲一坝画成图。
仙人到此不思返，也效陶公隐匡庐。

其五

水深鱼乐俩无猜，明月清风不惹埃。
六祖坛经谁记得？禅心会处在天台。

其六

鸥鹭无机不可欺，人心莫测便成疑。
青山处子同一境，梦向天然怀抱归。

其七

画家到此夜难眠，西海美人飘若仙。
纵有乡音连日唤，行程恨短不思还。

其八

美景佳人任我挑，快门摁下总难逃。
经年底片留心看，怎忘初逢一聚焦。

其九

良辰美景任情裁，更有佳人入镜来。

踏遍青山何所恋？庐峰西侧访仙台。

其十

世人何故重黄金，争到头时夜已深。

绿水青山无价赏，缘来幸福在童心。

其十一

湖光山色美难收，万种风情与世流。

我有诗行留小住，童心不老画中游。

北京至南昌机中感怀

肉体凡胎百岁长，青烟一缕梦还乡。

来生若转花与草，秀遍天涯地不荒。

承德医学院成立杏林诗社嘱作于西海车中

华佗远比佛陀诚，治病活人最有情。

我信诗歌能入药，丹心一片济苍生。

庐山西海赋

涂家凰

庐山西海，浔城之璀璨明珠，豫章之绝世美景。

尔其雄踞江右，瑞聚四城。南望衡岳苍苍以巍峨，北观匡庐嵒嵒以葳蕤，西眺长江荡荡以汹涌，东瞰鄱湖茫茫以以汹涌。千岛柘林湖，镶嵌于永武两邑之通衢；天上云居山，险居幕阜山脉之奇境。庐山西海，六景斑斓似画屏。青石湖花鸟依依，莲花城禅风醇醇，鹿角尖桃花夭夭，桃花溪漂流怡怡，百湾宫岛湖迷迷，红岩潭碧水盈盈。

溯夫古艾圣地，共系幕阜一脉，五县同邑；海昏秀域，同饮修江一水，二邑互亲。

常念太白鼓琴于松门山，乐天唤渡于杨柳津；又忆沈公独居于东田，东坡泛舟于顺济。西有危楼，常念岳阳楼范公作记，政通人和，忧国忧民；南有雅阁，又忆滕王阁王子赋序，天宝物华，人杰地灵。

若乃登坝游湖，高坝壁立兮雄浑，傲居亚洲土坝冠首；群岛星罗兮灿灿，胜似东方蓬莱仙滨。湖水澹澹兮缀绿，欧山隐隐兮呈青。泛舟览胜，秀林吐绿，芳草袭人。水母游弋于湖中，蝴蝶比翼于花亭。伫岛立屿，云蒸霞蔚，隐逸胜似桃源；笛横箫吹，怡情休夸宫瀛。且夫烟雨空蒙，近观绿叶若珠若玉，远望青山时现时隐。千岛迷蒙，恰似处子眉黛，宛若仙女浴淋。

至若巇路蹑云，登欧峰之脊颈，攀莲城之绝顶。真如兮大士所庐，云居兮冠世绝境。欧峰之巅，云烟氤氲，神清气爽，天浑地成。莲花城，环城峰峦以叠嶂；明月湖，环湖碧水以澈清。昔骚人无数，独爱云居。真可寻访于欧峰禅林，戒显独喜于五潭龙吟。虚云餐风宿露创业，了元豁达开朗著文。将军塔、魏源墓、乾隆刻、人鹤共舞石，尽释海昏谜案；马喷泉、天葬坟、朝天简、吴文化遗址，独彰古艾神韵。

至于莲城、花谷、青湖、泉坳，景景画意诗情；真如、圆通、云门、瑶田，处处禅曲梵音。石床石鼓、石鸡石船，谱写传奇经典；摩岩石刻、铜佛僧锅，彰显佛禅底蕴。

盖修江水滋润一批批俊秀，幕阜山孕育一代代豪强。魏源公荐贤举能，清正爱民，约规制纲；雷发达筑殿建堂，立诚守信，树式标样。续之治经于匡庐，公择读书于山房，李燔讲学于白鹿，吴白创学于云阳。

巍巍乎云居山，汲天地以灵气，沐日月以神光；泱泱乎柘林湖，纳清泉以淼淼，吐修水以汤汤。借盛世之风，励精图治，奋发图强；乘改革之机，举棹扬帆，再创辉煌！何其幸哉，浩浩西海！何其乐哉，滔滔修江！

乙未年正月初八日初稿于鄱西斋

二月二十二日修改于庐山西海

西海印象二首

柳鸿斌

（一）

天上云居禅一日，
西海梦幻三百天；
水母桃花仙未老，
人鹤共舞六亿年。

（二）

云居九重参禅意，
醉卧西海听鱼音；
桃花溪里桃花笑，
五龙潭中五龙吟。

题云居山真如禅寺

柳鸿斌

坐看云起山不见，
山在云中修几重？
农禅相依天缘共，
莲花城唱莲花峰。

观天葬峰有感

柳鸿斌

清风朝天去，
孝感天葬峰；
吴王今安在？
骏马化白龙。

第二节 散文

云居山重修真如禅院碑记

宋 晏殊

山岳配天，庐阜标其秀；江湖纪地，彭蠡擅其雄。盘址崔嵬，层渊秘邃，中画剸国，外罗邑居。灵真之所回翔，川涂之所衝要。宽柔有教，世号南方之强，戒施俱修，俗虔西竺之化。由是苾蒭净侣，雾集乎郊坰，丽跂仁祠，棋分于都鄙。云居山者，建昌之胜境也。前控章水，左界庐峰，崇峦隐其造天，复岫森其蔽日。外壁立以千仞，中坦然而一方。油云郁纷，阳林以之晝暝，积雪凝沍，阴谷于焉夏寒。真如禅院者，兹山之净土也。枕倚苕嶤，盘据平敞，超彼色界，屹如化城。焕百宝之庄严，压万景之明灭。香花襞积，十善之人是依。象马纷纭，六和之众攸集。其始也，唐元和中有高僧道容，渡杯游方，顿锡兹地，少林隻履，既谋于定居，祇园侧金，乃兆乎缔构。容师去世，其徒全庆、全诲续而住持，譬为山一篑之功，不止起于壘土，九层之业已成，影像倏其云亡，轨躅沦其莫嗣。中和岁，道膺禅师者，得洞山之密契，为南宗之伟人。

始居庐陵，化道弥盛，将赴贵池之勤请。适届豫章之大藩。时南平钟王傅，素仰道风，方持戒律，摄衣延见，虚左相待，亦既接弥天之妙辨，且欲驻出世之高蹤。会此邑人与本院僧徒等，诣府抗辞，请扬真谛。南平即日欣然许之。黑白欢喜，人天景从。登狮子之座，抚纳众生。宣海潮之音，开导群品。南平于是奏赐额曰：龙昌禅院。津梁大辟，星纪载更，将示民于有终，俄与物而共尽。南平叙其遗懿，闻于帝庭，诏谥曰：弘觉大师。继师之化者曰：道简，继简曰：道昌，继昌曰：怀岳，继岳曰：德缘，继缘曰：怀满，继满曰：智深，继深曰：清锡，继锡曰：义能，继能曰：义德。一灯是续，十代于兹。既而世变风移，人亡政息，虽灵光之制，岿然独存，而夔相之宾，去者过半。禅枝摧其落荫，觉路浩其扬尘。时道齐禅师居洪井之双林，传法灯之要旨，梯航所会，遐迩争趋。僧众等越境致恭，愿移法席。师亦牢让不获，濡足来暨。凭五衍之轼，正道有归；航六渡之舟，迷津响附。听一音者如聆韶蓢之韵，翕纯而自怡；霑一雨者如沐睢涣之流，藻缋而增丽。鸿荫既广，胜幡既扬，复归其真，无怛不化。今禅师契环实奉遗音，绍宣法轮。环禅师智乃出家之雄，心存接物之念，佩菩提之密印，悟佛上乘，传达摩之信衣，仍当世嫡。真风一阐，名流四臻，提倡丛林，作归救之所；宣扬义海，无戏论之讥。由是三江繁会之区，比屋富饶之俗，倾依大士，想像能仁，修饰伽蓝，期追二梵之福。喜捨珍藏，靡惜万金之才。度木也，取徂松甫柏之良；择匠焉，得班输王尔之妙。萃之以日力，鸠之以岁功，即旧以谋新，其规益壮；因高而俯下，其制增严。斤斧挥风，筌绳揆景，丹梁画拱，矗虹蜺之蜿蜒；缥瓦朱檐，烁鸳凤之腾跂。髹彤焕烂，琳碧精荧。广厦重深，坐迷于凉燠；清防窈窱，倏变于朝昏。夫其秘殿森罗，金容海藏之攸设，华堂濬敞，宿德缁流之是依。门闱洞开，楼观岑立，馆库爰辟，于以峙乎糗粮；浴室宏立，于是涤乎尘垢。宾馆在塾，津桥亘途。山泉脉引以通沟，石磴环周乎翠潋。莫不经营有渐，轮奂增华。易圭律者二十秋，登奥阼者五百室。矧良畴别墅，并列于郊坰；而峻宇重扉，咸新乎制度。信所谓广大悉备，规模宏远。华鬘宝相，永籍于闲安；白足方袍，长资于宴坐。丰功博利，罔不宣臻。洪惟圣皇，丕阐元化，敦崇像教，奖贲空门。大中祥符元年，诏改赐今额。芝泥玉检，降泽云霄；银榜璇题，生辉岩谷。足以表昌辰之崇奉，增率土之归依，彰胜果于妙严，赞景业于无量者也。夫道靡不在，谅周于大方，民罔常怀，实宾于众善。若乃起居净界，深证于真常，迴入尘劳，广施于饶益。如环师之精进，夐出于等伦，抵璧捐金，仰资于佛事；移风易俗，渐暨于度门。如此方之信向，特越于思议，宜乎高岸为谷，壮丽之功不骞；大海扬尘，鸿明之福常茂。予缮性非利，属辞罕工，风波之塗，方悼于沦滞，虫篆之作，徒欣于赞扬，避命不遑，濡毫增愧。铭曰：兜率储精，迦维降灵，身超十地，智广三明。揭披戒品，宣兹法乘。揄扬善利，济渡群生。奏入汉阁，经传中夏。仰式佛土，兢崇精舍。想像青鸳，形容白马，制轶耆山，功超鹿野。江阳旧壤，宫亭奥区。屹乎翠屺，回若仙闾。招提是托，肸蠁潜扶。谷鸟衔供，山祇让居，奄宅一方，代有名德。大海为藏，圆珠在裓。忍草林滋，狂猿槛匿。泡电徒奔，雷云岂息。绍我正法，惟吾导师。腾凌慧日，茂蔚禅枝。续佛慧命，作人轨仪。四生是仰，八部为依。长者参禅，都人预会。闻法施金，投诚献盖。喜捨珍玩，增修梵界，雾委珠璎，星罗宝贝。瓌材致用，良工效奇。辩方审曲，测景裁基。彤镂土木，贸迁岁时，聿成大壮，有焕新规。华闳崇脺，雕楹巨丽；俨若神运，孑如翚致。宝像莹煌，华钟沸渭。无量之缘，于兹具备。天垂紫诏，帝锡嘉名。煌煌宝篆，肃肃高甍。真祇翊护，雅俗欢荣。常资妙善，以赞隆平。净众依投，编氓向慕，道阐八正，人亡五怖。劫石有尽，溟波有驻。惟此丛林，湛然常住。

答佛印了元禅师

宋　黄庭坚

启：往来庐山云居之下，闻道誉籍甚，而不得不讚，文言句多传中朝士大夫门。望风怀想则勤耳。忽辱示书，存问勤恳。小人沉迷俗状，去道甚远，何以得此于善知识也。末缘参对，愿为甚忍世缘。谨奉状。

与云居教首座

宋　黄庭坚

伏奉禅师七月七日遗书。承即以是日薪尽火灭，魔事炽然，法幢摧折，人天所共悲仰。伏想山中异类悲鸣，草木变色。凡诸外护仁贤，谁不哀痛？闻阇维有偈，恨以世谛束缚，不能往同法会。今送香一合，并烧香颂去，幸为告白，匆匆，万不一陈。

重修云居寺记

明　张位

云居，江右名刹也，峙南康郡之建昌，汉晋以来名欧阜。地以人显，则咸称佛印禅师，然非肇自佛印也。唐元和中，僧道容始居此山，取名云居禅寺，传灯阐教，寻有道膺禅师丕振法席，门徒甚盛。南唐时赐额：龙昌禅院。宋有道简、怀岳、元裕等十八师，嗣演法化。由是了元禅师号佛印者出焉，与苏子瞻、黄鲁直诸贤同游，机锋蕴籍，载记堪徵，而精蓝由兹愈显，后赐名真如禅院。比其时，相传庄庵四十八所，米麦茶蔬盐醯油酱、竹木薪炭仓庾储峙，纤细毕具。明天顺、成化中，尚存僧房五百余间，比丘庆思实修复之。嘉靖末，大圮。所遗惟碧溪桥、讲经台、安乐殿、罗汉塔、赵州关，故址隐然。游者怅叹。思其盛而惜其衰，徒见山水苍茫而已。夫山以水胜，山高而水广尤胜，云居外峻中平，上有明湖，汪洋停蓄，布润涵灵，盖自湖废为田，斯刹与俱废，乡豪利其田而入重税，僧不敢问。万历戊子，有二僧夙交于云居最久，因对予述刹之废以湖，而湖之终不可复以税。予识之。次岁北上过九江，与兵宪王公谈之；既入京，晤建昌令蔡君，详言之。皆力任去税复湖。遂令山僧俱情于道邑，更买田与豪易，而薄其税，事乃就绪。予复捐金为濬湖费，明月澄波，镜光圆满，而能任善士日相与谋。议兴复因缘也。先是，山有古钟。居民移去圣水塘，而钟体偶璺，后弃还山，而璺复合。万历壬辰，其钟不击自鸣者数日，适燕京万佛寺住持洪断上人应运而至，夫岂偶然哉！上人负大智力，具大法眼，闭关三载，戒行著闻。万历丙申，圣皇太后遣中贵到山，挂幡赐金及紫金衣等物，因葺左右禅堂。辛丑，丹阳贺观察子学仁，从而翁旧守南康，遗爱斯在，谋建殿方丈之前，时乏栋梁大木。有近山檀树颇巨，民惮其神，不敢伐。忽一夕猛风，大木斯拔，颠末无损；同夕，上林魏氏风拔塚树数十株，尽随喜兴造，而殿材遂备。常熟缪征君希雍、金坛于比部玉立，共铸释迦铜像高丈六，雄丽耸瞻。癸卯，复蒙圣母皇太后施渗金毗庐佛铜像，高丈余。赐藏经一部，建阁贮之，延僧检阅。其天王殿、佛蓝殿、钟鼓二楼及山门、寮舍次弟告成。洪上人日偕徒众朝夕焚香诵经，仰祈圣母、圣天子福寿万年。而岿然名刹一旦复前代之旧焉。诚哉，其不偶然也！上人因属记于余，余惟丛林之建，有因人而胜者，有因地而胜者。高僧出世，肇教阐法，传派广而道脉绵长，是其人焉。而地待以兴者，胜境发祥，风环气绕，灵基故而奠安弘衍，是其地焉。人待以成者也，两者具而胜事籍以为不骞，然人其本也。嗟乎！山河大地，一切幻景。圆明真性，不朽常存。若夫创造庄严，供设充备，用以擅美一时，应缘扶教，是称有为功德耳。至其精严戒律，修明福慧，树雄幢、震法鼓，俾九宇庇其宗风，千禩沐其甘露，始也因相吾心，既焉得心忘相，末后则心相双泯，魏魏朗朗，与太空相为无敝，是称无相功德。在仁者自忧为之。余固不能赞一辞矣，遂记之以复于洪上人。

云居山真如禅寺募缘疏

明　王肯堂

紫柏大师尝为余言：云居名丛林，唐宋以来，以祖师禅预传灯者十有九人。其境亦胜绝，而以久湮，莫克兴复为叹。余存之于心不敢忘，今法侣缪仲仁自山中贻余书，报余以云居之复已有绪，则京师万寿堂诸缘师之力。而持来者，即其徒也。时已创建禅房三十六间，且次递建大佛殿，将化木于赣州，而属余为之疏。余方有奇冗，而来僧告去甚急，聊走笔草数语以塞其来意。夫阎浮提众生，以财为民，而施者不乏，故佛种不断也。然吾闻之，造寺法用，不可楷定。随其施主，物有丰俭。虽量力而作，然须用心精诚，故须达为凡之时，卖肉得财，居钱当是贱出贵。常愿荒俭，虽富于财勇于义；由秽心故，以此造寺终遭煨烬。祇陀心净树还为生，由是观之，化者施者不慎乎。若夫所在护持佛法僧伽蓝，以辅助儒教国法而行，则固吾高祖、成祖二圣之意，而贤牧守化民易俗事也，余何赘焉。

募造释迦佛铜像疏

明　于玉立

《林间录》云：金刚般若经以无住为宗，破相荡有，纤尘不立。而乃快说福德，至以三千大千世界，七宝为称量。《宗镜录》云：菩萨行般若时火烧三界，内外物俱尽，于中不损一草叶。夫如是，直得维摩默地，犹隔一尘。而更说有说无，妙智徒劳，剑去久矣！即今诸缘师募化诸善信，造丈六金身，直下与《林间》、《宗镜》所说同一时节，诸人若欲蓦取，但发尽施心。发尽施心，即施心不可得，即释迦老子现前矣！愿诸善信深究予言，何止破悭吝城，当且澈法源底也，伏惟珍重。

题云居寺疏

明　董其昌

诸缘上人弘法于京师之万佛古刹，遂为宝坊，既又去喧就寂，住锡之建昌云居。膺简道场，但存废址，上人悯焉。诛茅结宇得三十楹。夕梵晨钟，安处徒侣，稍还旧观矣。维是鼎新古殿，鸠工为难，是在十方助成胜果，请予一言，为之前导。夫智波罗密，婆娑胜于香积，则檀波罗密，云居必胜于京师；何则？财施虽均，难易区别也。京都所籍者皇宫内院，云居所籍者十方信心士大夫故耳。讳缘其永肩之。

《云居山志》序

清　李道泰

辛亥初秋，南州奇旱，祷祠不应。有言：“云居五龙潭，昔五老人曾于讲座听法者。”因与乡民登山谒祠，蓋予绾艾绶两载，瞻礼白云有日，兼闻燕雷和尚高风，只于数行笔语，未随参谒，兹乃一至云居也。燕和尚弥天朗朗，如湖中明月照人。继晦山老人席，远近倾参。茶话之余，出《云居志》相示，且索一序。

予谓自瑶田至绝顶，目接步经，林表图披，指中点出赵州一关，道俗不闭，明月泓水，常流人间。一部志书，和尚未尝秘不示人。盘跚岭白，行吟湖青，石桥坐月，茆屋编烟。一篇洒落文字，苏黄不用著笔。今日乃欲使薄书俗吏，弄笔墨于云窦月窟中，不第云月笑人，恐苏黄诸公后，不宜有此唐突耳。和尚笑曰：“山川文字，原相表里”。居士欲以双眸读云山现成文字，不如使世人以现成文字读云山。则自瑶田一举足，便晓得赵州道俗不闭关。更使湖心流水，去在人间，临流掬清，皆有明月在胸中。即他州殊郡，得翻阅此志，拈道容诸古德一则，皆作白云天际想矣！

燕和尚以此志，大鸣山上石鼓，灌入人间耳中。予不得不为雷门一进棒槌也。

五吕先生祠记

清　符廉中

山脉发于昆仑，水源浚于星宿，至绵连于天下也。遂有五岳四渎之望，虽支流蔓衍不可纪极，然必以岳渎为宗。吕氏之在修江，著姓也。考厥家乘，受姓于唐尧，分封于夏周。其昆仑星宿乎迨至于后，或以文章名，或以功业显，代不乏人，而芗山吕氏之五贤为尤表着。殆犹山有岳，水之有渎。云五贤者何？长曰德艺、次曰德明、又次曰德文、德昭、德远，兄弟俱立雪于文公之门，“正心诚意”四字咸得其宗。在当日鹿洞之讲究，犹洙泗之授受也。孔门十哲异姓，朱门五贤一家。道学风微，群相景止；三凤之称，县志载之；学成而隐，府志嘉之；教约学规，可宗洞志尤纪其详。于是，鹿洞隆从祀之典，修江有时祭之思。子孙宗祀，芗田有堂翼然，大抵六合之内孰非。其家塾群英继起，孰非其曾元修江，芗田又何谕焉？予以乙卯夏初，奉命振铎兹土，环顾山水之秀甲于豫章，诸邑应为贤豪堀起之地，思先代典型为此邦重者，必有其人。俯如所议，候详允日，行令各该造册里书，于弊米内抽拾肆石伍斗，将本寺原丈升科之粮为其抵除，只存本寺原额米壹石捌斗在户当差，其原丈田地查照字号，登附县志之末，永为官产，仍于本山竖碑为记，不许豪强观觊觎，亦不许僧徒私卖。若僧有力垦种，听从其便。倘至成业，岁有常收，仍令赴县告给印簿，登记租利，量贮余资以为修葺本寺之费。庶清丈之粮额有归僧徒，不致赔累，而禅寺之古迹赖存，奸豪不敢侵渔矣。

康熙四年三月初八日，掌建昌县事沈为恩查旧规，德胜新造，以永香火，福隆万年。事据云居真如寺住持肇隆具呈前事，内称云居古刹，历朝祝圣，香火四十八代祖庭，佛印诸祖弘演宗乘，典籍照肽。明季暂废，山田寺产尽遭势豪所占。幸万历年间，有江右护法东阁张相公宏誓重来，随有北僧诸缘垂念祖庭残毁，募化圣母娘娘差中贵来山，重建佛殿，铸像颁藏，法席重光。但本寺地踞万仞，难以募化，彼以寺前空地辟草开荒，高阜为地。予谓自瑶田至绝顶，目接步经，林表图披，指中点出赵州一关，道俗不闭，明月泓水，常流人间。一部志书，和尚未尝秘不示人。盘跚岭白，行吟湖青，石桥坐月，茆屋编烟。一篇洒落文字，苏黄不用著笔。今日乃欲使簿书俗吏，弄笔墨于云窦月窟中，不第云月笑人，恐苏黄诸公后，不宜有此唐突耳。和尚笑曰："山川文字，原相表里"。居士欲以双眸读云山现成文字，不如使世人以现成文字读云山。则自瑶田一举足，便晓得赵州道俗不闭关。更使湖心流水，去在人间。临流掬清，皆有明中在胸中。即他州殊郡，得翻阅此志，拈道容诸古德一则，皆作白云天际想矣！

燕和尚以此志，大鸣山上石鼓，灌入人间耳中。予不得不为雷门一进棒槌也。

游云居山纪事

清　袁懋芹

素以营败，名以识愆。深居闭息，引寂辞喧。返忆昔游，后古今先。常故山之入梦，睇云岩之际天，年华逝也，游兴勃焉。十月十一日，霜天如洗，暖云护日。晨起命驾，夕造梅林刘卓人。尔为二甥款留，值其母孺人予老妹七旬诞辰，因纪遭乱苦节，作诗一首，题馆柱一联，作大书三四幅。十八日至峡坪，家侄来后依住内弟吴坤祥家，产子未周，修韶丰干为之开颜。雨夜一宿。次日至圆通寺，坤祥来后从焉。礼明一禅师龛像。予与禅师有四十五年交，圆寂未久而门庭不振，塔基未定。将启请山中耆宿为之经理，了此一段因缘。乃竟日苦雨，住持僧又外赴佛事，通夜帐惘。翼日睛，上云居。坤祥、来后分道从峡坪上，予从瑶田进，期总会于葛公亭。僧德真从焉。便道过观音崖，茶叙毕，险步夷舆造葛公亭，二公候之久矣。“无乃饥乎？”对曰：“山果狼戾，手口未停。尚有馀粮以犒从者。”乃缓步礼晦山和尚塔。过明月湖，湖水澄练，芜蔓皆除。行者曰：“此近日淘湖之功也。”由碧溪桥，佛印遗蹟未泯。循罗汉垣，颛老苦行犹存。入真如院，山门列予隶书一联，不记何年书也。进而楼殿焕若，廊庑翼如。异目上人多才，得其次第如此，然亦劳矣。佛家以言为赘疣而多撰述，以身为旅居而夸堂构。予尝以名心求解脱于澹归老人，老人曰：“此老僧所不能除也。修丹霞，刻语录，所费不资，非名心如何？是又一道乎？作诗一首，赠异公。夜话，讯颛老人明月堂，见毁之。故曰前继席者事，某将构之。但惜老人自书明月堂匾无存。予已领诺重书矣。夜深不寐。僧有能言苏黄与了元故事者，因忆戴天馥、陈友龙酬僧诗，乃追和一首。

次日晨起，作草书数幅以应诺诸方之求。山中纸贵，负妙明、慧如等诸大德五六幅字债。而行至仰天窝，予明季避乱读书处，与住持明上人同参颛愚老人。老人与其嗣法方融法玺时相往返，晤谈竟日。物换星移，感慨系之，作诗一首。值雨一宿，为坤祥改游山诗五、七言各一首。早斋罢，霁。将出，而持纸索书者不已。笔败心悠，略酬而已。德真病不能从，普心、狮文二行者从。下关房旧一跬步地，甫放足如骏马驰坡，顷刻可至。予《仰天窝夜游诗》，写之如画，兹成奇险天堑。支以杖，两人翼之，寸移而下，异哉！何昔夷而今险也？路旁巨石依稀可认，恐昂头笑人矣！老僧拽杖相迎，蹙然曰：“四十五年刹那耳”。予俯首疑之，老僧号品方、半山功行，首屈一指，名徒贯耳。坐而道旧，乃昔之法身沙弥也，年亦六十馀矣！惊叹久之，一时山色苍蔚，刹宇庄严，皆品方真修之报。作诗一首赠之。品方有兄法净，号冰白。少与予洽，今流浪下世。雨阻有怀，作诗一首。是日书客堂匾。邀云贮月。求山门［云关］隶书二大字，许之。草书大小数幅。是行也，奚囊纸書，山寺纸亦尽。不自嗤耗纸鬼乎？次日晴，乃廿四日也。由北路下山，山景比南道较胜，即景成诗一首。出山过焦埔，沽酒饷舆从，饮者皆摇首扪腹。予食二干饼而行。见妇女鍚粧，僧众艳服，鼓吹游嬉于蔓草之野，不知何故，掩面过之。薄暮抵家，家人讯山行事，颓然如失。顷乃薄粥充饥，淡酒解愠，挑灯缘笔记之以代言。

云居圆通禅院斋僧碑记

清　袁懋芹

原夫名山列大圣之居，胜地占高僧之座。自教外别传之道启，所以奔走天下之学徒者，疆域之所不能限，寒暑之所不可间者也。此为法而开求人之门，为人而开行脚之路也。然而依云难宿，餐霞不饱。给孤起自须达，兰若遍于恒沙。安云游而栖道侣，转食轮以畅宗风，事至备也。故自航海而南，多千楹并矗之刹；大江以西，无十里不刹之乡。无何，道寝衰矣！若夫釜尘甑蛙，瓶钵凄然者，曷怪彼碧殿绀宫，田连仓朽，分寮列舍，呼鸡豢豕。亦复深居闭户，偃仰狼餐，厌行李为浪子，逐饥路以前驱。朝廷立僧户以免差，檀越施金钱以作福，委功德于河汉，指感应为杳冥。因祖宗立法之未全，故子孙沿习之日，敝浸淫至，此良可叹也。有明一上人者，雉发于仰天窝，继代为觉空之长嗣，传戒登伞居之首座，朝参暮忏，以焚呗为修行。任士耕山，以辛苦作佛事助。兴瑶田古寺，三载功行既圆。再造光引旧基，八相庄严，具备别业。圆通兵火瓦砾，相后山之阳，卜永兴之址。山势回环，地形爽垲，上接天窝正脉，下当云居孔道。于是缁素摩肩，教流接踵。云水至止，如归香积，随缘应供，此上人之独修行果净诸业于三途。广宣济度引群生于十地者也。尤且法海宏深，愿山高巩，金鸡衔粒，永供十方，灵鹫炊烟，弘济万品。正恐贤智后起，竖同室之藩篱。庸愚继生，堕末路之陷井。属予文以记其事，约以条其禁。总以智慧妙圆，内徹色相，根行豁达，外绝人我，形之有为，为圆通缔构之因。归之无为，结诸方应缘之果。凭此懿行，表诸贞珉，恃兹慈力，爰及苗裔。

第二章　艺术

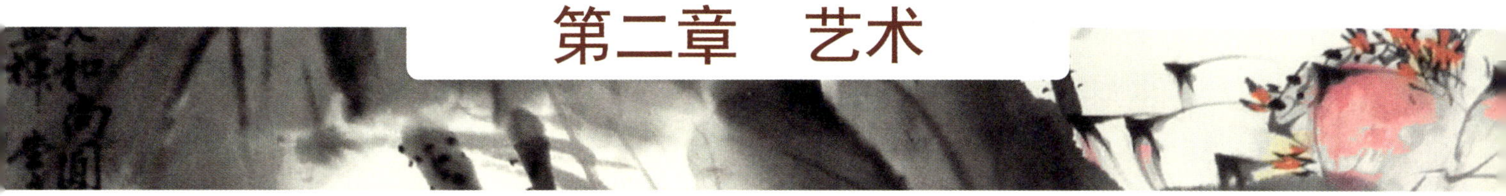

第一节　歌曲

云山禅林

1= F $\frac{4}{4}$
中速 祥和从容地

谢秀琦　词
文　莉　曲

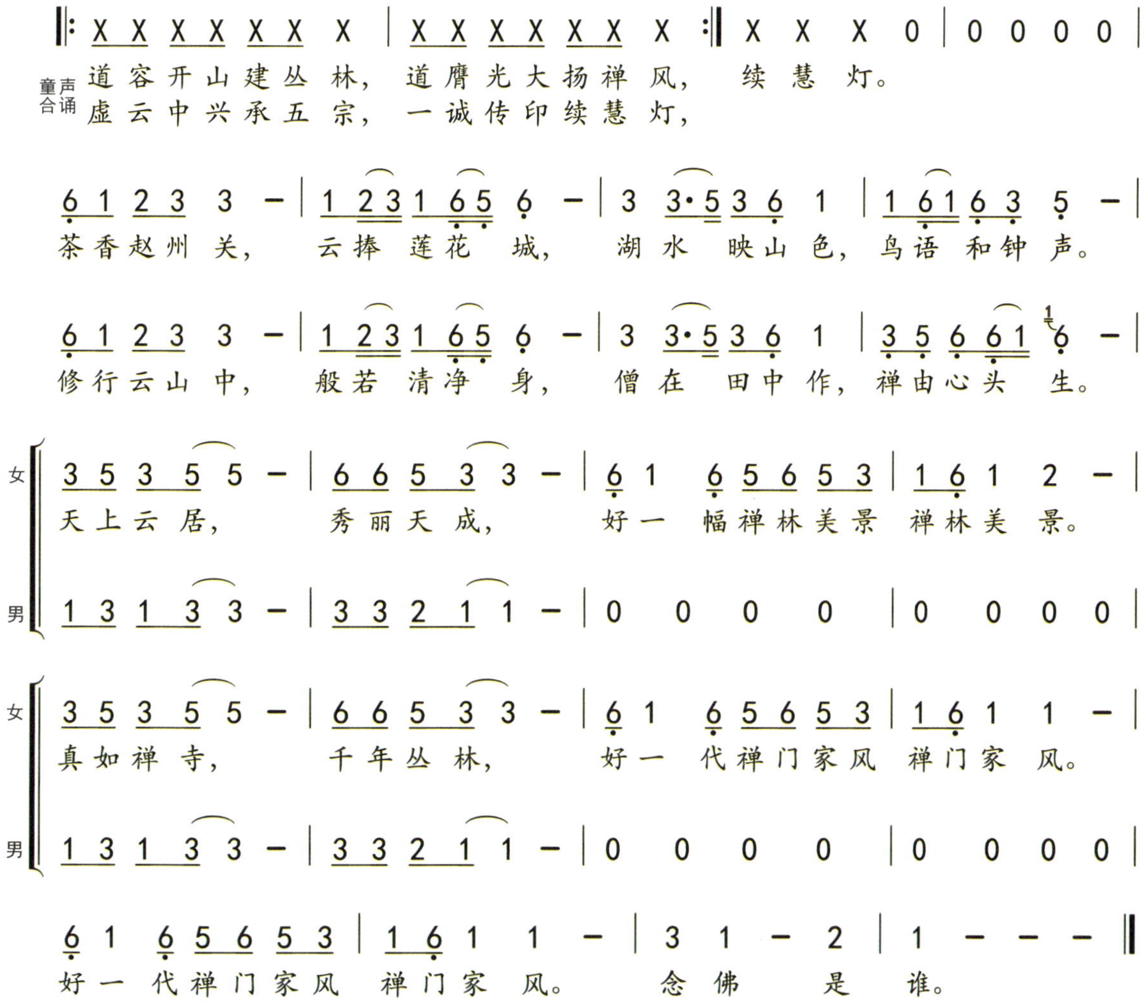

西海眷恋

（女声独唱）

钟 杰 词曲

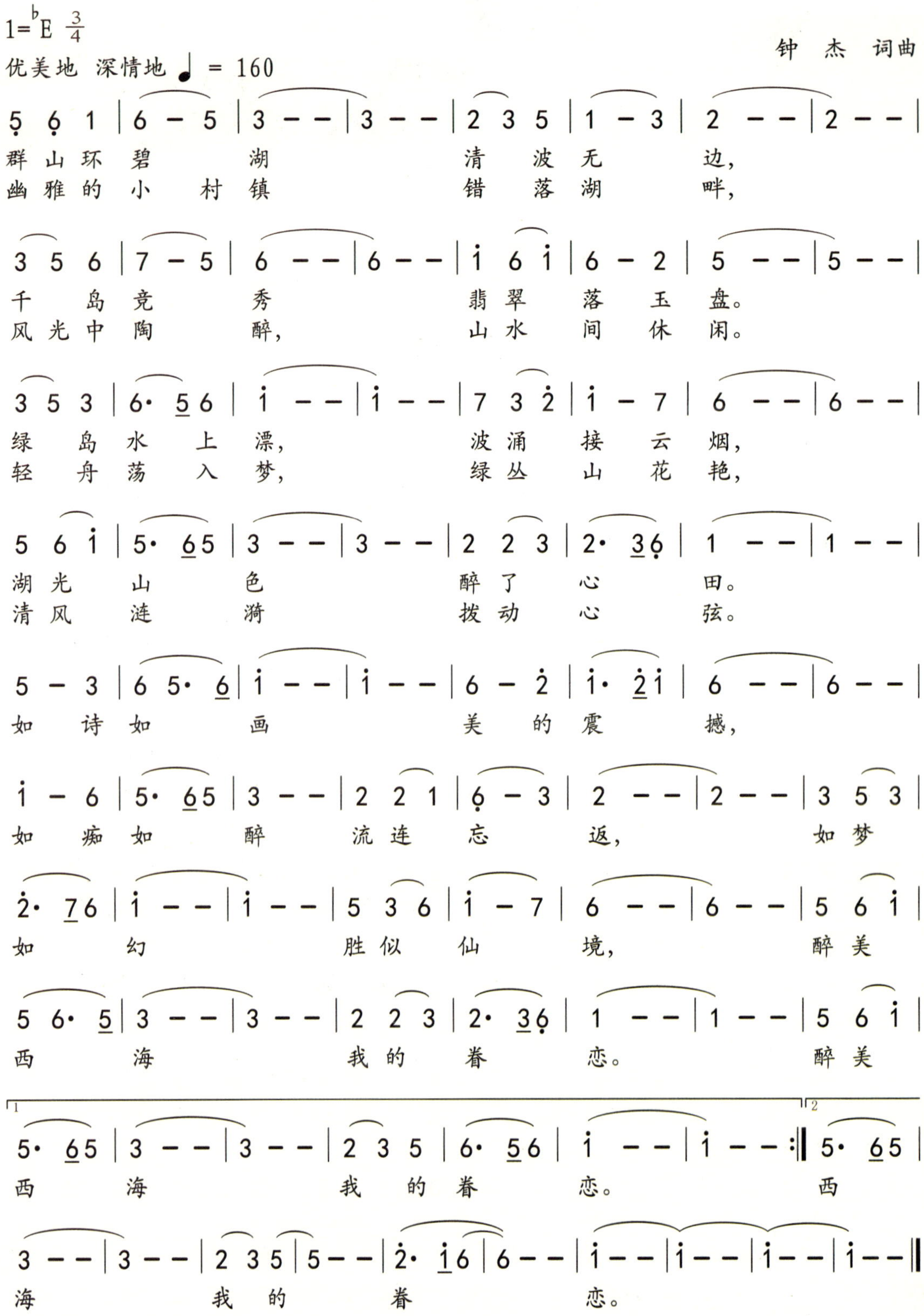

西 海

1=♭B 4/4
原生态 自由地

陈特明 词
熊纬、小戈 曲

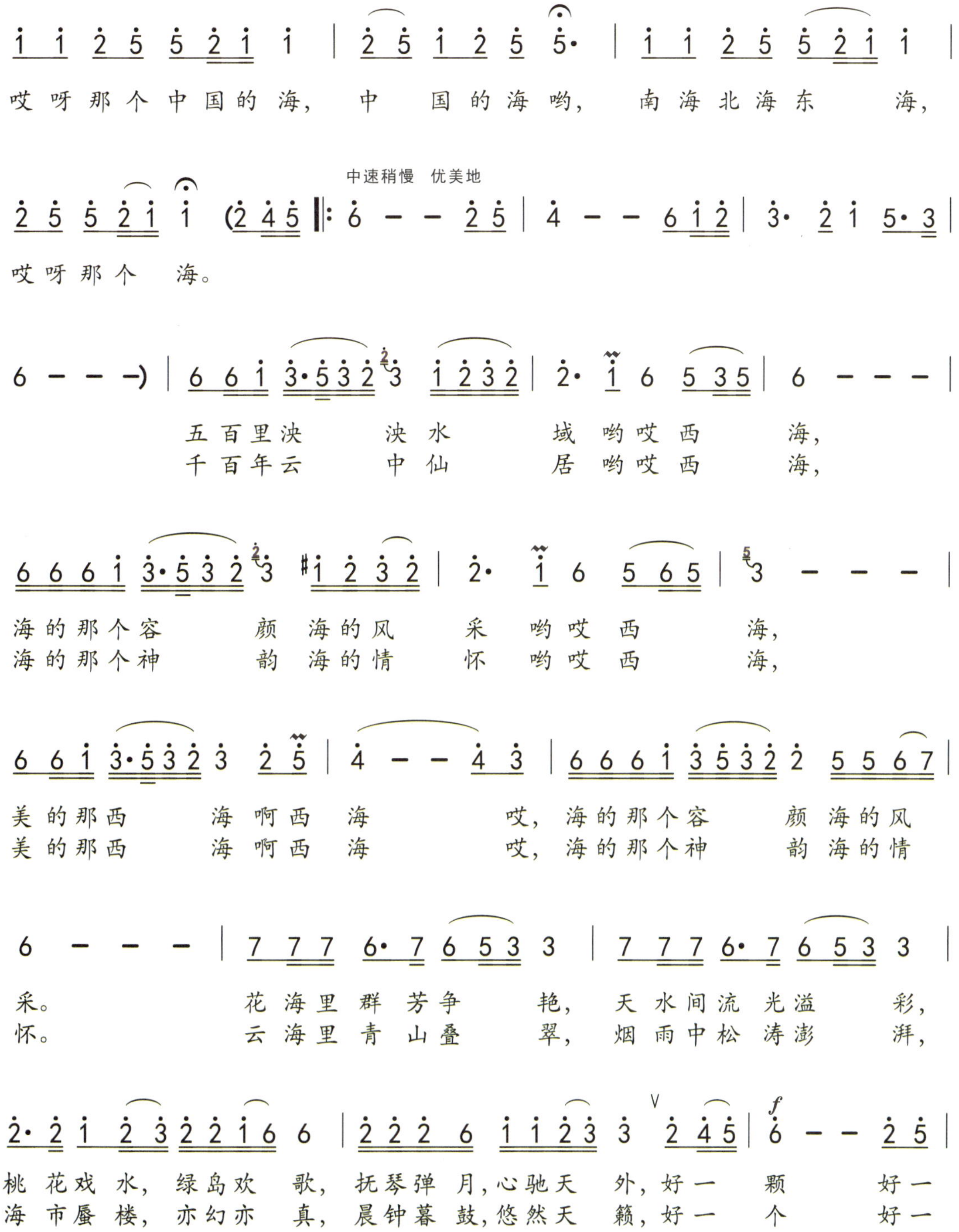

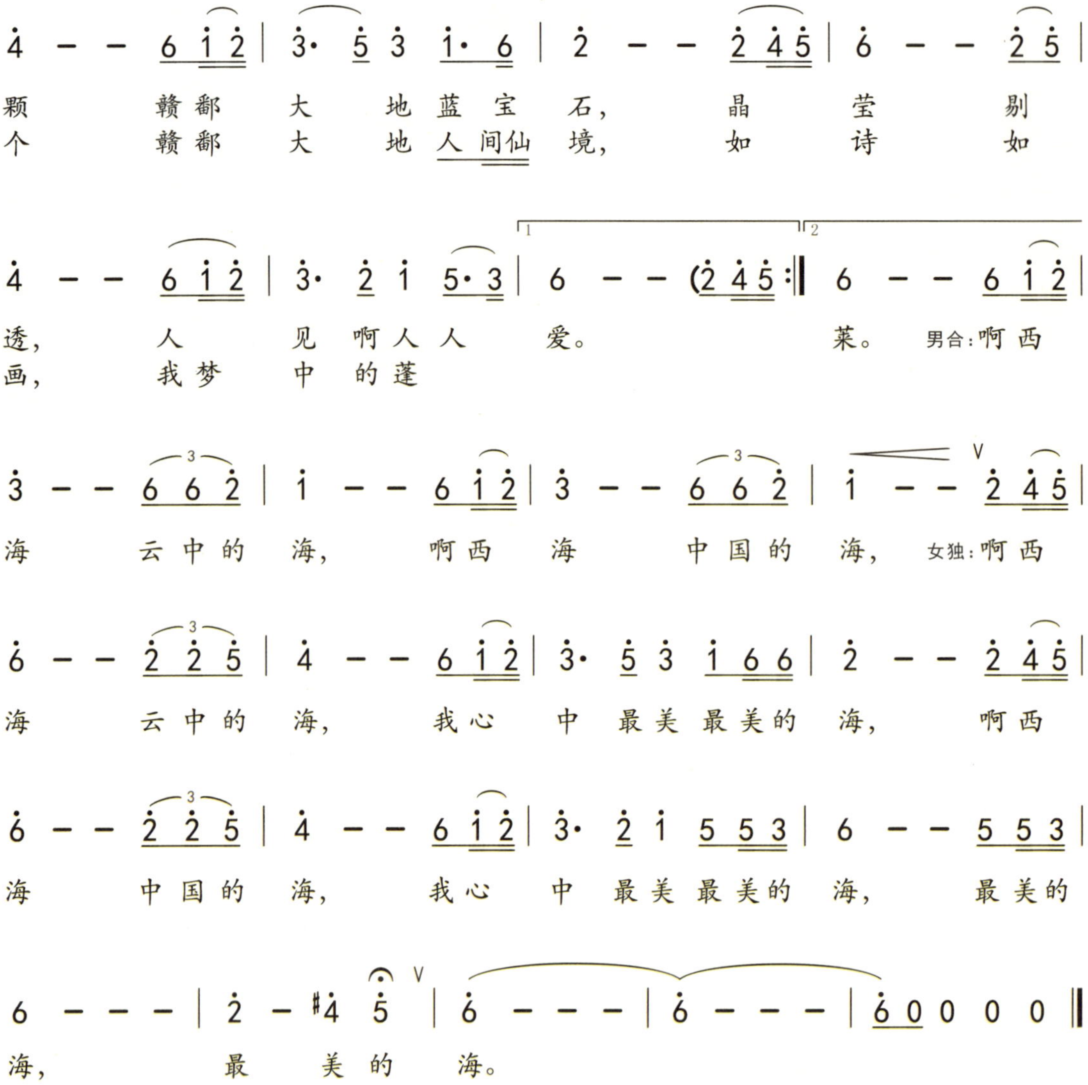
颗 赣鄱 大 地蓝宝 石, 晶 莹 剔
个 赣鄱 大 地人间仙 境, 如 诗 如
透, 人 见 啊人人 爱。 菜。 男合:啊西
画, 我梦 中 的蓬
海 云中的 海, 啊西 海 中国的 海, 女独:啊西
海 云中的 海, 我心 中 最美 最美的 海, 啊西
海 中国的 海, 我心 中 最美 最美的 海, 最美的
海, 最 美 的 海。

柘林湖的姑娘

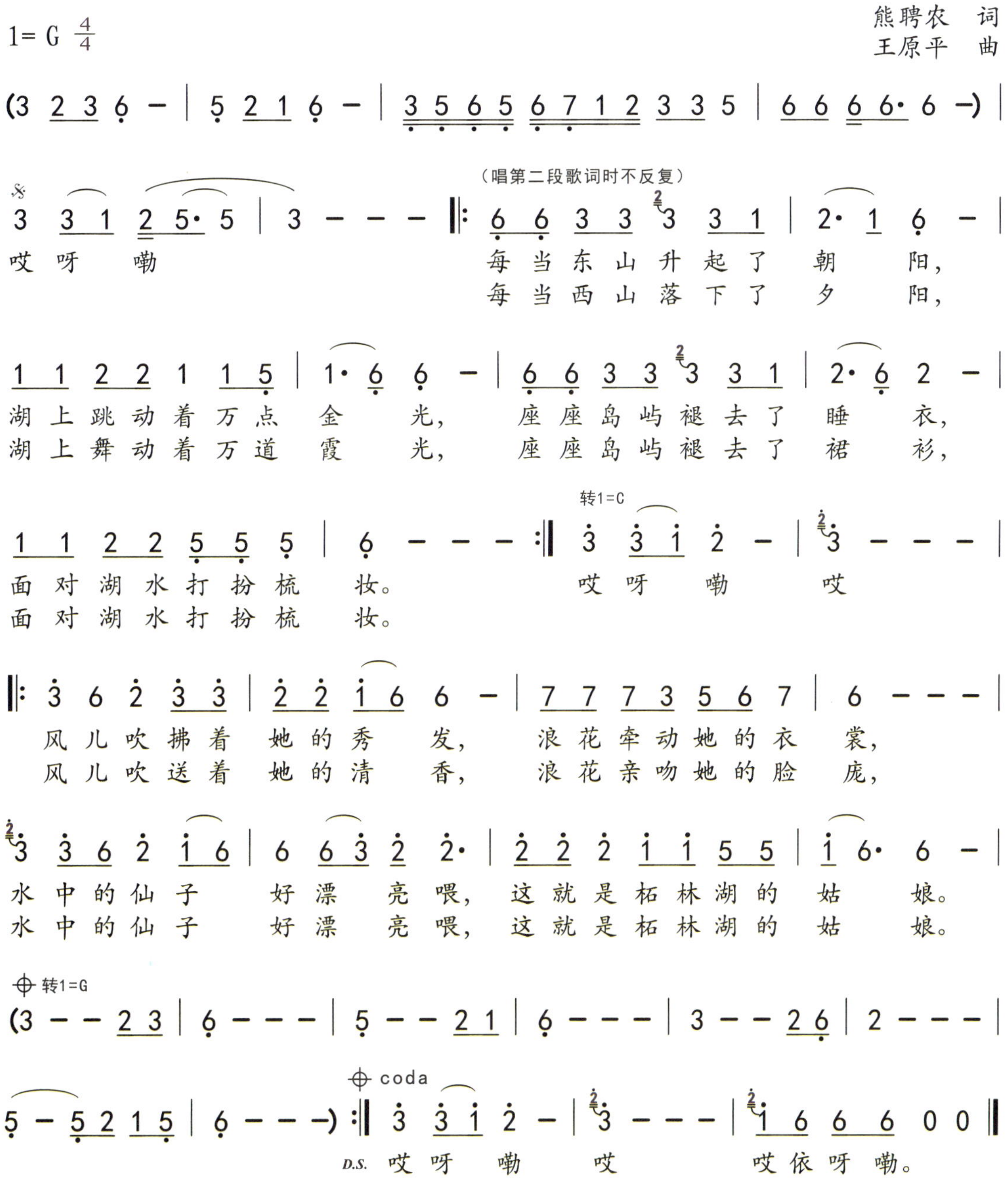
1= G 4/4
熊聘农 词
王原平 曲
（唱第二段歌词时不反复）
哎 呀 嘞
每 当 东 山 升 起 了 朝 阳，
每 当 西 山 落 下 了 夕 阳，
湖 上 跳 动 着 万 点 金 光，
湖 上 舞 动 着 万 道 霞 光，
座 座 岛 屿 褪 去 了 睡 衣，
座 座 岛 屿 褪 去 了 裙 衫，
面 对 湖 水 打 扮 梳 妆。
面 对 湖 水 打 扮 梳 妆。
转1=C
哎 呀 嘞 哎
风 儿 吹 拂 着 她 的 秀 发，
风 儿 吹 送 着 她 的 清 香，
浪 花 牵 动 她 的 衣 裳，
浪 花 亲 吻 她 的 脸 庞，
水 中 的 仙 子 好 漂 亮 喂，
水 中 的 仙 子 好 漂 亮 喂，
这 就 是 柘 林 湖 的 姑 娘。
这 就 是 柘 林 湖 的 姑 娘。
转1=G
coda
D.S.
哎 呀 嘞 哎
哎 依 呀 嘞。

第二节　书法绘画

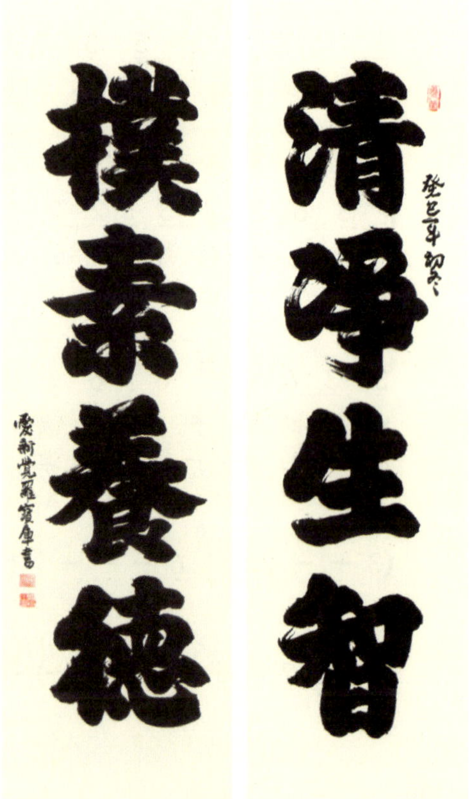

冥心虚寂

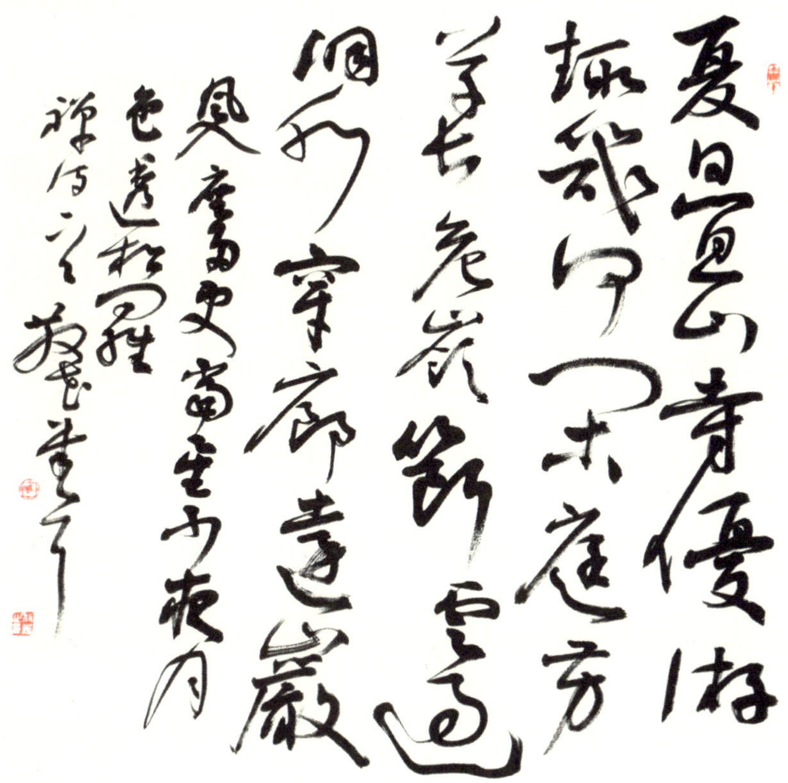

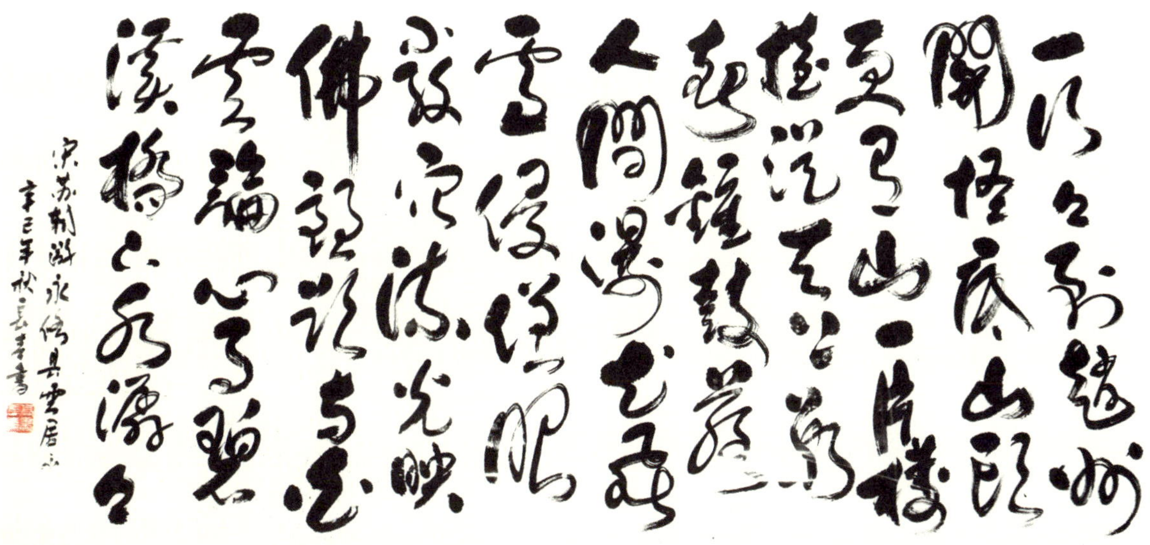

慮懷慈悲莊嚴相
歲在甲午夏月 李衛民書

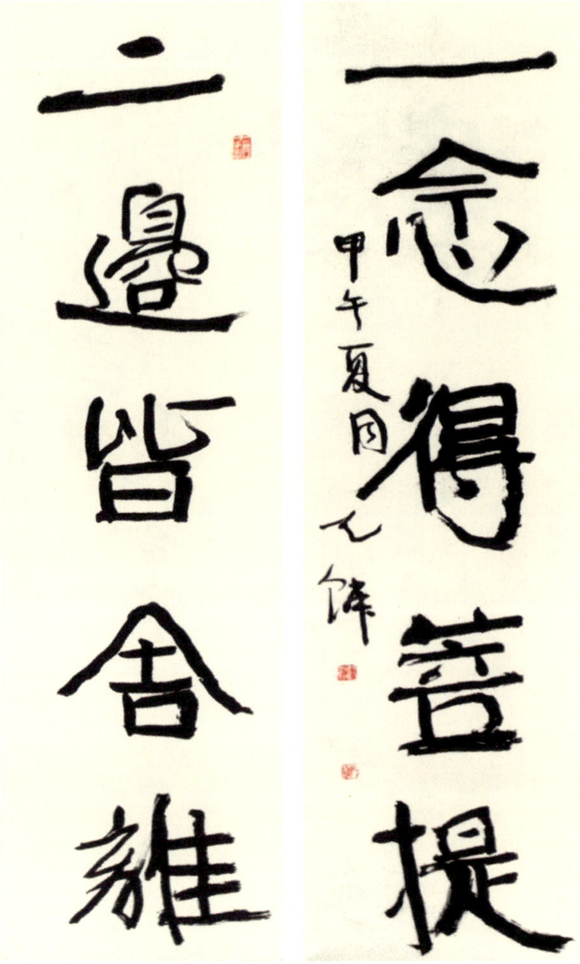
一念得菩提
二邊皆舍離
甲午夏月

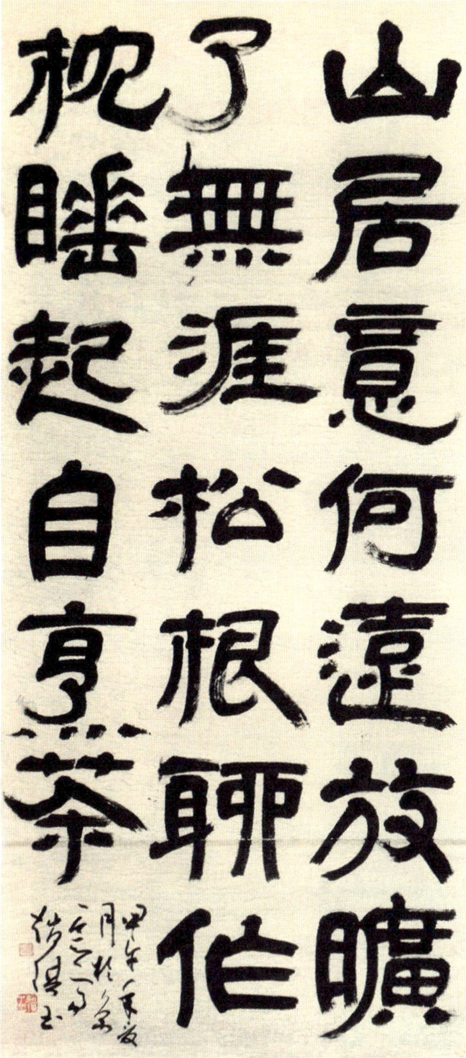
山居意何遠放曠
了無涯松根聊作
枕睡起自烹茶

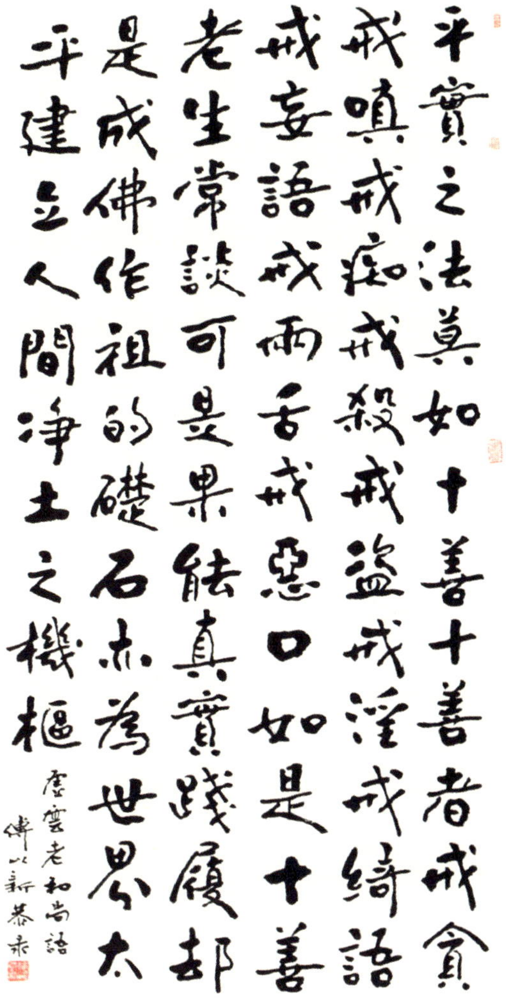
平實之法莫如十善十善者戒貪
戒嗔戒痴戒殺戒盜戒淫戒綺語
戒妄語戒兩舌戒惡口如是十善
老生常談可是果能真實踐履却
是成佛作祖的礎石亦為世界太
平建立人間淨土之機樞
虛雲老和尚語

祖德芬芳

老圃

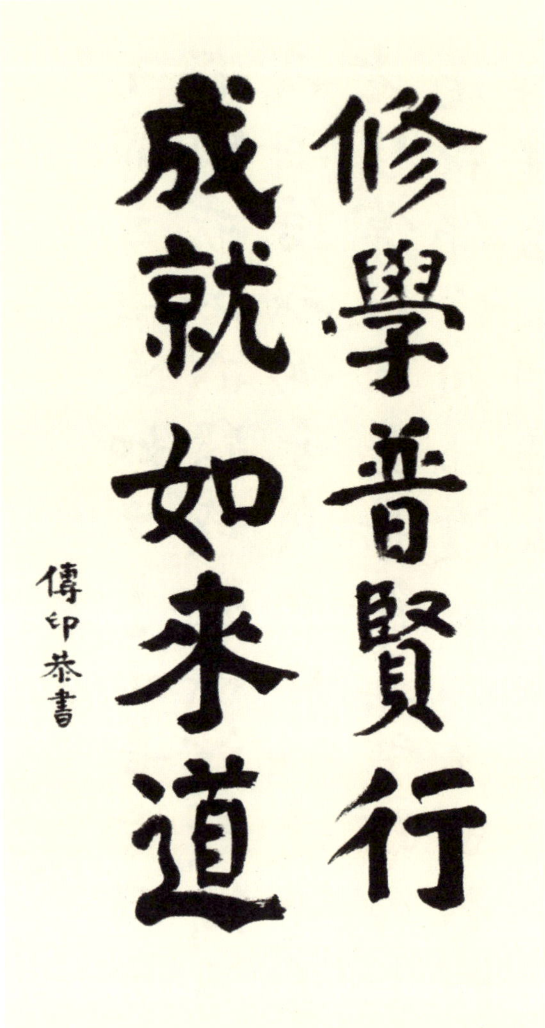
修學普賢行
成就如來道
傳印恭書

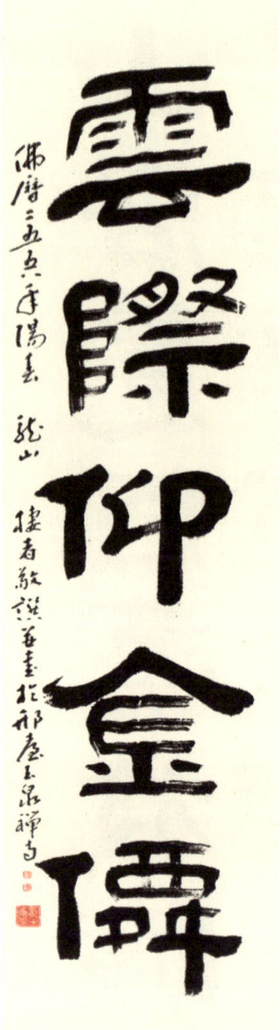
雲際仰金僊

虛空懸圓月

虛公伏虎

妙傳嘉音
紀念虛雲大師圓寂五十五周年

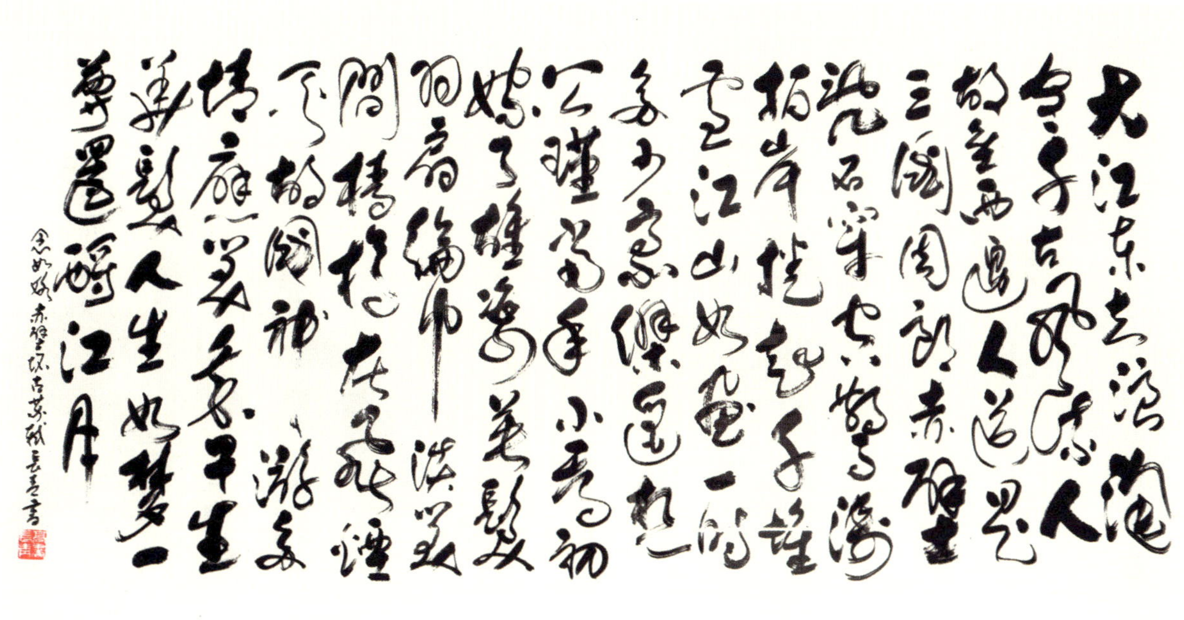

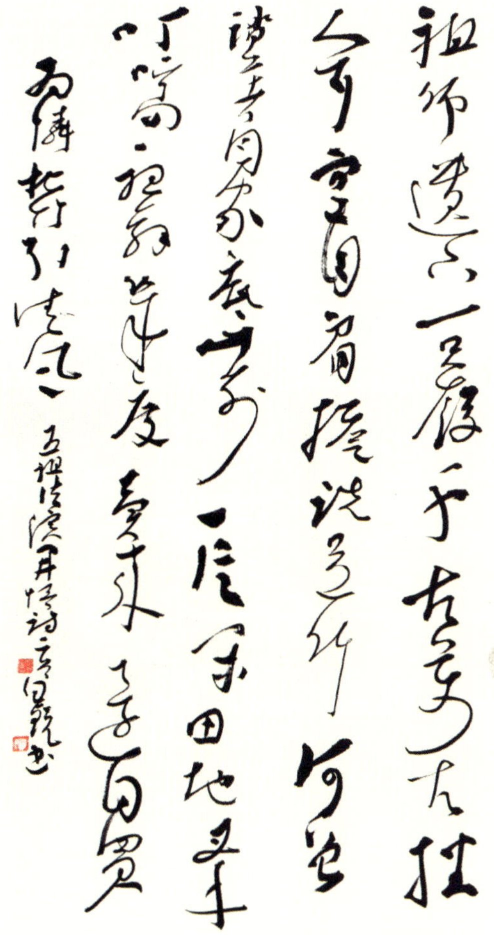

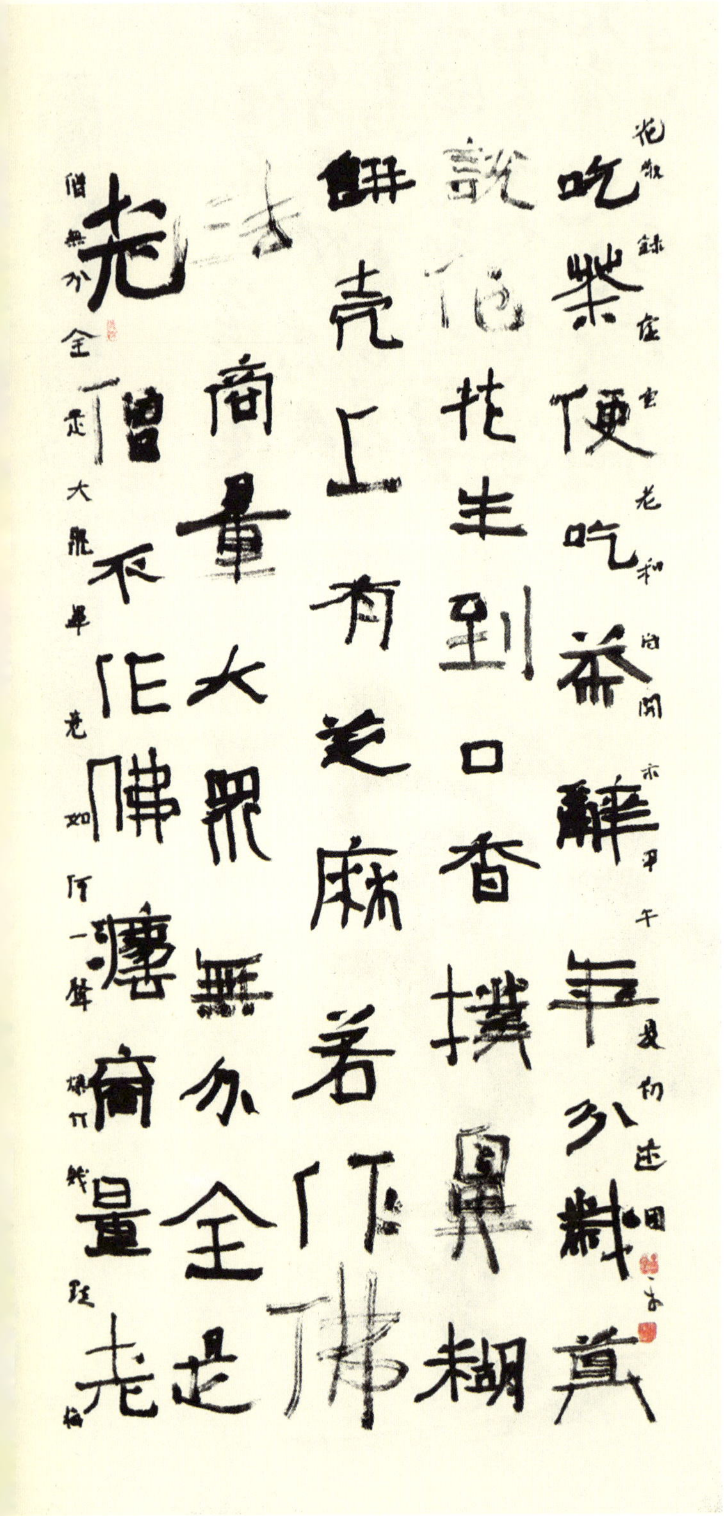

佛缘

卷九

人物

第一章　人物传

欧岌

（生卒年不祥）

欧岌，战国时楚人。秦始皇统一中国时，岌为楚末大将。秦大将王翦率军灭楚，岌保楚怀王后裔康王南逃。据传，至修河北岸马湾时（今江西省永修县艾城镇辖内）于风雨中走失。岌寻后主不得，遁入云山隐居，后修炼得道仙去。传，康王因与欧岌走散仍回避庐山。现庐山南麓星子县境内有康王谷，因康王曾避此谷而名，谷内有康王城等遗址。近代学者研究陶渊明时，论述陶渊明曾游康王谷，他所作历史名篇《桃花源记》仍以康王谷为蓝本。民间对云山、庐山及欧岌、康王有不少传说。史载因欧将军寻后主不得，不入秦政，遁入云山隐居，人们为了纪念他忠君爱国，将此山名“欧岌山”，简称“欧山”。至唐元和初（806～810）佛教风盛，现真如禅寺开山祖师道容禅师应修水黄龙山司马头陀之邀，共登山顶。见山顶有此清静幽雅，远绝尘世并四周峰围，外壁立以千仞而中央坦然一方，地平如掌，湖澄似镜，乃修行福地。遂治基建寺，于此弘扬禅宗佛法。一时名声大振，唐宪宗李纯大加赞赏，亲赐御名“云居禅院”。欧岌山山上终日云飞雾舞，加之寺名远播，人们渐渐将欧山（云居禅院所在地）称为“云居山”，简称“云山”。文人墨客亦称“欧阜”。山上原有将军塔。山下有3处将军庙，现永修县云山瑶田村欧山小组，传欧岌将军曾在此逗留过，后人为了纪念他在此建庙祀之。现知明万历（1573～1620）年间，香火极盛。传，当时皇舅南巡，至欧山庙时遂绝尘缘，但又不愿奉佛出家，遂去仕途，住在庙中，并扩建以至香火极盛。国母因兄不愿返朝只好依其修行。因她信佛，曾拨钱欧山庙及修上云山之路并赠云居山禅寺大佛、经书等物。欧山庙现左右2石桥及庙前后卵石路等可见原庙盛时一斑。民间亦传欧岌将军排行三，其两兄亦不愿事秦而隐云山，后人建庙共祀之。传现瑶田主祀欧岌，现云山花岭主祀岌长兄，云山大源主祀岌二兄。民间亦传，初，人们为了纪念欧岌，将现云山更名为“欧岌山”，建3座庙：一在云山瑶田、一在云山大源、一在江上耕源成三角鼎立之势。为纪念者上山之路边方便祭祀，及为守山之神庙。后大源庙毁，因欧岌在瑶田住过，虽曾遭废，后人又屡建。现庙由欧山、卢家、上堡3村村民于1990年建。现庙旁仅存清咸丰二年“告示”残碑，及左、右2桥等遗物；江上耕源将军庙曾改为寺，近年因传说有白马显灵，而改祀白马。

周仓

（生卒年不祥）

三国蜀将关羽步将周仓，相传乃今司马村人。其父周明月，当时土豪恶霸，无恶不作，远近闻名。现民间对其恶迹有不少传说。遗迹有“跑马场”“马厩”“金箱子”“寨围”（土筑围墙）等。周明月曾追随黄巾义军张宝反于江西。当时九江太守庐植率部平反，关羽、张飞当时官职为别部司马随征（至今留有“司马村”“司马坳”“系马庄”等地名）。

李衢

（生卒年不祥）

字少贤，祖籍失考。天祐时（904～907）由承事郎历太子太傅，特加光禄大夫，上柱国。梁王（朱温）威震天下，威胁唐昭宗（李晔）迁都东京（洛阳），昭宗谓衢曰：“鄙语云：统于山头杀雀，何不飞去生处口！朕今漂泊，不知竟落何所。”语罢群臣泣下沾襟。天祐元年八月昭宗至洛阳后被朱温杀害。衢亦晦名不仕。与弟李术洁身避难湖湘（今湖南），再徒南康府建昌磨刀（今江西省永修县三溪桥镇横山村境内）。时人称李三公。娶妻裴氏，乃中书晋公裴度之女。卒葬磨刀。墓原因修水库被淹。清代的《衢祖肇迹磨刀图》记载着，那时的磨刀不但有磨刀石，还有剑泉、剑谷和一座万福寺。

慈圣皇太后

（？～1614）

李氏，通州漷县（今北京市通州区）人。明穆宗朱载垕之贵妃，神宗朱翊钧生母。神宗即位尊号慈圣皇太后。云居山真如禅寺自道容师开基以来，为天下丛林中名道场，但时兴时衰。真可禅师游云山时发现寺院衰坏，不禁伤感而赋《游云居怀古》诗，诗中“最怜清净金仙地，返作豪门放牧场”。返京后鼓励万佛堂住持诸缘洪断师恢复云居古道场。诸缘师听后忧心恻恻，芒鞋竹杖，迳上云山，闭关3年。万历二十四年（公元1596年），慈圣皇太后遣中贵到云居山赐诸缘师紫袈裟等物。师乃出任真如禅寺住持，重兴古道场，太后并施巨金助建左右禅堂，万历二十九年，复施渗金毗卢佛铜像，并施《藏经》一部。现风景区云山瑶田欧山庙，祀战国楚末大将欧岌将军。传明万历年间香火极盛，因当时国舅南巡，至欧山庙时遂绝尘缘，但又不愿奉佛出家，遂住欧山庙中，慈圣皇太后只好依兄修行，所以除施重金于云居山真如禅寺外，还施金修庙、建桥。民间传说欧山庙前后路及现从云山脚下上山石阶路均系皇太后施金所修。

了元禅师

（1032～1098）

北宋云门宗高僧，字宝觉，开先善暹禅师法嗣。俗姓林，饶州浮梁（今江西省景德镇市）人。生于北宋明道初年，卒于宋哲宗元符初年，享寿67岁，戒腊52年。

了元诞生之际，据说其居屋上有祥光普照满室辉煌，一时称为佳兆。他自幼即具特异亶赋，不仅眉目清秀风骨爽拔，而且好学善思聪颖明敏。2岁时即能朗诵诗书，发言成章，语合经史，连邑中博学老儒也纷纷赞他是罕见的“神童”。稍长，他博览故典，洞明今古。因记忆能力特别强，可一目十行，卷不再舒。且又才思敏捷，下笔千言。故时人皆誉之为“才子”。

因读《楞严经》而觉佛学博大精深，而觉人生变幻不测，故志向空门，于浮梁宝积寺投师出家。披剃后，更是穷搜苦学，精益求精，学问进展迅速。年方15岁，即于浮梁宝积寺考核《法华经》，成绩优秀，得圆受具戒。其后，他遍游名山大川，广参知识大德，精研内外经典，道行与日俱进。19岁至庐山开先寺，谒方丈善暹老禅师。善暹师为当时极负盛名的高僧尊宿，向来自负其号，对年轻后辈自然难于轻易许可，善暹禅师与了元语言投机，相见恨晚，对了元大加赞赏，许之为大法器。于是，善暹乃将心印尽付了元，了元成为善暹禅师门下最得意的门人法嗣。未久，了元又拜谒庐山圆通寺居讷老禅师。居讷长老更是当时名满天下、屈指可数的大善知识，他与同时名公巨卿、学士才人欧阳修、王安石、苏东坡等交情甚厚。居讷长老一见了元，认为了元有前辈雪窦重愿禅师的风骨，将来定必成为俊杰之才。高兴之余，居讷禅师遂留了元在圆通寺掌书记之职。

宋皇佑四年（公元1052年），了元刚满20岁，即被推选为江州承天住持。州郡官左见他如此年轻，皆不以为然。居讷长老却大力为之推誉，说了元年纪虽轻，学问道行非比一般，虽耋宿老辈也不可折服。由是，了元的名声更为人知。此后，了元坐道场，历任江州承天寺、淮郡斗方寺、庐山开先寺、归宗寺、润州金山寺、焦山寺、袁州仰山寺、云居真如寺等寺住持，均为当时天下著名丛林。40余年之中，了元在这些名山大刹中弘法传教，德化缁素，门人弟子遍满天下。

了元道行高岸，才能卓绝，以至于四众倾服，名动朝野。宋神宗赵顼亦闻其大名，颇为赞赏，乃亲赐高丽磨衲金钵，赐了元以“佛印禅师”称号，以旌其德。宋元丰初（公元1079年），了元出任云居山真如禅院住持，绩佛慧命，大行禅法。四方衲子风拥云集，纷纷罗拜门墙之下，徙众多达1000余人。真如禅院亦一时成名震天下，众望所归的盛大道场。宋神宗复御赐云居山真如禅寺匾额。

了元性格豁达开朗、潇洒倜傥，兼之他能诗善文，长于言辩，故同代缙绅之贤者如苏东坡、黄山谷、秦少游、王子纯、郭苏甫等等，皆多奉之为师，与之过从甚密。并留下许多令人神往的轶事趣闻。据说了元任江苏镇江金山寺住持时，与时担任杭州太守的苏轼过往至密。一天，苏东坡又来金山寺看望了元。一见面，了元就戏言道：“此间无坐榻，居士来做什么？”苏东坡也戏而相答：“暂借佛印四大为坐榻。”于是了元笑道说：“山僧有一问，居士若道得，即请坐，道不得，即输腰下玉带子。”苏东坡当即欣然应允。了元便问：“山僧四大皆空，五蕴非有，居士向什么处坐？”苏东坡一时语塞，不能置答，遂自动解下腰中所佩玉带。了元不客气，亦接受，命侍者收存以镇山门，同时，也以云居山衲衣相赠。此事成为僧俗两界盛传的风流佳话。由此，也可见了元的言辨机敏，与苏东坡的深厚交情。

高丽僧义天禅师原系一国之尊。后弃王位而出家为僧。他航海来到中国明州（今浙江省宁波市），上疏给宋神宗赵顼，表示要遍访中国的名山大刹，以期问法求道。宋神宗命朝奉郎杨次公陪伴。义天禅师来到各大名寺参观，各寺均备极恭敬，莫不以王者之礼接待之。而至镇江金山寺了元处，却见了元端坐禅床，闭目合掌，安受义天禅师的顶礼膜拜。杨次公很不高兴，以为这是失礼之举。了元告诉杨次公，不管义天禅师原来的出身是什么，即已为僧，则必须遵守僧人的戒律和规矩。作为游方参学僧，义天禅师自应拜谒寺中方丈，而方丈受云游僧参拜，乃理所当然。杨次公仍希望了元对此高贵远客略为通融。了元严肃地说：“这不是可以通融的。”此事后来传到宋神宗中，宋神宗也认为了元有道行，识大体，做得很对。

了元与苏东坡、黄山谷等文豪的交情既深厚且长久。了元担任云居山真如禅寺的住持之后，苏东坡、黄庭坚亦亲自攀登云居山前往拜访，并相约赋诗以赞叹云居山美妙境界，赞叹了元的高岸道行。黄庭坚的《登云居作》七律诗中有句云：“四时美景观难尽，半点红尘到不能。白发庞眉老尊宿，祖堂秋鉴耀真灯。”而苏东坡所作《和黄山谷游云居》七律诗中则道：“一片楼台耸天上，数声钟鼓落人间。瀑花飞雪侵僧眼，严穴流光映佛颜。”据说苏东坡有一次亲临云居山，与了元在碧溪桥畔悠闲散步，又复并肩坐于溪畔的巨石上促膝谈心。因为谈得投机，谈得高兴，以致连时间像溪水一般流逝而去也不知觉，以致通宵达旦。由此而留下了“佛印桥”“石床”“谈心石”等有关古迹，还有佛印（了元）亲书石鼓“阿弥陀佛”等手迹，至今仍完好留存。

关于了元的生平事迹，宋释普济的《五灯会元》、宋释赞宁的《宋高僧传》、清人汝稷所著《指月绿》中均有记载。

一日，佛印了元禅师令李石麟为已绘制肖像，作笑容，且自为赞曰：“李公天上石麒麟，传得云居道者真，不明拈花明大事，等闲开口笑何人？泥牛漫向风前嗅，枯木无瑞雪里春。对现堂前俱不识，太平时代自由身。”

其后未久，即宋元符元年（公元1098年）正月初四日，了元禅师于寺中听客人谈话，值有会心投机之处，不由得欢笑起来，遂于笑声中安然圆寂。

魏 源

（1382～1444）

魏源，字文渊，号爱竹，建昌（今江西省永修县）易家河人，有“刚人”之美誉。幼好学，13岁能文。明永乐三年（公元1405年）受乡荐，翌年举进士，诏命回家修学待用。后应召入京任监察御史，调浙江按察副使，不久召回，代任刑部左侍郎，又河南左布政使，刑部左侍郎，从二品领俸。四川边境军备松懈，源赴川整顿。回朝任刑部尚书。言官劾告源擅易大臣，在任御史时曾贪赃受贿，朝召回。与都御史陈智詈，双方皆受责。明正统八年（公元1443年），源因足疾，恩免朝参之礼。同年二月，上疏请求归养，英宗下诏赐钞三千贯。源死，英宗钦赐御葬。谥“文忠”。墓：魏源生前政绩颇丰，英宗锡御葬，有司治丧。正统九年（公元1444年），归葬灵柩运至鄱阳湖时，遇狂风，船翻鄱阳湖，其家属将衣冠、指甲葬故里，今柘林镇易家河黎家山之麓魏家山洼。原墓40余平方米，石构单室，卷棚式，有石兽衔环扉，枢式门，墓前有石翁仲，石马和汉白玉神道碑。碑长2米，宽1米，墓高4米，前设红石阶拾级而上。1967年，因人传墓内有金银各3缸，被人将墓掘，今只存一石马立于原墓前。馀石兽、翁仲等均作屋基墙脚或修路、修水渠石。传，掘墓时有人曾见“此地无金银”石碑一块。

虚 云

（1840～1959）

虚云，法号德清，又名演澈、古岩，50岁后自号虚云。祖籍湖南湘乡县，清道光二十年（公元1840年）生于福建泉州一个官宦家庭。幼即丧母，由庶母抚养成人。

虚云自幼不喜荤食，性爱恬淡。咸丰二年（公元1852年），虚云随父奉祖母、生母灵柩回湘乡安葬，葬礼中见三宝法物即生欢心，而后厌举子业，却嗜佛典。不久随叔父到南岳进香，萌发出家之志。咸丰六年（公元1856年）离家奔南岳欲投师剃度，半道被截回。咸丰八年（公元1858年）与从弟潜至福州鼓山涌泉寺，礼常开法师披剃。次年，依妙莲和尚受具足戒。后为避父追寻，隐居山后岩洞一住3年。同治元年（公元1862年）方受师命回鼓山任水头、园头、行堂等职事，4年后，为习苦行，散尽衣物，无论冬夏，只有一衲一裤，一履一衣，一蒲团一绳床，长坐不卧，居无定所凡3年。同治九年（公元1870年）抵天台龙泉庵，秉融镜法师之教放弃苦行，研习经教，初学天台教观，不久往国清寺参学禅制。光绪十一年至终南山结茅居住2年。光绪十八年（公元1892年）约普照、月霞诸师结茅于九华山翠峰，同住3年，其间受妙莲和尚传临济及钵，为临济宗第四十三世，复受耀成和尚传曹洞宗法脉为曹洞宗第四十七世。

光绪三十三年（公元1907年），奉嘱护送妙莲和尚骨灰南行至槟榔屿，复至丹那，转抵暹罗，一日趺坐入定九天，轰动暹京，国王礼请入宫百般供养，于宣统元年（公元1909年）迎请玉佛一尊回国。至鸡足山，着手革除陋习，劝诫诸山同遵戒律，注重青年僧众的教育。民国二十二年（公元1933年），针对当时传戒草率，失规违制，虚云和尚特将《三坛传戒仪规》加以重刊，并亲撰重刊后跋。

1949年，虚云应邀至香港讲经，时值全国解放在即，不少人劝其留在香港，被虚云断然拒绝。1952年11月5日，出席中国佛教协会发起人会议，被推举为首席发起人。1953年8月，虚云应云山性福之请，在释果一、达成陪同下往云居山礼祖，目睹祖庭仅存破旧大寮三间，荒草遍地，逐发愿重修。没有住房，便先后搭成7间茅棚住下。消息传出后，四方衲子云集，年底就达50余人。年内虚云当选第三届全国政协委员。次年，虚云与寺中各寮职事商量，将全山僧众加以组织，开荒种地，修建寺庙。至1955年，藏经楼、积香厨、五观堂、库房、客堂等相继建成。同年秋，虚云根据《梵网经》中“自誓受戒方便”之规，在真如寺内设坛传授三坛大戒。

1956年正月，虚云主持重建大雄宝殿。同年5月制定真如寺修复重建工程总体规划。鉴于僧众日增，为提高僧众的佛法知识，虚云与海灯在寺中共同主持讲经法会，时间长达4月之久。同年10月，虚云在真如寺向释海灯、性福数人传授为仰宗法印。1957年因人欲占寺中所垦田地，虚云屡屡据理力争，并将情况写成一信，派专人送交全国人大常委会副委员长李济深转周恩来总理，很快得到明确回复："宗教政策要落实，不得随意侵占真如寺的田地。"

1958年，真如寺僧众先后参加"社会主义教育运动"和"反右倾"斗争，虚云也受到波及，但他一如既往，严格要求自己。

1959年5月，虚云抱病写了《申明事由》上交省有关部门，详细回顾自己自登云居山的一些情况，并就其中一些事实加以说明。同年秋，虚云病势日深，他对真如寺方丈及各执事交代："今问我最后语，中有'勤修戒、定、慧，熄灭贪、痴'。正念正心，养出大无畏精神，度人度世"。10月13日，虚云圆寂于真如寺茅棚内。

虚云圆寂后，中国佛教协会副会长巨赞法师、北京广济寺方丈广济法师及四众弟子数百人专程前来参加悼念法会，虚云圆寂7天后封龛，次日荼毗。得五色舍利百余粒，小者无数，以白色居多，晶莹光洁。10月22日骨灰奉安入云居山海会塔。

虚云老和尚童贞入道，中岁开悟，安僧演教，恢复祖庭，历尽磨难，终成一代禅宗泰斗，为佛法之住世，禅宗之接续，功莫大焉。

萧 克

（1907～2008）

萧克，原名武毅，字子敬。乳名克忠，湖南嘉禾泮头小街田村人，黄埔军校四期毕业。

1925年萧克投笔从戎，参加北伐战争、南昌起义、井冈山斗争和长征，历任连长、营长、团长、师长、军长、红六军团长、红二方面军副总指挥等职。抗战时期任八路军120师副师长、冀热察挺进军司令、晋察冀军区副司令。解放战争时期任冀察热辽军区司令、华北军区副司令员，华北军政大学副校长、第四野战军第一参谋长等职。

中华人民共和国成立后，任军训部部长、训练总监部部长、国防部副部长、军政大学校长、军事学院院长兼政委，是第四届全国政协副主席，中国共产党第八届中央委员，第十届候补中央委员，第十一届中央委员，第十二届中央顾问委员会常委。1955年被授予上将军衔和一级八一勋章、一级独立自由勋章、一级解放勋章。

萧克将军一生戎马倥偬，驰骋疆场，战功显赫。新中国成立后，他又率千军万马屯田戍边，开创农垦伟业。足涉大江南北、深山湖滨、戈壁草原。将军在军旅生涯中，一直不辍写作，出版过小说和诗集，被誉为“中国的军人学者”。

萧克将军自称云居山是他的第二故乡。他与云居山的情缘还得从1934年说起。这年2月，时任红六军团军团长的他率部在横亘湘鄂赣边界的九岭山脉开展游击战。云居山位于九岭山脉的尾端，这里重峦叠嶂，地势险峻，是南昌、武汉、九江等中心城市的战略要地。2月下旬，萧克将军率红三师驻扎在云居山北麓的柘林下房村，与敌人展开了两天两夜的浴血奋战。他著有《望九岭忆往事》一诗，以豪壮的笔墨记录下了九岭山的游击战。

岁月忽悠，将军也难逃“文化大革命”浩劫。1970年1月，他被遣送到云居山，分配到设立在云山垦殖场的农垦部“五七”干校劳动改造。这位领导农垦事业的副部长竟成了一名受人监管的普通劳动者。萧克将军秉性刚直，面对厄运罹难，他从容乐观。居徒四壁，他自购简易木工工具，自己动手做条凳、方桌和折叠桌。自己开荒种菜。他还经常打草鞋，在诗中自乐道：处世贵自立，做鞋何需针。当年老战士，就熟而轻驾。除了在劳动中寻找乐趣外，他最喜欢的运动就是登山。云居山山顶海拔936米，当年只有一条小路可上山。1971年夏，时隔37年他再次登攀云居山。他在诗中写道：晨出家门穿雾上，午登山顶看云翔。作为一个年过花甲的老人要登上这么高的高山可不是一件易事。登山小路上有两处险境叫“好汉坡”“英雄岭”，他留下诗句道：好汉坡前好汉多，英雄岭上多英雄。真是英雄不减当年勇。此时的云居山莲花城已是一片狼藉，千年古刹已被毁，寺庙断壁残垣。萧克将军在昔日金碧辉煌，梵音悠扬的废墟上认识了现任中国佛教协会会长的一诚大师。此时的一诚已是林场的一名农工。俩人都是湖南人，乡音和命运使他们成了知己。一诚陪着将军踱步在明月湖畔，感叹着风云变幻。将军有诗云：最怜明月湖边景，一片丹心映镜中。他心如明镜，表达着对党的一片赤诚。他用“一任乱云随风舞，抬头凝目望东方”的诗句抒发出对时局的怨叹和对未来的渴望。

1972年2月，赣北瑞雪纷飞，从北京传来了喜讯。萧克将军终于结束了两年的“牛棚”生活。“云山挥别返幽燕，金铎重操育后贤”，从此，他开始主持军队的教育和训练工作。此后，他曾6次重返云居山，来看望过去对他百般照顾的善良百姓。

1997年1月，已是90岁高龄的萧克将军，再次回到第二故乡。他不顾年事已高，一定要驱车上真如寺看望一诚大师。到明月湖畔，他老人家呵退随从，执意要独自绕行明月湖。他身穿军大衣，顶着凛冽寒风，步履蹒跚。人们注目着这位老人，与他一起追忆着历历往事。

第二章 人物简介

一诚法师 俗姓周，名云生，1927年出生于湖南宁乡县。1948年，投奔湖南长沙县黄金园乡洗心庵，礼明心为师，剃度出家，承临济宗派，法号一诚，字悟圆。

1956年，由虚云亲任得戒和尚，一诚在南华寺受具足戒。此后返回云居山，自觉刻苦修持。次年，在法缘具备的时候，虚云亲自主持仪式，安排自己的法子、时任真如禅寺方丈的性福为师授予正法眼藏，赐法号衍心，列为沩仰宗第十代传人。同年，虚云又亲自执坛，代自己的法嗣、香港宽本为师，传授临济法券，取法名常妙。

1956～1959年，一诚在虚云主办、海灯执教的佛学研究苑学习，因而道业日隆。1966～1976年的“文化大革命”中，一诚被赶出寺门，强行调入云居山垦殖场改作农工。

1978年年底，一诚率先回到云居山祇树堂禅寺旧址，恢复出家人生活，次年春，归驻真如禅寺。不久，被推举为该寺寺务管理委员会委员，任知客。

1985年秋，升座荣膺真如禅寺方丈。1986年，一诚先后担任江西永修县佛教协会会长与江西省佛教协会会长。1987年，兼任九江市佛协副会长。其间，先后还担任中国佛教协会副会长，江西省佛教协会会长，江西省政协委员，九江市政协常委。

2002年9月，一诚长老当选中国佛教协会新一任的会长，后当选全国政协第九届委员会常务委员。他以弘法利众为己任，实践着苦行头陀之志向，声誉极高，深受教内外尊重。

2010年2月，一诚长老卸任中国佛教协会会长，担任佛教协会名誉会长。

释传印 字月川，1927年1月30日生于辽宁庄河。幼年因家教信仰佛教。1947年，皈依庄河青堆子镇普化寺崇仁法师研习佛学，同年于江西云居山真如寺出家。1955年冬，依虚云老和尚受具足戒。1956年起侍虚老左右，笔录其开示，蒙授予沩仰宗法脉，赐法名宣传，为第九世。1965年9月，中国佛学院本科毕业后，复归江西云居山真如禅寺，任典座兼副寺（出纳）。1966年9月，“文化大革命”期间，被遣至云山垦殖场城山分场种菜。1975年正月，于永修县梅棠公社旸岭山崇胜寺遗址结茆偕道友道开师共住。1978年秋，应邀往诣浙江天台国清寺。1979年12月，奉调至北京中国佛教协会。1984年年初，于中国佛学院，任教务长，1986年任副院长，戒律学、印度学研究生导师。1991年8月，诣天台山下方广寺专修念佛经三年。1994年8月，应一诚法师之邀，请任净土宗祖庭——江西庐山东林寺住持。1999年2月，任北京市佛教协会会长。2010年2月2日，在中国佛教协会第八次代表大会上当选为中国佛教协会会长。

净慧法师 法号妙宗，1933年出生于湖北省新洲。14岁至武汉三佛寺依止大鑫和尚，1951年18岁时由剃度师宗樵和尚送往广东云门寺受比丘戒，得以亲侍中国现代禅门泰斗虚云老和尚，因敏悟过人，深受器重。

1952年即成为虚云老和尚传法弟子，同年春随侍虚云老和尚离开云门寺北上，经武昌往北京。冬朝礼五台山后，奉虚云老和尚之命，回到云门寺，担任云门寺的监院。1953 年，佛源和尚升任云门寺的住持后，协助管理云门寺。1954年，前往云居山看望虚云老和尚，便留云居山侍奉虚公。1955年冬，云居山传戒，为第三引礼，在虚云老和尚的指导下完成传戒活动，同年戒子传印，慧通等。1956年，中国佛学院创立，即入学深造，颇得周叔迦居士、明真法师、正果法师、赵朴初居士等人的赞赏。1962年，在中国佛学院读研究生，成为中国佛学院最早的一批研究生之一。课余时编成《虚云和尚法汇续编》，由此被认为是在给地主阶级树碑立传。1963年，被错划为“右派分子”，先后在北京、广东、湖北参加劳动。1979年，“摘帽”、改正，重返北京参与中国佛教协会的各项恢复工作。1981年，《法音》创刊，任责任编辑。1982年，增补为中国佛协理事。1983～2002年，任主编。1987年，当选为中国佛协常务理事。1988年，受命筹建河北省佛教协会，并被选为会长。1992年，主持柏林寺重建工作。1993年，当选为中国佛协副会长。1998年，当选为第九届全国政协委员。2003年10月，应湖北黄梅、当阳有关部门邀请，任四祖寺和玉泉寺方丈。

释纯一 1964年1月出生于江西省星子县，1982年9月在江西云居山真如禅寺礼一诚大师出家并受具足戒。1986年7月，中国佛学院（南京）栖霞山分院毕业，后于北京师范大学研究生院“哲学·人文”博士课程结业，江西省社会科学院宗教研究所研究员。由一诚大和尚传法，为临济宗第46代、沩仰宗第11代传人。2000年2月，由一诚大和尚推荐，任江西南昌市佑民寺住持。2005年10月，由一诚会长送座，升座为佑民寺方丈。2006年5月，一诚会长送座，升座为浙江诸暨五洩禅寺方丈。2006年12月，被评选为“江西省首届十大爱心大使”。现为中国反邪教协会理事，江西省第十一届人大代表，江西省佛教协会会长，南昌佑民寺方丈，江西省社科院宗教所副所长、研究员，南昌市政协常委、南昌市佛教协会会长，南昌慈善总会常务理事，江西宜春市人大代表，南昌东湖区人大代表、区慈善会副主席等职。2010年2月，当选为中国佛教协会副会长。

第三章 人物表

景区云居山真如禅寺历代著名高僧一览

表 8-1

法　名	年代	主要事迹	备　注
道容禅师	唐	云居山真如禅寺开山祖师	唐宪宗李纯赐御名“云居禅院”
道膺禅师		曹洞宗第二世禅师，主持真如禅寺时，曹洞宗在云居山发扬光大。现在来华朝觐寻根的日本佛教界人士仍将云居山奉为曹洞宗祖庭之一	唐昭宗改云居禅院为“龙昌禅院”，赐道膺袈裟及“弘觉大师”称号
心空禅师	北宋	北宋庆历初期（1041～1044）任住持	宋仁宗赐号“惠照禅师”表彰之
戒显禅师	明末清初	1657～1661年，任住持，著有《云居锻炼说》《云居赋》《灵隐志》等	戒显以儒入释，儒释兼通
元鹏禅师		临济宗高僧，康熙十年编著成《云居山志》二十卷	以儒入释，精于词翰
虚云和尚	当代	现代中国佛教办著名高僧，中国佛教协会首任名誉会长。1953年8月，前往云居山，重振云居，发扬农禅家风，重建真如禅寺，于120岁高龄圆寂于真如禅寺，弟子遍及东南亚及北美大陆	真如禅寺赵州关外建有“虚云塔院”，寺后建有“虚云和尚纪念堂”
海灯禅师	当代	当代天台宗僧，兼习武术。1956～1958年，任住持，著有《气功精要》，为弘扬中华武术做出了重要贡献	1983年当选全国政协第六届委员会委员
悟源禅师	现代	临济宗禅师，为“文化大革命”后的首任住持	曾任江西省政协委员，全国佛教协会代表
一诚和尚	现代	真如禅寺现任方丈、中国佛教学会现任会长兼中国佛教学院院长	现任全国政协常委、江西省政协副主席

2006 ~ 2015 年景区获省级以上表彰先进模范人物一览

表 8–2

姓　名	性别	工作单位	荣誉称号	授予机关和时间
杨祖荣	男	旅游局	旅游先进作者	人力资源和社会保障部 国家旅游局 2012年5月
吴义保	男	国资旅游发展有限公司	江西省劳模	江西省总工会 2015年9月
王　华	男	神州通旅游投资有限公司	江西省劳模	江西省总工会 2010年12月20日

2009 ~ 2015 年景区获全市目标管理考评先进个人一览

表 8–3

年份	名　单
2009	石　峰　黄远林　熊晟华　陈大友　卢礼衡
2010	黄远林　杨祖荣　熊晟华　卢礼衡　常俊云
2011	邢国军　陈大友　蔡文斌　卢礼衡　常俊云
2012	王　辉　刘春平　谭　蕾　李荣林　邢国军
2013	李荣林　邢国军　周丽敏　叶修保　王忠鑫
2014	陈大友　熊晟华　张　巍　邓　剑　潘欣愈
2015	邢国军　王忠鑫　周继刚　曾宪文　葛　丽

风景区领导干部人员名单
（2016 年 12 月）

表 8–4

党　委	书　记	李甫勇
	副书记	于先葵　邹秀峰
	正县级干部	江家和

续表 8–4

	委　员	戴锦清　许松华　李院清　吴文礼　陈　立　刘　俊
管委会	主　任	于先葵
	副主任	戴锦清　许松华
	副调研员	汪会友　吴文礼
纪　委	书　记	李院清
	副书记	王忠鑫
	正科级纪检员	梁　平
	副科级纪检员	彭亚玲
监察审计局	局　长	王忠鑫
	副局长	梁　平
党政办公室	副主任	曾宪文（主持工作）
组织宣传部	部　长	陈　立
	副部长	邢国军（正科级）邓　剑
	副科级组织员	甘卫平
机关工委	书　记	吴　林
编　办	主　任	孙小东
政法委	书　记	刘　俊（兼）
综治办	副主任	余英锋（正科级）
经济发展局	局　长	陈大友
	副局长	李可佳
旅游局	局　长	葛　陈
	副局长	胡亚星　潘欣愈
财政局	局　长	卢礼衡
	副局长	廖践发　陈　文
	主任科员	廖践发
	副主任科员	熊飞璇

续表 8–4

建设局	局　长	熊晟华
环保局	局　长	周英途
	副局长	刘　湾
农林水务局	局　长	肖　亮
	副局长	刘晓兰
综合执法局	局　长	熊清宁
	副局长	夏　雨
公安分局	局　长	刘　俊
	副局长	郭贵勇　夏　莉（正科级）
	办公室主任	王高峰
	治安管理大队大队长	傅荣涛
	治安管理大队教导员	闵亨利
	交通管理大队大队长	杜　骥
	交通管理大队教导员	张　陈
	刑事侦查大队大队长	卢　锋
	刑事侦查大队教导员	钟　华
	主任科员	郭贵勇
	副主任科员	张金武　田　彬
市场和质量监督管理局	局　长	周景勇
	副局长	杨清平
	司马分局局长	熊朝阳
	巾口分局局长	杨丽香
接待办	主　任	田　瑛
工　会	主　席	蔡文斌
	副主席	叶　霓
团　委	副书记	陈　韵（主持工作）
妇　联	主　席	谭　蕾

续表 8–4

	副主席	傅君芳
司马景区服务中心	主　任	龚卫国
	副主任	刘春平　蔡小毛
市口景区服务中心	主　任	郭　斌
	副主任	王加武　曹晓武
云居山景区服务中心	主　任	周继刚
	副主任	樊　晓　雷进军
机关后勤服务中心	主　任	余　军
国库收付核算中心	主　任	葛　丽
质监安监站	站　长	于腾飞

附录

文存

国务院关于发布第六批国家重点风景名胜区名单的通知

国函〔2005〕107号

各省、自治区、直辖市人民政府，国务院各部委、各直属机构：

第六批国家重点风景名胜区名单已经国务院审定，现予发布。

风景名胜区是珍贵的、不可再生的自然文化遗产。地方各级人民政府要正确处理开发利用与资源保护的关系，统一规划和管理风景名胜区，切实做好风景名胜资源的保护和管理工作。国务院有关部门要密切配合，加强对风景名胜区有关工作的指导，促进风景名胜区各项工作的开展。

附第六批国家重点风景名胜区名单

（共10处）

浙江省　方山—长屿硐天风景名胜区

安徽省　花亭湖风景名胜区

江西省　高岭—瑶里风景名胜区

武功山风景名胜区

云居山—柘林湖风景名胜区

河南省　青天河区风景名胜区

神农山风景名胜区

湖南省　紫鹊界梯田—梅山龙宫风景名胜区

德夯风景名胜区

贵州省　紫云格凸河穿洞风景名胜区

2005年12月31日

九江市人民政府关于印发《关于理顺云居山—柘林湖风景名胜区管理体制的方案》的通知

九府发〔2006〕4号

为了进一步推进九江“发展大旅游”战略的实施，理顺云居山—柘林湖风景名胜区管理体制，严格保护和合理开发景区资源，促进旅游产业迈向一个新台阶，特制定如下方案。

一、指导思想

按照省委省政府领导提出的把云居山—柘林湖建成国际知名、全国一流的度假休闲中心、国际会议中心和旅游接待中心的目标，遵循“保护利用创品牌、体制创新谋发展、市场运作促开发、壮大产业富百姓”的发展思路，实现云居山—柘林湖旅游的高起点规划、高效率整合、高标准建设和高水平开发。

具体操作中，遵循以下指导原则：

①行政区划不变、所有权不变、债权债务关系不变等。

②规划及规划监管统一、土地及项目审批统一、旅游市场管理统一，对外促销与招商统一等。

③充分兼顾永修、武宁两县利益。

④管委会协助管理永修、武宁两县在管理范围内的乡镇场党政正职。

二、管理范围

云居山—柘林湖风景名胜区管理范围原则上根据规划大纲的范围确定，东部以105国道周田段经永武公路跨修河至柘林湖丁公垅为界，南部以瑶田村经北源、桃花尖至界碑村，沿永武公路经罗坪镇至万福工业开发区为界，西部以万福工业区经武宁大桥至宋溪镇为界，北部以丁公垅、梦生山经巾口乡至宋溪镇为界。在此基础上，扣除与风景区管理无直接关系的集镇与村庄所在地面积。管理规划总面积约460平方千米，其中云居山片区规划面积约200平方千米，柘林湖片区规划面积约260平方千米。景区最终管理范围以经批准的《云居山—柘林湖风景名胜区总体规划》确定的范围为准。

三、管理体制和机构设置

成立“九江市云居山—柘林湖风景名胜区管理委员会”，正县级，为市政府派出机构，核定编制32名。管委会内设办公室、财政局、综合管理局、招商局、旅游开发管理局，均为正科级。领导职数设主任1名，副主任3名。

设立“九江市云居山—柘林湖风景名胜区国土规划分局”，定编8名，正科级，为市相关部门派出机构。

以上编制为事业编，依照公务员管理。

九江市云居山—柘林湖风景名胜区公安部门的设置，由市公安局牵头，会商市编办、市林业局制定具体方案。

四、职能职责

管理范围内，管委会代表市政府履行风景名胜区的旅游开发、规划、建设、管理与保护职能。主要职责是：

1. 贯彻执行国家、省、市有关方针政策和法律法规；

2. 负责组织编制风景名胜区发展总体规划和控制详规，并监督执行；

3. 负责管理范围内所有土地的统一规划、统一征用、统一开发、统一出让和统一管理；

4. 负责管理范围内各景点的门票收入和其他旅游收入的征收、监管和分配；

5. 负责景区旅游开发、招商引资、市场管理和宣传营销；

6. 负责景区旅游资源的保护，代表市政府督促两县履行保护职责；

7. 协管景区管理范围内乡镇场党政正职干部，其任免事先征求管委会的意见；

8. 领导和协调各职能部门派驻风景名胜区的分支机构的工作；

9. 行使市委市政府授予的其他职权。

五、财政体制

1. 景区设立财政局。

2. 设立一级国库，选择一家国有商业银行网点代理国库业务。

3. 景区没有向市财政上交的任务。景区的收入，尤其是管委会分成部分，原则上全部用于景区宣传营销和开发建设；两县分成部分，也要尽量安排支持景区的保护和建设，以促进景区的长远发展。

4. 规范收入范围：

（1）管委会管理范围内所有税收仍按原渠道归永修、武宁两县征收。其中管委会管理范围内的旅游性税收收入地方所得部分，由受益县财政通过市财政结算按一定比例返还给管委会，其中，管委会成立之前两县开发的旅游项目和成立之后由两县自主招商的旅游项目的税收收入，按40%返还，管委会自主招商和开发的旅游项目税收按60%返还，云山垦殖场暂不返还。

（2）管委会管理范围内的门票收入当地分成部分划归管委会，暂定三年。

（3）管委会管理范围内国有土地出让金的纯收入划归管委会（不包括云山垦殖场）。

（4）管委会在两县调进的工作人员按原支出数作为基数划入管委会。

以上收入管委会主要用于旅游宣传促销和景区开发建设。

六、规划、土地管理

（一）规划管理

受市规划局的委托，景区国土规划管理分局负责景区规划和项目管理。

1. 负责景区旅游项目及相关项目立项。

2. 负责组织编制景区管理范围内的总体规划、专项规划、分区规划和详细规划并组织实施和报批。

3. 负责对管理范围内有权审批的建设用地、建设工程、市政管线工程核发《建设项目选址意见书》、“建设用地规划许可证”和“建设工程规划许可证”。

4. 负责指导和协调风景名胜区范围内村镇建设规划工作。不准进行破坏景观的非农建设。

5. 负责对风景名胜区规划档案进行收集、整理、管理、保护并提供使用。

6. 管理范围内一切建设必须符合风景名胜区总体规划，没有经批准规划的地段不建设；一般建设项目由管委会根据已批准的规划进行审批；重大建设项目选址及方案按规定上报批准后由管委会组织实施。

（二）土地管理

受市国土资源局委托，景区国土规划分局代表市政府对规划管理范围内的土地实行统一管理。

1. 市国土资源局督促两县进行土地规划修编，由管委会结合景区建设需要，编制景区土地利用总体规划。建设用地计划由市国土资源局在两县内调剂，重大建设项目用地计划由市政府调剂。

2. 由景区管委会国土资源分局受理项目用地征用、转用等申报工作，并依法组织实施。

3. 经营性项目用地在市土地交易市场交易运作，收益进管委会账户。

4. 由市国土资源部门确权发证。

5. 在土地开发建设转让过程中，两县负责协助征地拆迁安置工作和群众稳定工作。

6. 景区内国土资源监查工作，由国土资源分局负责，两县国土资源局协助。

七、综合管理

景区管委会行使景区范围内与旅游相关的执法管理权。由两县相关部门及市属相关部门，如港监、航运、渔政、安监、环保等机构派出人员参加管委会综合管理局工作。参加工作人员的编制及行政关系属原单位不变。

八、旅游管理

旅游局主要负责旅游的行业管理：

1. 负责景区内经营国际、国内旅游业务的旅行社（公司）、星级饭店、旅游A级景区的推荐初评工作；

2. 指导和管理景区旅游行业教育培训；

3. 负责景区内旅游市场秩序、服务质量旅游安全生产的管理、监督和检查，受理游客投诉，维护游客合法权益；

4. 组织、指导、策划景区旅游宣传促销活动；

5. 负责下属旅游企业的组建和管理。

九、此《方案》的基本原则将写入《云居山—柘林湖风景名胜区管理条例》，并报请江西省人大审议通过。

十、未尽事宜，由景区管委会和辖区两县继续协商解决。

2006年3月30日

云居山—柘林湖风景名胜区机关干部竞争上岗实施方案

九云发〔2007〕8号

为了提高选人用人的公正性，促使德才兼备、成绩突出、群众拥护的优秀人才脱颖而出，结合实际，特制定本实施方案。

一、竞争上岗职位

九江市人民政府办公厅《关于印发〈云居山—柘林湖风景名胜区管理委员会职能配置内设机构和人员编制规定〉的通知》核定风景区管委会正科领导职数6名，副科领导职数5名；现有在职正科5名，副科 2名；空缺正科职位1名，副科职位3名。根据实际情况和工作需要，此次列入竞争上岗的为3名副科职位。具体如下：

1. 区办公室副主任一名。

2. 区招商局副局长一名。

3. 区综合管理局副局长一名。

二、竞争上岗的资格与条件

参加竞争上岗的人员为：区机关和下属事业单位具有国家干部身份的人员，每人只能选报一个竞争上岗的职位。参加竞争上岗应具备以下条件：

1. 必须符合《党政领导干部选拔任用工作条例》所规定的有关条件。

2. 政治坚定，有较强的事业心和责任感，遵纪守法、廉洁奉公、团结同志、作风正派、热爱风景区事业。

3. 有较强的业务能力和组织协调能力。

4. 2007年5月31日之前在职在岗的区机关和下属事业单位具有国家干部身份人员。

5. 现任副科年龄不超过45岁，一般干部在科员职位三年以上或者工作满五年以上，年龄不超过40岁。连续3年考核称职以上，以上年龄截至2007年 5月31日。

6. 具有大专（含大专）以上文化程度。

三、竞争上岗步骤和程序

此次竞争上岗采取个人自荐、民主举荐、组织推荐相结合的办法进行。

1. 宣传发动，公布岗位设置情况。

2. 符合报名条件的人员报名，每人限报一个职位。

3. 资格审查。由云居山—柘林湖风景名胜区竞争上岗工作小组对报名者进行资格审查，确定人选并公布结果。每个职位竞争的人数不得少于2人。

4. 公开竞岗。

（1）组织笔试。考核竞岗者的理论水平，写作能力。

（2）竞岗演讲：竞岗者上台演讲，演讲时间在8分钟以内。由党委班子成员、云居山—柘林湖风景名胜区竞争上岗工作小组成员和聘请有关部门领导或专家组成评委（评委组成人员7~9人）进行评分（满分为100分），评分办法是去掉一个最高分和一个最低分，最后取有效分的平均值为竞岗者的演讲得分。

（3） 民主测评：采用A、B表，党委班子成员和云居山—柘林湖风景名胜区竞争上岗工作小组成员使用A表，占总分60%，其他人员使用B表，占总分40%。具体评分方法为：A表得票率（实际得票数除以投票总人数）×60%+B表得票率（实际得票数除以投票总人数）×40%=综合得票率。测评人员就某一岗位推荐一人。

民主测评人员为区机关（含派出单位）和下属事业单位全体干部、职工。

（4）组织考察。按笔试成绩×30%+竞岗演讲成绩×35%+民主测评成绩×35%的权重计分确定竞争者的总成绩，排列名次，每个职位从高到低取前2位作为考察人选，进行考察。

5. 任用。区党委根据笔试、竞争上岗演讲、民主测评和组织考察情况，研究决定拟任人选，对拟任人选在一定范围内进行公示，公示期为7天，根据公示结果办理试用手续，试用期一年。试用期内享受与职务相对应的干部政治、生活待遇。期满考核称职者由区党委宣布取消试用期，不再办理任职手续。不胜任者解除试用职务，按有关程序办理免职手续，回原单位或另行安排适当工作。

四、组织领导

为了切实加强领导，真正做到从事业出发，选准人，用好人，特成立“云居山—柘林湖风景名胜区竞争上岗工作小组”。

云居山—柘林湖风景名胜区竞争上岗工作小组：

组长：江家和　党委委员、副主任

成员：邢国军　机关党委副书记、机关纪委书记

　　　郑庆华　办公室主任

五、工作要求

1. 精心组织。积极做好宣传发动工作，引导干部正确认识竞争上岗的目的和意义，树立正确的竞争意识，鼓励符合条件的干部积极参与竞争。

2. 严格程序。坚持党管干部和民主集中制原则，严格按程序办事。要坚持公开透明，做到竞争职位和任职条件公开、工作程序和方法公开、报名和资格审查结果公开、考察对象和任用名单公开。切实把握好竞争上岗的每道环节。

3. 严明纪律。要严明干部人事工作纪律，坚决防止和纠正各种与《党政领导干部选

拔任用工作条例》《国家公务员法》精神不一致的行为，确保竞争上岗工作健康有序进行。对竞争上岗中出现的违纪行为，按照有关规定严肃处理。

2007年6月11日

关于进一步明确和完善云居山—柘林湖风景名胜区管理体制的通知

九府字〔2007〕68号

为全面落实九江市人民政府《关于理顺云居山—柘林湖风景名胜区管理体制的方案》（以下简称“《方案》”），加强对云居山—柘林湖风景名胜区（以下简称“风景区”）范围内的保护、规划、开发、建设的统一管理，进一步明确和完善云居山—柘林湖风景名胜区管理委员会（以下简称“管委会”）的管理和执法职能，按照“维护和落实4号文件规定；推进风景区管委会向小政府、大企业方向发展；扶持管委会克服前期困难、后期发展要作贡献”三条原则，特就有关问题通知如下：

一、明确执法主体

1. 依据国务院《风景名胜区条例》（以下简称“《条例》”）第一章第四条“风景名胜区所在地县级以上地方人民政府设置的风景名胜区管理机构，负责风景名胜区的保护、利用和统一管理工作”的规定，《方案》第四条明确指出：“管理范围内，管委会代表市政府履行风景名胜区的旅游开发、规划、建设、管理和保护职能。”依据以上条款的规定，管委会是市政府派出并授权的风景区行政管理机构，具有行政执法主体资格。

2. 管委会作为市政府授权的风景区范围内《条例》的执法主体，负责对《条例》第六章第四十条至第四十六条规定的违法行为行使行政处罚权。

3. 风景区范围内凡涉及进入司法程序的案件，按属地管理原则，由司法部门处理。

二、分清职责权限

4. 在风景区内设立的市直部门派驻分支机构，接受管委会和派出机关的双重领导，行使风景区内的行政执法权，依法开展行政执法工作。

旅游、文化、林政、渔政、民族宗教等实行行政委托的行政执法权，以管委会组织行使为主，永修、武宁两县予以积极支持配合。市直相关部门可根据需要派员参加管委会综合执法工作。工商、卫生的行政执法工作和森林防火、防汛工作仍实行属地管理，由永修、武宁两县为主，管委会予以支持配合。

5. 按照《方案》第一条第4款、第四条第9款的规定，由市委组织部行文永修、武宁两县，明确规定在任免风景区范围内乡镇场党政正职干部时，必须事先征得管委会的同意。

三、健全管理机构

6. 调整充实市直部门的派驻机构：

（1）分设国土资源管理分局和规划建设分局。其中：国土资源管理分局负责风景区范围内所有建设项目用地的申报、审批、稽查以及办理招、拍、挂等，并增加核心景区矿产资源保护管理职能；规划建设分局负责规划、建设管理，并增加环境保护、房产管理职能。

（2）管委会综合管理局增加物价、安全生产监督管理、水利管理职能。另设港航管理所，隶属市港航管理处管理。

（3）风景区内所有派驻分支机构的编制、人员、工资、福利和工作经费，由管委会负责。

7. 调整管委会内设机构：

（1）成立管委会综合执法大队，为风景区内《条例》综合执法机构，负责依法检查、监管和行政案件办理。

（2）撤销管委会机关党委，成立风景区党委组织宣传（劳动人事）部，负责组织、宣传、统战、民族宗教、内部编制、人事、劳动、工资以及职称评定等工作。

（3）以上内设机构的人员编制，除新成立的管委会执法大队外，均在《方案》核定的编制总额内进行调整。

附录

8. 成立“庐山西海旅游开发总公司”，与管委会两块牌子、一套人马，按市场化运作。

四、完善财税体制

9. 依据《方案》第五条第4款第1项的规定，管委会管理范围内的旅游性税收收入地方所得部分的分成，经管委会与永修、武宁两县确认旅游性税收项目，由税务部门提供年纳税额，年终由市财政计算需划转财力再通过决算划拨返还给管委会，其中：管委会成立之前两县开发的旅游项目和成立之后由两县自主招商旅游项目税收按40%返还，管委会自主招商和开发的旅游项目税收按60%返还。云山垦殖场暂不返还。

庐山西海国际温泉度假村项目在风景区管理范围内，属于旅游性项目，但该项目所涉及财税分成按个案特例处理。一次性房地产建安税、销售营业税归永修县政府。旅游性税收仍按《方案》规定执行。

10. 依据《方案》第五条第4款第2、3、4项的规定，风景区范围内的门票收入当地分成部分划归管委会，暂定三年；风景区范围内国有土地出让金的纯收入划归管委会（不包括云山垦殖场），风景区范围内的道路建设和管委会资产购置经费在土地出让收入中列支；永修、武宁两县调入管委金人员每年共60万元的划拨基数（其中永修50万元，武宁10万元），经划转双方确认后，由市财政通过决算划转。

11. 财税体制经市委、市政府决定后，永修、武宁两县必须严格按照规定认真履行，由市财政局负责督促两县按时办理决算划拨手续。

2007年10月21日

关于加快推进江西西海投资发展有限公司发展的意见

云发〔2009〕13号

为认真贯彻落实市委钟利贵书记视察风景区和市政府曾庆红市长在风景区现场办公会时的讲话精神，创新风景区运行机制，加快推进江西西海投资发展有限公司高效运转，做大做强。经风景区党委、管委会研究决定，提出如下意见：

一、工作思路

坚持以科学发展观为统领，以打造“四个一流”为发展目标，立足当前，着眼长远，创新经营管理机制，组建江西西海旅游投资发展有限公司。受风景区管委会委托，公司对风景区范围内的旅游、土地、森林、矿产、水资源等有形资产和广告、客运、品牌经营权等无形资产进行经营。按照精简高效的要求，公司与管委会实行“两块牌子，一套人马”。通过依法高效运作，使公司成为风景区整合旅游资源、开展合作融资、主导项目建设、推进科学发展的重要平台和载体。

二、目标任务

按照国有公司的要求进行严格管理和合法经营，通过独资、合作、收购、控股、参股等形式，提升公司核心竞争力和产业化水平，实现企业做优做强，通过努力，逐步将公司发展成规模化、产业化、多元化、有一定影响力的旅游企业，最终实现上市目标。2009年，公司的主要目标任务是：

1. 充分发挥公司融资平台作用，力争融资2000万~3000万元；

2. 争取年底启动1~2个“投入少，见效快”的示范性旅游项目；

3. 完成导服中心的组建工作；

4. 争取完成2宗以上土地整理、收储业务；

5. 做好“庐山西海”旅游产品商标异议和协调工作，抓紧时间做好“西海”品牌防御性注册工作。

三、工作机制

公司在风景区党委、管委会的领导下，按照风景区发展的总体要求和党委、管委会确定的目标任务，依法自主经营、自负盈亏。为打造精干高效的经营管理团队，公司领导和部分高层管理人员与管委会领导和部门负责人实行交叉任职。鼓励管委会及其部门在公司任职人员，保持其原政治、工资福利待遇、人事关系等不变。公司内设机构的部门负责人按干部任免权限和“公司法”的要求任免、管理，公司专职员工按照“以岗选人，公开择优录用”的方式由公司进行招聘和聘任。

四、机构设置

根据公司的职能、经营范围和企业发展需要逐步设立综合办公室、财务统计部、人力资源部、项目开发部、市场营销部、土地储备中心等6个职能部门，同时，将西海、云居山2个景区服务中心的经营职能划归西海投资发展有限公司。

五、绩效考核

公司根据党委、管委会关于西海风景名胜区发展的总体要求，科学制定公司近、中、远发展计划并报党委、管委会批准后抓紧实施。管委会每年给公司下达任务，并对公司绩效实行考评，考核结果与公司人员工资挂钩，严格兑现奖惩。

2009年7月29日

中共九江市委
关于同意中国共产党九江市云居山—柘林湖
风景名胜区委员会更名的批复

九字〔2011〕15号

云居山—柘林湖风景名胜区党委：

报来《关于将“中共九江市云居山—柘林湖风景名胜区委员会”更名为“中共庐山西海风景区委员会”的请示》收悉，经研究同意：

1. 原“中国共产党九江市云居山—柘林湖风景名胜区委员会”更名为“中国共产党庐山西海风景名胜区委员会”。原“中国共产党九江市云居山—柘林湖风景名胜区纪律检查委员会”更名为“中国共产党庐山西海风景名胜区纪律检查委员会”。

2. 庐山西海风景名胜区下属各单位党组织名称作相应的变更。

特此批复

2011年5月9日

关于将“九江市云居山—柘林湖风景名胜区管理委员会”更名为“庐山西海风景名胜区管理委员会”的批复

九府厅字〔2011〕81号

云居山—柘林湖风景名胜区管委会：

《关于将“九江市云居山—柘林湖风景名胜区管理委员会”更名为“庐山西海风景区管理委员会”的请示》收悉，经市政府研究，现批复如下：

1. 同意将“九江市云居山—柘林湖风景名胜区管理委员会”更名为“庐山西海风景名胜区管理委员会”。

2. 庐山西海风景名胜区管委会下属单位名称作相应的变更。

特此批复

2011年7月4日

九江市人民政府关于进一步加快庐山西海风景名胜区开发建设的意见

九府发〔2012〕10号

为落实市第十次党代会“推动旅游大发展”的总体部署，积极推进旅游经济强市建设，根据2012年2月9日市委中心组集中学习会议精神，就进一步加快庐山西海风景名胜区开发建设提出以下意见。

一、明确总体要求。在不改变行政区划和行政关系的前提下，按照“理顺关系、完善职能、搭建平台、双重管理、共同开发、利益共享”要求，实行“一不变、二共同、三统一”的“一二三”原则，即不变行政区划和行政关系；共同推进规划区保护与开发，共同实施公司化运营；统一景区规划管理，统一规划区湖面资源经营，统一重点区域开发，进一步加快庐山西海风景名胜区的开发建设。

二、强化协调指导。成立市庐山西海保护与开发工作委员会（简称“工作委员会”，下同），负责规划区及外围保护区范围内的规划编制、项目审批、重大事项决策等工作。由市政府分管旅游的副市长任主任，庐山西海风景名胜区党委书记和管委会主任、永修县县长、武宁县县长为副主任，市直有关部门为成员单位，工作委员会办公室设在庐山西海风景名胜区管委会。工作委员会定期召开协调会议，对涉及风景名胜区发展与保护的事项进行协调指导。办公室主要负责处理工作委员会日常工作，包括受理各方诉求、协调各方利益关系、落实工作委员会重大决策部署、督促环境保护和项目快速推进、办理项目审批和规划编制等工作。为加快景区旅游项目推进速度，工作委员会分别下设武宁景区旅游项目建设协调推进领导小组、永修景区旅游项目建设协调推进领导小组，负责对重点旅游项目进行定期调度协调。

三、统一景区规划管理。根据九府发〔2006〕4号文件要求，由庐山西海风景名胜区管委会负责对风景区规划进行集中管理，在继续完善风景区总体规划的同时，进一步加强各专业规划和详细规划的编制工作，完善风景名胜区规划审批制度，强化庐山西海风景名胜区管委会规划管理职能，维护规划的严肃性。

四、统一规划区湖面资源经营。按照“行政区划不变、所有权不变、债权债务关系不变”的原则，由江西庐山西海国资旅游开发有限公司统一经营风景区规划范围内湖区的水面及岛屿使用权。该水面具体四址为东部以柘林水库大坝经吴王峰至二附坝为界；南部以柘林水库大坝沿永武公路经界牌、杨洲村后，沿柘林湖南岸至漾都村猪头垄半岛为界；西部以柘林湖红岩潭库湾东岸（巾口乡北栎村西岸接罗坪镇漾都村猪头垄半岛北岸）为界；北部从巾口乡北栎村沿永武高速公路南侧接二附坝。水域面积160平方千米，其中武宁98.53平方千米，永修61.47平方千米。该公司主要从事码头开发经营、岛屿开发经营、水面开发经营、水上旅游经营和旅游产品开发经营等。

五、统一重点区域开发。在坚持行政区划和行政关系不变的前提下，由江西庐山西海武宁景区旅游开发公司和江西庐山西海永修景区旅游开发公司分别对巾口乡和柘林镇划入风景区总体规划范围的区域进行统一开发。巾口乡位于风景区总规范围内四址为：

北面以永武高速为界（破北栎、上畈、三山、棠厦四个村组）；东面与官莲乡东山村交界；南面隔湖与罗坪镇交界；西面以红岩潭库湾东岸（即北栎村西岸）为界；风景区总规涉及陆地面积37平方千米。柘林镇位于风景区总规范围内区域为：司马村、易家河村（含附坝林场、采育林场）两个行政村；风景区总规涉及陆地面积69.04平方千米。两个公司分别统一组织巾口乡、柘林镇岸上土地开发、经营和景区景点开发、建设、经营。

六、进一步明确庐山西海风景名胜区管委会行政职能。庐山西海风景名胜区管委会负责规划区湖岸规划建设、航运管理、安全监管以及风景规划区水面与岛屿治安、水政、林政管理；负责统一组织武宁巾口乡、永修柘林镇的土地报批（含占补平衡）、土地收储、土地出让、旅游行业管理。征地拆迁安置、农民建房、养老保险等社会事务继续由两县管理。以上行政职能的调整暂定为五年，五年后是否继续执行视三家公司开发成效而定。

七、共同推进规划区保护与开发。除巾口乡、柘林镇外，对风景区规划范围内的武宁县官莲乡东山村，宋溪镇王埠村、南皋村、大坪村，罗坪镇关山村、东边村、漾都村、洞坪村，杨洲乡界牌村、杨洲村，永修县三溪桥镇横山村、黄岭村、旭光村、杨垅村，云居山山顶林场等乡村（场），实行统一规划、共同管理、以县为主开发和经营。落户该区域重大旅游投资项目必须报工作委员会审核，实行统一规划、分县实施，并按程序上报国家和省级规划行政主管部门批准。该区域内的其他行政、经济、社会事务等职能由两县政府按各自行政区划依法进行管理。在工作委员会的指导与协调下，庐山西海风景名胜区管委会、永修、武宁、修水县分工协作，共同承担风景区规划区域和永武高速、焦武公路可视范围及修河上游区域的环境与资源保护工作。武宁、永修两县任免巾口乡、柘林镇党政正职，要以书面形式征求庐山西海风景名胜区党委的意见。

八、共同实施公司化运营。调整江西庐山西海国资旅游开发有限公司股比结构，由庐山西海风景名胜区管委会、武宁县、永修县分别按36 : 35 : 29比例持股。公司成立后的前5年收益用于公司发展壮大，5年后按股分红。组建江西庐山西海武宁景区旅游开发有限公司和江西庐山西海永修景区旅游开发有限公司，武宁、永修县政府分别以巾口乡、柘林镇岸上土地资源、湖中岛屿资源、旅游资源、基础设施及其使用权入股，占49%股份，市政府职能部门和庐山西海风景名胜区管委会出资控股，占51%股份。公司实行自主经营、独立核算。公司成立后的前5年收益用于基础设施建设、项目开发投资和公司发展壮大等，5年后庐山西海风景名胜区管委会分别与两县按股分红。

九、完善法人治理结构。以上三家公司按公司法设立董事会、监事会和财务总监。董事会由七人组成：董事长、总经理分别由庐山西海风景名胜区党委书记、管委会主任出任，其他董事分别由市国资委一名负责人、两县常务副县长、巾口乡乡长、柘林镇镇长出任。三个公司监事会均由五人组成：监事会主席由市国资委派员出任，其他监事由市审计局、市财政局各派一名负责人，两县各派一名分管领导出任。财务总监由市财政局派员出任。

十、建立利益共享机制。统一开发的重点区域（即巾口乡和柘林镇）土地出让收入剔除成本和提取“六金”后的纯收益，五年内由庐山西海风景名胜区管委会负责用于两个乡镇和湖面水上旅游开发建设；五年后，庐山西海风景名胜区管委会与项目所在县按2∶8比例分成，一年一结算。风景区规划范围内旅游项目及相关配套基础设施项目税收征管分配，仍按原九府发〔2006〕4号、九府字〔2007〕68号、九府厅抄字〔2011〕27号文件规定的办法执行。规划范围内固定资产投资、招商引资、财税收入、土地收益等社会经济指标，按属地原则纳入两县政府当年统计范畴。

十一、本意见解释权归工作委员会，未尽事宜由工作委员会协调解决。

2012年8月30日

庐山西海风景名胜区船舶管理公告

为了加强庐山西海风景名胜区船舶统一管理，确保水上交通安全和有序营运，防止船舶污染水域，根据有关法律法规、规章的规定，结合风景区实际，特公告如下：

一、按照市政府《关于进一步加快庐山西海风景名胜区开发建设的意见》文件精神，市政府授权庐山西海风景名胜区管委会（下以简称“管委会”），对庐山西海风景名胜区水域航行、作业和停泊的旅游船、货运船、农用船、渔船、采砂船、潜水观光船艇、无动力游览船艇等各类船舶（以下统称“船舶”）实施统一管理。具体管理范围：上游南侧以罗坪镇漾都村猪头垄半岛为基点，北侧以巾口乡北栎村为基点的南、北连线为界以下；下游以柘林大坝为界以上的共160平方千米水域。

二、风景名胜区任何企业和个人购（建）船舶必须严格按照分类分层审批、统一管理原则办理审批手续，方可从事相关活动。

从事旅游经营的，按照管委会“总量控制、统一调配”的要求，船舶业主须到景区海事、港航、工商、消防等部门办理相关手续，核发统一的旅游经营证照；从事非旅游生产经营的，按照管委会、武宁县、永修县共同明确的“总量控制、分层管理”的要求，船舶业主须逐级在村、乡（镇）、县职能部门办理船舶经营初审，最后在管委会船舶管理办公室（暂设在柘林湖地方海事处）办理审核、登记建档手续，并由相关职能部门核发统一的专许证照。

已购（建）的船舶，在管委会统一经营的水域从事经营活动的旅游类船舶业主，须于2013年1月31日前，持原批准文书及购（建）的相关材料到管委会船舶管理办公室办理建档登记手续，并由相关职能部门核发统一的旅游经营证照；非旅游类的船舶业主，须于2013年3月31日前，先到当地村、乡（镇）、县职能部门审核申报后，再报管委会船舶管理办公室登记建档，并由相关职能部门核发统一的专许证照，纳入管委会统一监管。

三、在管委会统一管理水域内作业的各类船舶应在管委会划定的范围从事相关作业活动；在管委会统一规划设置的码头停靠。严禁任何单位和个人未经风景区规划和港航部门同意私设、私建码头（停靠点）。

四、在管委会管理的水域范围，各类船舶由风景区海事、港航、工商、公安、安监、旅游、消防等有关部门统一执法。

五、本公告发出后，管委会、武宁、永修相关职能部门抓紧开展风景区各类船舶清理整顿工作。在清理整顿期间，暂停办理新增船舶相关手续。

特此公告

2013年1月16日

关于打造“一个中心、四个基地”，大力推进“3239工程”的实施意见

庐西发〔2012〕2号

“十二五”时期是风景区加快发展奋起赶超的决战时期。2012年是风景区“两年出形象，四年上台阶”的开启之年。为了明确工作目标，加大工作力度，努力实现风景区突破性发展，特制定本意见。

一、指导思想

以科学发展观为统领，以市第十次党代会精神为指针，以“创新、突破、实干”为主旋律，依托大项目、大运作，推进大旅游、大发展，着力打造“一个中心、四个基地”，大力推进“3239工程”，通过三至四年的努力，把风景区建成“江西最热、中部叫响、国内一流、世界知名”的旅游目的地。

二、发展目标

（一）“十二五”目标

1. **打造“一个中心、四个基地”**。即禅山圣水养生中心（建设国际禅修院，光大云居山禅文化；大力开发温泉地热资源；建设一批山水养生项目）；观光休闲基地（依托独特山水资源，建设一批旅游项目，打造山水经典景区）、水上游乐基地（突出大水大湖优势，打造一流的水运动、水游乐、水生活平台）、演艺会展基地（建设演艺中心和几个演艺项目，打造摄影、书画、写生和会议、会展基地，天天开展有特色的演艺活动）、科普教育基地（开发鄱湖文化、修河文化、农耕文化等科普项目；建设亚洲第一坝博物馆，开展爱国主义、集体主义教育）。

2. **争创全国AAAAA景区**。到“十二五”期末，实现景区游客总人数200万人次，其中游湖40万人次，均比2011年翻二番；力争二年内（至2013年）争创AAAA级景区，四年内（至2015年）争创AAAAA级景区。

（二）2012年目标

1. **大力推进“3239工程”**。“3个2”为：打造2大旅游集镇（巾口、司马旅游集

镇）；建设2大综合型旅游码头（司马、巾口码头）；策划2条政府主导、南北循环的游湖线路；“3个9”为：推进9个重大旅游项目（中信庐山西海国际生态旅游度假区、庐山西海国际休闲欢乐世界、西海天堂国际旅游度假中心、庐山西海国际艺术园、云居山国际禅修院、庐山西海花源谷、会议演出中心、庐山西海中美关系研讨会常年会址、庐山西海浪琴岛综合开发等）；9个重要接待设施（江西北戴河宾馆二期、庐山西海国际温泉度假村二期、省信用联社商学院二期、市接待中心、游客服务中心、柘林湖宾馆改造、梦幻山庄改造、云居山庄改造、庐山西海养生半岛等）；9个岛屿改造与开发建设。

2. **全面完成主要经济指标。**2012年，实现旅游总人数90万人次；完成旅游总收入8亿元；完成财政收入4200万元，固定资产投资10亿元以上。

3. **建立景区与周边共赢机制。**逐步建立权责明确、合作发展机制，促进景区与周边县乡各有侧重、共同发展，努力打造和谐文明景区。

三、工作重点

（一）组建公司，在政府主导经营上有突破。2012年上半年，完成江西庐山西海国资旅游开发有限公司组建与运营，主导景区资源开发、建设、经营。一是主导景区核心资源经营。完成游湖公司、水面运营和主要岛屿经营权收购；主导经营好北线码头、司马码头和巾口码头；策划打造2条南北循环的游湖上岛旅游线路，年底前投入运营。二是主导景区景点及旅游商品开发。基本完成9个岛屿或景点的开发与改造；大力推进庐山西海旅游商品开发，确保年底前有一批“庐山西海”品牌旅游商品面世。三是主导景区宣传营销。逐步开创政府牵头、企业参与的经营模式，形成统一策划、统一政策、统一营销、统一管理、按票分摊的营销营运格局。

（二）强力推进，在重大项目建设上有突破。以司马、巾口片区为主战场，打造区县联动、共促发展的平台。以9个重大旅游项目为着力点，实施项目带动战略，以项目大建设推动景区跨越式发展。一是已落户在建重大项目要全面推进，确保取得阶段性成效。力争中信庐山西海一期项目2012年上半年大建，下半年部分运营；力争庐山西海休闲欢乐世界项目上半年开工；庐山西海花源谷项目上半年开始营业；庐山西海国际艺术园上半年完成征地拆迁，全年完成建设面积2万平方米。二是云居山禅修院、会议演出中心、西海天堂国际旅游度假中心、中美关系研讨会常年会址、浪琴岛综合开发等拟建大项目要加快运作，力争年中全面开工建设。

（三）筹措投资，在配套设施建设上有突破。千方百计筹措资金，加大基础设施及旅游配套设施的投入，努力改变景区配套设施落后的现状。一是以柘林片区南、北线码头和巾口旅游码头打造为重点，拉开双向发展基本框架。北线码头扩建改造工程确保2012年3月底竣工，并正式运营；司马码头改扩建确保3月份开工，年底前基本竣工使用；巾口码头年底完成主体工程，2013年“五一”前交付使用。二是推进司马和巾口两大旅游集镇建设，提升景区承载能力。2012年上半年巾口旅游集镇要全面开工建设基础路网、游客服务中心及还建区等项目，力争年底开始接待游客；司马旅游集镇年底前基本完成基础路网和还建区建设。三是加快云居山景区改造步伐。2012年上半年完成云居山登山公路二期3.6千米改造和山门下迁工程；加快推进百花谷景点改造，实现山上山下景区串联。

（四）科学运作，在改善办公接待条件上有突破。积极争取上级支持，加快市场运作，改善办公和接待条件，彻底改变“上无片瓦，下无寸土”的局面。全面推进9个重要接待设施建设。2012年，完成爱心山庄改造、柘林湖宾馆改造、庐山西海国际温泉度假村（二期）、省信用联社商学院（二期）、江西北戴河宾馆（二期）项目建设主体工程建设，部分项目要投入使用；年中全面启动市接待中心、游客服务中心、云居山庄改造、梦幻宾馆改造等项目建设。

（五）创新管理，在管委会自身建设上有突破。进一步深化旅游经营职能，科学管理，打造高效、精干、适应景区发展的管理机构。一是按照“核心党委、高效机关”要求，优化现有机构设置，重组相关工作职能，理顺公安等派驻机构管辖管理关系。二是优化领导分工。按照块线结合、以块为主的领导分工机制，着力包区域、推项目、抓经营、强管理。三是实行绩效挂钩机制。按照公司经营、项目推进、征拆进展、行业监管、社会服务、机关运作等职能和岗位，推行绩效挂钩奖罚制度，最大限度调动风景区上下干事创业的积极性，鼓励风景区干部想干事、多干事、干成事。四是强化干部管理机制。优化设置内设机构，合理定岗，择优配人；严格控制进人，实行公开选拔；严格实行绩效考评，连续二年倒数部门实行末位淘汰。

（六）协同作战，在景区保护上有加强。“一湖清水”和“一片青山”是庐山西海最大的自然资源，坚决做到在保护中开发、在开发中保护，两手抓，两手都要硬。申请成立以分管副市长为组长的庐山西海风景区环境资源保护工作领导小组，协调永修、武宁、修水等县，坚持区县联动，加强区县合作，强化规划监管，严防乱开乱建，形成环境资源保护的工作合力；争取国家和省环保部门的支持，建设景区乃至修河流域环境监控体系，加强景区和修河上游的环境保护。

四、组织保障

（一）加大资金投入力度。开源节流，强化资金管理，集中财力搞建设，把管委会有限的财力用在“刀刃”上。加大争资争项和市场融资力度，运作资金，确保项目建设顺利推进，力争实现管委会财政投入建设一批，市场融资解决一批，招商引资发展一批。

（二）完善工作机制。强化条块结合、以块为主的分工方式，实行一个项目、一名领导、一个责任部门、一套工作方案的“四个一”的工作机制，制定“3239工程”实施方案，对每个项目定目标、定任务、定时间、定责任，严格兑现奖惩。

（三）加强工作调度。加强项目调度，由项目责任领导每周一调度，片区和专项工作由组长每半月一调度，风景区党政联席会对“3239工程”推进情况每月听取一次汇报进行专题调度。风景区考评办对具体项目进展情况按照一月一通报、半年一考评、年终一总评的要求，进行定期督查。

（四）创优发展环境。进一步贯彻落实市委加强作风建设，优化发展环境有关文件精神，全面深入推进干部作风建设年活动，将活动贯彻全年的各项工作当中。重点开展“治庸”“治懒”“治浮”“治赌”“治贪”等工作，树正气、造氛围，为大力推进“3239工程”创造良好的发展环境。

2012年3月1日

庐山西海风景名胜区2013年度工作意见

庐西发〔2013〕3号

2013年是学习贯彻党的十八大精神的第一年，是风景区“二年出形象，四年上台阶”的第二年。区党委、管委会将团结、带领干部职工和项目单位开拓创新、排难而进，为实现项目大建设、经营大突破、形象大提升的目标而奋发努力。

一、总体要求

在市委、市政府的正确领导下，深入学习贯彻党的十八大精神，坚持“一个中心、四个基地”的发展定位不变、坚持“二年出形象，四年上台阶”“二年创AAAA，五年创AAAAA”的发展目标不变、坚持“着力五个突破、一个加强”“大力推进‘3239工程’”的发展思路不变，再鼓干劲、再添措施、再加力度，成功创建国家AAAA景区，实现景区根本性变化。

二、工作目标

全年实现旅游总人次120万元，同比增长20%；实现财政收入5500万元，同比增长25%；完成固定资产投资30亿元，同比增长20%；整体申报并获得“国家AAAA景区”称号。

三、工作重点

（一）攻坚克难，强力建设旅游设施硬件。按照一南一北对接循环发展的思路，强力推进巾口和司马两大旅游镇建设。一是南线以司马旅游码头建设为重点，加速建设司马旅游镇。司马旅游码头力争在五一最迟七一前交付使用，省联社商学院一期、省林业厅等项目上半年运营。推进庐山西海休闲欢乐世界、神州通西海天堂、省联社商学院二期、北戴河宾馆二期、柘林湖宾馆改造、宣佳、蒙特勒、养生半岛、西海法庭等项目建设。二是北线以中信庐山西海项目为依托，重点打造巾口旅游镇。确保中信庐山西海启动区项目再投入10亿~15亿元，实现景观大道、精品酒店、公园会所等全面运营，年底前启动中信东组团工作。加快巾口“一路四中心”项目（即湖滨大道、市庐山西海接待中心、码头服务中心、西海演艺中心和游客服务中心）建设，力争十一最迟元旦前交付运营，并开始接待游客。同步推进巾口温泉疗养院、沙滩浴场、湖滨山庄、国际艺术园、省天然气、省交通厅等项目建设。三是全面提升岛屿改造与开发。推行领导和部门包岛屿，加大运作能力，推进5~6个岛屿改造，延伸开发至巾口景区，真正实现南北对接循环、湖岛湖岸联动发展。

（二）背水一战，努力实现政府主导经营。坚持一手抓项目建设，一手抓旅游经营管理。一是实现湖岛主导经营。上半年要融资2亿元左右，全面接管与改造神州通水上经营公司，实现政府主导经营，并带动湖岛湖岸联动发展。二是政企联动创品牌。建立管委会牵头、景区景点加盟，公司主导、企业参与的营销和经营模式，开展宣传活动、研发旅游商品、构建旅游线路，打出统一的“庐山西海”品牌。三是设点营销扩影响。在长沙、武汉、合肥、南昌等周边省会城市设立办事处，对接旅行社，持续设点营销，拢客源、打市场，努力叫响“庐山西海”品牌。

（三）强化监管，不断提升景区综合形象。一是强化宣传造势。继续办好三八、五一、重阳等节日和每季主题宣传促销活动，吸纳人气；同时结合今年年中、年底二大码头竣工营运，政企联手举办二场宣传推介活动；配合省市持续在央视等主流媒体开展形象宣传，为景区造势，提升景区知名度。二是突破行业管理。按照市政府《关于进一步加快庐山西海开发建设的意见》精神，全面理顺景区旅游行业管理职能，制定管理标准，规范易家河村、司马村、巾口乡等地农家乐、宾馆的经营、宣传、管理行为，练好内功，树立形象。三是创建AAAA景区。提升景区软环境和硬条件，整体申报国家AAAA景区并在年底获批，提升景区整体形象，为二年后申报AAAAA景区打下基础。

（四）同心协力，全力服务周边项目联动。在主导好一南一北两大旅游镇建设和水上经营的基础上，实现区县联动，努力把庐山西海风景区打造成共同发展、利益共享的和谐景区。一是以庐山西海武宁景区开发有限公司为依托，积极支持武宁县杨洲、罗坪、宋溪等地旅游项目建设，实现景点优势互补和旅游线路串联。二是以庐山西海永修景区开发有限公司为依托，积极支持永修县三溪桥、江上、云山等地旅游项目和配套项目建设，实现云居山景区门楼下迁，山上山下联动发展。三是以二大码头和旅游镇为依托，分别在一南一北二大旅游镇建设特色餐饮、特色休闲、特色娱乐、特色购物街，引导和带动周边群众参与旅游、从事服务，分享景区发展成果。

（五）蹲区包项，着力打造务实高效机关。多措并举，最大限度调动风景区干部干事创业的积极性，鼓励干部想事、干事、成事。一是包区域，推项目。按照“块线结合、以块为主”的领导分工，定人定责定时间定要求，实行领导和部门包片挂项目，做到人人有责任、人人有压力。二是抓调度，强督查。实施半月一调度、一月一通报、双月看进展、年终算总账，提高工作落实力度和工作效能。三是明奖惩，严兑现。推行绩效挂钩奖罚制度，严格兑现奖惩，对年度考评倒数两名且考评分数低于80分的部门进行通报批评，连续两年通报批评的部门，其负责人改任非领导职务。

（六）区县联动，共担绿水青山保护责任。在保护中开发、在开发中保护，切实保护好“一湖清水”和“一片青山”。一是严把规划源头。《庐山西海总体规划》已经国务院审批，将加大宣传力度，完成树碑定桩明界工作，并以规划为纲，做好各景区景点、主要项目的规划编制，维护规划的严肃性。二是形成保护合力。在市工委会协调下，会同武宁、永修两县，严格规划审批，严查违规行为，严防乱开乱建，确保景区保护落到实处，深入人心。三是实施环保项目。用好国家资金和政策，认真实施全国良好湖泊生态环境保护项目；做好项目环评、水土保持等工作；加快天然气项目建设步伐，推进油改气工作；努力做好污水、垃圾回收与处理工作。

四、工作要求

（一）提高运作能力。各部门和干部职工要努力克服规划审批难、征地拆迁难、筹资融资难、旅游经营难等困难和不利因素，开动脑筋，开拓思路，积极争取上级支持，紧密依靠乡村群众，努力开拓客源市场，不断加强政企合作，全面提升适应景区工作的运作能力。

（二）完善工作机制。继续强化“块线结合、以块为主”的分工方式，实行领导和部门蹲区域、包项目，推行一个项目（岛屿）、一名领导、一个部门、一套考评的工作机制；完善绩效考评方案，继续推进绩效与待遇挂钩；继续推行半月一调度、一月一通报、双月看进展、年终一总评的督查调度机制，提高工作落实力度。

（三）优化发展环境。认真贯彻执行中央八项规定，积极开展“为民、务实、清廉”群众路线教育活动，狠抓干部作风建设和廉能建设，重点治理假、浮、蛮、庸、懒、散等行为，严肃查处不作为、慢作为、乱作为行为，为景区发展创造风清气正的发展环境。

2013年3月5日

庐山西海风景名胜区2014年工作意见

庐西发〔2014〕1号

2014年是风景区“二年出形象，五年上台阶”承前启后的关键之年。区党委、管委会将团结和带领干部职工、支持和服务项目单位开拓创新、排难而进，为打造“中国最美的湖光山色”和“国内一流、世界知名”的旅游度假目的地而奋发努力。

一、总体要求

在市委、市政府的正确领导下，以党的十八大和十八届三中全会精神为指针，全面贯彻旅游强省、旅游强市和昌九一体发展战略，坚持“一个中心、四个基地”的发展定位不动摇、坚持“二年出形象，五年上台阶”“二年创AAAA，五年创AAAAA”的发展目标不动摇、坚持“大力推进‘3239工程’”的发展举措不动摇，在“五个突破”的基础上，着力“五个提升”（即项目建设、基础设施、旅游经营、保护水平、自身建设等），全面启动国家AAAAA景区创建，实现景区更快更大发展。

二、工作目标

力争全年旅游总人次突破150万人，其中游湖上岛人数突破25万人；财政收入达到6500万元；固定资产投资超过30亿元;实现政府主导、南北循环游湖线路正式运营。

三、工作重点

(一)实施大合作，着力大循环，把湖岛旅游打造成全国一流水平。按照一南一北、湖岸联动发展的思路，在去年收拢湖岛旅游经营、统一管理旅游船艇的基础上，以南北码头使用权、湖水旅游开发权、湖岛旅游开发权、旅游船艇经营权等无形资产为股权，强强合作，做活做强西海旅游股份有限公司。一是推进岛屿开发。筹措资金亿元以上，加快推进柘林景区3~4个岛屿改造升级，并在8·1前完成；启动巾口景区2~3个新岛屿开发，力争在十一前运营并接待游客。二是改造提升游船。全面完成现有船艇改造升级。同时，根据AAAAA景区标准，建造2~3艘集吃、住、游、玩为一体的大型游船。三是新上水体项目。大力推进蹦极海湾、沙滩浴场、垂钓会所、水上游乐等水主题项目，引进水上飞机、水下潜艇等项目，探索和实施空中看西海、水上游西海、水下探西海的立体游览模式。四是突破夜游活动。在柘林湖岛亮化的基础上，推进巾口景区亮化工程，策划推出夜游活动，填补景区夜游空白，打造湖区游览新亮点。五是实现南北循环。加快巾口码头建设，结合南北湖岛开发布局，重新规划旅游线路，实现南北对接循环、湖岛湖岸联动发展。

（二）实施大创建，着力大建设，把三大景区打造成全省休闲度假的亮点。在巩固AAAA创建成果的基础上，以AAAAA景区为标准，以南北循环、湖岛旅游为主线，加速巾口、柘林、云居山等三大景区旅游设施和项目建设。一是编制旅游规划，启动AAAAA创建活动。邀请国内一流规划单位，完成景区旅游发展规划编制，引导和规范景区全面有序发展。二是招引大项目，推进大建设，把巾口景区打造成国内一流的旅游镇。以中信庐山西海项目、巾口一路三中心项目为依托，加大招商选资力度，加快招引和建设演艺中心、沙滩浴场、垂钓中心、婚纱摄影基地和艺术园、养生园、温泉度假村等旅游项目建设；强力推进巾口路网、电网、水网和医院、市场等功能项目建设，构建完善的基础设施。三是改老建新，强化配套，把柘林景区打造成国内一流的休闲度假旅游带。以司马旅游码头为依托，以庐山西海温泉、桃花溪度假村、北戴河宾馆、休闲欢乐世界为支点，加速推动桃花溪度假村二期、柘林湖宾馆改造项目（含宣佳、蒙特勒、高能等）、清水山庄等一批老项目改造，同步加速推进润华酒店、西海天堂、黄荆洞、陶艺基地、北戴河宾馆二期、养生半岛、易家河温泉沿路开发等新项目建设，打造一条特色旅游休闲度假带。四是建好山顶，带动山下，把云居山景区打造成祈福养生的“小庐山”。全力推进云居山国际禅修院项目建设，同步加快云居山庄改造步伐，论证和规划云居山西线公路建设，拉动山中、山下发展，实现山湖联动、山水共享，力争把云居山打造成祈福养生、避暑休闲圣地。

（三）实施大营销，着力大经营，把庐山西海品牌打造成江西著名中国知名品牌。一是申报与保护庐山西海品牌。一方面加快景区硬件、软件建设，把庐山西海建好叫响；一方面抓紧申报省市著名品牌，规范“庐山西海”及“西海”字号的使用，依法保护庐山西海及西海品牌形象。二是全方位推进形象宣传。固定在中央、省市媒体加大形象宣传力度；持续在周边省、市播放专题宣传片；长期在公路、铁路、机场等重要场所广而告之，努力让庐山西海品牌家喻户晓。三是内办活动外设机构加大营销力度。按照“月月有活动，季季有主题”的宣传营销思路，继续办好三八、五一、六一、七一、八一、十一、九九和元旦等节庆和每季主题宣传促销活动；依托南昌、武汉、长沙、合肥等省会城市已设的办事处，开拓广东（广州、深圳）、福建（厦门、福州）、江苏（南京）等新市场，固定组团社，建好地接社，建立激励机制，叫响庐山西海。四是不断提升经营与服务水平。依托政府主导经营，发挥行业管理作用，提升公司运营水平，提升统一监督水平；组建巾口游客服务中心，强化司马、云居山、巾口三个游客服务中心服务职能和服务意识，提升服务水平，树立景区形象。

（四）实施大教育，着力大提升，把干职工队伍打造成勤政廉政、企业称赞、游客满意的表率力量。一是抓好教育活动。按照中央、省、市委要求，结合景区实际，深入开展“为民、务实、清廉”党的群众路线教育实践活动，做到规定动作做到位，自选动作有特色，通过活动增强干部事业心和责任感。二是抓好干部培训。以山水大讲堂为平台，加强干部教育培训，提升干部营销、经营和推进项目、服务企业的水平，提升干部谋事担当和破难干事的能力。三是抓好绩效管理。继续推行块线结合，以块为主的分工方式；推行年度考评、季度看进展、月度考核相结合的督查、评价办法；推行绩效挂钩奖罚制度，最大限度地调动干部积极性和主动性。四是抓好党纪政纪。落实党风廉政建设责任制，推进反腐倡廉惩防体系建设，加大干部作风和效能督查，严肃党纪政纪，促使干部自觉遵纪守纪、努力干事、干净成事。

（五）实施大协作，着力大发展，把景区打造成区县联动、成果共享、持续发展的和谐文明景区。一是认真执行10号文件。联动区县，严格按照《船舶管理公告》要求，确保船舶统一管理到位；协调理顺旅游行业管理，做到行业管理到位；做大西海旅游公司，做到湖岛统一经营到位。二是建立合作机制。加强与两县沟通协作，牵头打造巾口、柘林二大景区，凡是新上旅游项目都签订三方协议，形成项目共推、难题共解、成果共享的发展合力。三是带动周边发展。鼓励当地居民参与旅游，拉伸产业链条，分别在一南一北二大旅游镇建设特色餐饮、特色休闲、特色娱乐、特色购物街。支持和服务县乡在景区其他地方加快发展。四是协同强化保护。继续强化“保护式开发”理念，全面执行总规要求，根据已树立的桩界，落实分级保护措施，维护规划严肃性；坚决杜绝违法乱养、乱捕、乱建、乱开、乱采等行为，严防水体污染、山体破坏；进一步加大《景区总规》和《风景名胜区条例》宣传力度，强化景区周边基层组织和群众保护意识。

四、工作要求

（一）强化运作能力。努力克服规划审批难、征地拆迁难、手续办理难、筹资融资难等困难和不利因素，搅动思想，放开思路，大胆创新，迎难而上，努力争资争项和选商选资，提升运作项目、运作资金、运作市场等能力，破解发展难题。

（二）强化发展环境。秉承一切为了游客和一切为了项目的发展理念，急游客之所需，帮企业之所难，加快设施建设，加快项目建设，提升经营水平，提升服务水平，努力做到游客满意，企业称赞。

（三）强化队伍建设。认真开展“为民、务实、清廉”党的群众路线教育实践活动，严格执行中央八项规定和省市要求，进一步改进干部作风，提升工作能力，为景区更快更大发展提供组织保障。

2014年2月26日

庐山西海风景名胜区2015年工作意见

庐西发〔2015〕1号

2015年是风景区发展升级提速、全面创建国家AAAAA级景区的大干之年。区党委、管委会将围绕“南设经营中心、北设行政中心”的服务格局，吹响二次创业号角，团结带领景区干部职工，推进“四大平台”建设，为把庐山西海打造成“中国最美的湖光山色”和“国内一流、世界知名”的旅游休闲度假目的地而努力。

一、总体要求

深入贯彻中央十八届四中全会精神，以全省旅游产业发展大会和全市旅游工作推进会为指针，坚持“一个中心、四个基地”的发展定位不动摇、坚持“二年出形象，五年上台阶”“二年创AAAA，五年创AAAAA”的发展目标不动摇、坚持“一手抓项目建设、一手抓主导经营”“大力推进‘3239工程’”的发展举措不动摇，全面创建国家AAAAA级景区，开创庐山西海品牌大提升、建设大提速、服务大提质的升级版。

二、工作目标

力争全年旅游总人次突破660万元，其中游湖上岛人数突破30万元；财政收入达到8000万元；固定资产投资超过30亿元。

三、工作重点

（一）着力循环对接，夯实发展布局，奋力打造四大平台。大力推进四大平台旅游项目和基础设施建设，实现南北循环、双向对接、山水联动发展。一是改扩增提、串点成面，做活环湖湖岛游乐圈。按照巅峰智业规划设计，加速柘林景区岛屿改造，今年“五一”新面貌、新线路接待游客；立足“鱼水”特色，加快推进附坝景区二平台、二岛、三库湾等垂钓基地开发；突破巾口景区游湖玩水经营，加快引进水上飞机项目，探索空中看西海、水上玩西海、水下探西海的旅游新模式，努力将庐山西海湖岛旅游打造成为国内一流的以水和岛为主题的游乐平台。二是改老建新、政企联动，打造柘林观光休闲带。按照温泉沿路控规，努力推进温泉二期开发；以司马旅游码头为依托，加速改造码头周边蒙特勒、宣佳、高能、清水山庄、西海湾二期等项目；努力推进华天、神州通、黄荆洞等新上旅游项目建设；联动花源谷、桃花溪漂流等景区景点，扩大湖岛旅游外延；建设高速出口至司马码头沿线景观路灯，联手县乡，开展环境整治，打造特色旅游景观长廊。三是招大引强、整体推进，打造巾口旅游度假镇。完善“一路四中心”项目，重点加快巾口码头综合体建设，加快垂钓中心、沙滩浴场等项目推进，打造湖岸、湖岛联动的游湖玩水平台，实现“五一”开始接待游客；全力支持中信度假区项目建设，优先把主题酒店和部分旅游项目建成运营；加速推进水天一色度假酒店、温泉度假村、演艺中心、禅修养生园等重点项目，完善旅游六要素；按照整体规划、整体拆迁、整体开发模式，启动整体打造水陆结合、功能齐全、特色鲜明、项目带动、农民参与的国内一流休闲度假名镇。四是区县联手、协同推进，打造祈福养生云居山。全力支持禅修中心项目建设，努力推进云居山庄改造，启动五龙潭、百花谷等景点开发建设，开发禅茶、素食等旅游商品，支持永修山中、山下联动发展，启动云居山与西海索道建设规划，逐步实现山湖联动、山水共享，打造祈福养生的“小庐山”。

（二）着力统分结合，做好四篇文章，创新做实主导经营。靠大联强，探索政府主导、景点联动、多种经济成分并存的经营模式，创新公司做大做强的拓展机制、营销机制、管理机制。一是推进自营与股份结合，做好经营拓展文章。努力自营柘林景区，探索政府公益经营景区路子；尝试租赁经营巾口景区，探索社会经营景区路子；激励合作投资湖岛项目，探索政府主导、股份经营景区路子；理顺国资公司、武宁景区公司、永修景区公司关系，把三个公司作顺做活，不断夯实发展平台。二是注重团队与散客并重，做好宣传营销文章。加大在中央、省、市和周边媒体形象宣传力度，每季策划确立一个以“游湖玩岛乐水”为核心的旅游主题，长期广而告之，形成景区品牌；牵头开展垂钓、摄影、龙舟、飞碟等全国性、全省性赛事活动，长期固态化，形成景区招牌；分别在南昌、武汉、长沙、合肥等周边省市设立办事处，签约10家以上合作社，建立固定客源；补贴开通直通九江、南昌旅游专线，落实园区企业、特困群众、两县乡亲等优惠政策，为“决战万亿、做大九江”提供软实力。三是落实船艇与游线策划，做好服务提升文章。加快岛屿改造开发步伐，科学布局延伸观光线路；加快船艇改造更新步伐，把船艇由游客运载平台提升为观光游乐平台；加快智慧景区建设，建成全省首批智慧景区；优化公司运行、强化员工培训，做到AAAA景区AAAAA服务。四是发挥资源与品牌优势，做好联大靠强文章。守护青山绿水，强化景区最大的资源保护；规范“庐山西海”、“西海”品牌使用，提升品牌价值；面向全国，主动出击，不急不躁，招大引强，尽早实现在旅游经营上政府主导、市场运作、联大靠强的目标。

（三）着力提升干劲，保持发展定力，唱响二次创业号角。按照南设经营中心、北设行政中心的南北呼应服务格局，继续保持景区形成的艰苦创业、真抓实干的工作作风。一是不断巩固路教活动成果，实现服务提质。继续开展“山水大讲堂”活动，不断加强干部职工培训与教育力度；继续开展“每月一问计”活动，把游客意见作为整改重点，长期一以贯之；继续加大群众路线教育实践活动整改工作，落实主体责任，坚决防止“四风”反弹；继续开展“游客满意、企业称赞”的创评活动，努力打造服务型干部和服务型景区。二是大力开展“大上项目、二次创业”实践年活动，实现建设提速。围绕全年目标任务，继续推行年度考评、季度看进展、月度考核相结合的督查、评价办法；推行绩效挂钩奖罚制度，最大限度地调动干部积极性和主动性，提升干部谋事能力和操作能力，激励干部职工为景区“二次创业”、更快发展添砖加瓦。三是扎实推进国家AAAAA景区创建，实现品牌提升。一方面继续抓好项目、设施等硬件建设，满足旅游景区“吃、住、行、游、购、娱”六要素要求；一方面不断提升服务接待水平，加快推进行业统一管理、旅游商品开发、旅游人员培训，增强品质，树立形象。确保2017年国家AAAAA景区一次申报一次成功。四是努力打造区县合作、政企联动和谐景区，实现发展共赢。加强区县协调，落实市政府10号文件精神，实现船舶统一管理到位、行业统一管理到位、湖岛统一经营到位；协同两县，集聚合力，政企联动，推进巾口、柘林二大景区深入开发；会同修水、武宁实施国家PPP项目，守护流域，保护湖区；加大《景区总规》和《风景名胜区条例》宣传和执法力度，落实分级保护措施，严防水体污染、山体破坏，永远守护一湖清水、一片青山。

四、工作要求

（一）强化项目意识。近三年，景区虽取得突破性发展，但仍处在爬坡过坎的关键时期。旅游项目太少，吃住行不配套还是景区最大的短板。为此，招选项目、推进项目、建设项目是景区第一位的工作。全区上下必须坚守一切为了项目、为了项目一切的工作理念，排难而进，大建项目。

（二）强化经营意识。景区不同于县区，既要经营资源，引领发展；又要市场运作，规范服务。在发展的初级阶段，管委会做宣传、跑市场、搞营销，干部学经营、懂经营、抓经营十分必要，极其重要。为此，管委会要积极探索自营、租赁、股份等经营之路，把景区建好管好叫响。

（三）提升推进力度。目前，景区职能不完备，无论是项目落户、规划报批，还是征地拆迁、报建手续，都需要上下左右支持。为此，在推进项目过程中，需要各级干部既当指挥员，又当战斗员，排难而进，一抓到底。

（四）提升服务水平。当前，景区的工作主题是一手抓项目建设，一手抓主导经营。做到企业称赞，才能建成项目，做到游客满意，才能做大经营。为此，景区全体干部职工要进一步树立责任意识、服务意识，为打造"游客满意、企业称赞"的干部职工队伍而努力。

2015年2月4日

庐山西海风景名胜区 2016 年工作意见

庐西发〔2016〕1号

2016年是国家"十三五"规划的开局之年，是风景区"二年出形象、五年上台阶"的收官之年，也是风景区党委、管委会成立10周年。在这一特殊年份，区党委、管委会将团结和带领干部职工，咬定目标，精准用力，开拓创新，迎难而上，为实现"二年出形象、五年上台阶"目标，开创"二次创业"新局面而奋发努力。

一、总体要求

在市委、市政府的正确领导下，以党的十八大和十八届四中、五中全会精神为指针，全面贯彻旅游强省、旅游强市战略和市委十届九次全会精神，坚持"一个中心、四个基地"的发展定位不动摇、坚持"二年出形象，五年上台阶""二年创AAAA，五年创AAAAA"的发展目标不动摇、坚持"一手抓主导经营、一手抓项目建设""大力推进'3239工程'，全力打造四大发展平台"的发展举措不动摇，全力申报国家AAAAA景区，同步创建国家级旅游休闲度假区，积极推进庐山西海旅游经济圈建设，努力把庐山西海打造成“中国最美的湖光山色”和“国内一流、世界知名”旅游度假目的地。

二、工作目标

景区全年旅游接待总人次突破700万元，游湖上岛游客力争突破50万人次，其中柘林景区40万人次，巾口景区10万人次。力争实现财税收入过亿元，固定资产投资20亿元以上。

三、工作重点

1. 主攻重点，精准用力，持续建设四大平台。一是主攻配套项目，持续把巾口打造成国内一流的旅游风情小镇。支持和服务中信度假区新上游客游玩项目，打造引爆点，实现项目转型升级；建成做活巾口码头综合体，服务开发商租售并举、长短结合、创新运营，打造巾口游客集散之中心；加快推进湖滨大道沿线沿湖国际垂钓中心、巾口温泉度假村、水云间度假酒店、生态农业观光园、赣粤高速度假区、水世界二期、温泉开发、沙滩浴场等项目建设，加速景区功能配套；按照整体规划、整体拆迁、整体运作模式，努力启动巾口旅游镇整体开发。二是主攻四大支撑，持续把柘林景区打造成国内一流的休闲度假旅游带。全力促成省体育局射击、游泳、水上运动三大中心项目落户庐山西海，提升柘林景区项目品质；加快司马旅游码头周边6个项目改造与建设速度，打造沿路旅游带游客集散之中心；积极支持华天集团加快欢乐世界项目建设，打造景区陆上项目又一引爆点；主动服务花源谷生态休闲区建设，尽早实现四季有花、全年休闲。再用二到三年时间，沿焦武旅游公路把四大支撑区串线成带。三是主攻岛水开发，持续把湖岛旅游打造成全国一流水平。强化水体项目落户，引进水上飞机和水下潜艇等项目，努力实现空中看西海、水上玩西海、水下探西海的立体旅游模式；全面完成柘林景区岛屿改造，加快推进巾口景区岛屿开发，实现南北都能游湖玩岛；加快推进船艇一次性更新，实现公交式、休闲型游湖观光，力争“七一”前形成一道亮丽风景。四是主攻上下联动，持续把云居山景区打造成祈福养生的“小庐山”。协调解决历史遗留问题，全力推进云居山国际禅修院项目建设，打造中国禅修之亮点，同步加快云居山庄改造步伐，不断完善山上旅游配套设施；支持和服务永修在山下开发建设游客集散和换乘中心，探索云居山、柘林湖景区链接新方式，尽早实现山上山下、山湖联动发展。

2. 加强运作，不断拓展，做活做大旅游经营。创新西海旅游股份有限公司营销机制、管理机制、拓展机制；创新景区自营、股份、租赁等经营方式，巩固多元化经营成果，致力于联强靠大做活经营。一是创新宣传营销。整合各景区景点资源，统筹柘林、巾口、云居山三大景区，树立一盘棋、环湖旅游圈的发展理念，形成宣传营销合力；做实南昌、武汉、长沙、合肥等周边四省办事处，签约40家以上旅行社，努力打通大学、农村等潜在市场；按照“季季有主题、月月有活动”的要求，广泛开展相关宣传活动，持续叫响庐山西海品牌。二是创新公司管理。认真总结收购接管后自主经营的得与失、利与弊，不断改进与创新营销管理、票务管理、船艇管理、游线管理、岛屿管理、员工管理和成本管理，不断提升经营水平和经营效益，做到AAAA景区，AAAAA服务。三是创新经营拓展。按照“南北二大中心，环湖四个支点”（即司马、巾口二大码头中心，中信、康龙、附坝、花源谷四个支点）的经营布局，努力拓展经营区域；按照做足水岛文章，填充丰富游湖玩岛、水体游乐、水陆结合、水空结合等游玩内容，努力拓展经营范围；立足景区生态与绿色优势，开发旅游产品，建立内外连锁专卖，把旅游产品打出去。

3. 突出主导，着力联动，创建国家AAAAA景区。积极牵头，联动景点，协调二县，努力形成合力，全力开展景区创建工作。一是做响庐山西海品牌。以管委会成立十周年为契机，编纂发行《西海志》，举办十周年成果展，启动西海发展论坛，强化景区宣传活动。把“游湖玩岛乐水”为核心的旅游主题，把垂钓、摄影、水上运动等赛事活动长期固态化，持续广而推之，形成景区品牌。二是打造平安文明景区。认真落实《关于进一步加强治安管理和安全生产工作实施意见》，政企联动，警民共建，强化责任，加强监督，实现景区平安有序。完善配套设施，加强环境保护，强化文化氛围，提升服务水平，争创省级文明景区。三是创建国家AAAAA景区。加快硬件建设，提升软件水平，落实创建责任清单，强化创建组织领导，力争年底AAAAA创建工作一次申报一次成功，同步创建国家级旅游休闲度假区。四是推进环湖旅游经济圈建设。在实施南北二大中心、环湖四个支点主导经营，推进湖岛结合、山湖联动发展的同时，协调二县，科学规划，启动环湖旅游公路建设和链接，为打造庐山西海旅游经济圈奠定基础。

4. 落实责任，提升能力，打造勤政廉政队伍。一是提升能力建设。以山水大讲堂为平台，加强政治教育，加强业务培训，全年至少开展全员教育培训活动12次以上，不断提升干部项目服务、旅游经营的水平，不断提升干部谋事担当、实干兴区的能力。二是持续作风建设。巩固群众路线和三严三实教育成果，继续抓好四风问题和不严不实问题整改，持续把改革创新、真抓实干的担当精神，把“从严从实”的工作作风，把“蹲区域、包项目”的务实做法落到实处。三是强化绩效管理。继续推行块线结合，以块为主的分工方式；推行年度考评、季度看进展、月度考核相结合的督查、评价办法；推行绩效挂钩奖罚制度，最大限度地调动干部干事成事积极性和主动性。四是落实主体责任。认真学习贯彻《党章》、“一准则二条例”和省委作风建设“二十条”，全面落实党风廉政建设主体责任和监督责任，加大干部作风和效能督查，严肃处理不作为、乱作为和“吃拿卡要”、违反“八项规定”的人和事，持续打造风清气正的发展氛围。

四、工作要求

在强化“四种意识”（即项目意识、主导意识、市口意识、游客意识），弘扬“五种精神”（即善思敢想、勇于谋划，真抓实干、勇于吃苦，创新求进、勇于争先，不绕不弃、勇于担当，解难重信、勇于支持）的基础上，做到三个提升。

1. 提升执行力。紧紧围绕党委、管委会全年工作部署安排，要以饱满的激情投入工作，力戒空谈，不等不靠，用心干事，雷厉风行。要强化领导带头示范，形成以上率下、人人争先的工作氛围。

2. 提升运作力。由建设西海向经营西海转变，努力克服规划审批难、征地拆迁难、旅游经营难等困难和不利因素，不断强化项目运作、经营运作、资本运作，努力开创“二次创业”、做活景区的新局面。

3. 提升担当力。尽管风景区取得了突破性发展，但仍处在爬坡过坎的关键时期，协调难度大，发展压力大。区领导和全体干部要进一步强化责任与担当意识，深入一线，排难而进，一抓到底，不达目的不罢休。

2016年1月28日

庐山西海风景区创建国家 AAAAA 级旅游景区工作意见

为实现“两年创AAAA，五年创AAAAA”奋斗目标，切实推进创建国家AAAAA级旅游景区工作取得实效。按照国家旅游局颁布的《旅游景区质量等级评定管理办法》和《旅游景区质量等级划分与评定》规定，结合我区实际，特制定本方案。

一、指导思想

以科学发展观为指导，全面贯彻落实国家、省、市关于加快旅游业发展意见和我区的旅游发展目标，按照党委管委会“两年创AAAA，五年创AAAAA”战略部署，以创建国家AAAAA级旅游景区为载体，紧紧围绕“把庐山西海打造成‘中国最美的湖光山色’和‘国内一流、世界知名’旅游度假目的地。”的发展目标，突出改革创新，整合区域资源，优化发展机制，完善功能设施，规范经营管理，提升服务质量，进一步提高庐山西海旅游的知名度和影响力，打造环庐山西海旅游经济圈。

二、实施步骤

为确保2017年国家AAAAA级旅游景区成果创建，按以五个阶段进行组织实施：

（一）筹备动员阶段（2016年2月至2016年4月）

1. **学习先进。**组织赴宜春明月山、景德镇古窑、资溪大觉山、安徽黄山等地进行学习，了解成功创建的成功经验和做法，熟悉掌握创建流程及关键环节。

2. **确定指导团队。**确定专业技术团队编制景观质量分析报告和创建AAAAA级景区提升方案，全程对景区创建工作进行技术指导。

3. **编制计划。**根据总结其他景区成功创建的经验及创评专家的指点，进一步完善创建工作方案，编制创建AAAAA级旅游景区工作实施方案。

4. **组建团队。**选调人员组建创建办，同时向市委、市政府请示，请求市委、市政府协调向省委、省政府及国家旅游局汇报事宜，组织专人负责跟国家、省旅游主管部门的协调沟通。

（二）自查整改阶段（2016年4月至2016年10月）

1. 按照创建国家AAAAA级旅游景区的工作部署，对照《旅游景区质量等级划分与评定》国家标准细则1（服务质量与环境质量评分细则）进行自查自评，提出相应的对策、措施。

2. 按照评定标准，对自查出的问题，通过现场会、协调会、汇报会等形式，研究部署并分解落实至相关责任单位。

3. 建立创AAAAA级景区工作例会制度，严格创建督查机制，倒排工期、狠抓落实，提升工作效率和进度，逐项完善建设和整改提高。

4. 对照标准，综合自查结果和建设整改情况，对所有考核项目进行自评打分，并完成景观质量评价报告提交省旅发委进行专家评审。

（三）景观质量评审阶段（2016年11月至2017年5月）

落实迎接省旅发委景观质量评价报告评审的各项准备工作，迎接省旅发委景观质量评审；按照省旅发委评审提出的意见和要求，抓紧落实整改措施，2016年12月之前向国家旅游局提交景观质量评价报告评审申请，力争2017年5月通过国家旅游局景观质量评审。

（四）验收评审阶段（2017年5月至2017年12月）

1. 召开迎接国家旅游局验收动员会，进一步完善各个环节，认真开展查漏补缺工作，巩固成果，提高质量。

2. 研究确定迎检方案，落实迎检任务，明确责任单位和责任人，统筹安排落实国家旅游局验收的各项准备工作，包括验收日程、线路、受检点的安排以及汇报材料（文字、声像）准备等。

3. 迎接国家旅游局正式验收。

（五）总结提高阶段（成功创建后）

1. 召开创建国家AAAAA级旅游景区工作总结表彰大会，对创建工作进行总结。

2. 按照国家旅游局验收提出的意见与要求，抓紧抓好整改工作。

3. 不断深化，创出特色，把创建国家AAAAA级旅游景区成果形成品牌推向市场，推进环庐山西海旅游经济圈建设。

三、工作要求

（一）提高思想认识，加强组织领导。创建国家AAAAA级旅游景区举全区之力务必抓好的一件大事，创AAAAA工作内容多，要求高、涉及面广，任务重，而且竞争激烈。各有关单位要进一步统一思想，提高认识，明确“一把手”工作责任制，切实加强创AAAAA工作的领导和协调力度，健全工作机构。分解落实创AAAAA工作任务，签订目标责任书，明确目标任务、时间进度、形象进度和工作职责，把创AAAAA工作落实到人，落实到项目。

（二）加大舆论宣传，营造良好氛围。各相关责任单位要把宣传工作贯穿于创AAAAA工作的全过程，及时宣传我区创AAAAA工作的进展与成效，进一步激发全区抓创AAAAA工作的热情，不断增强全区与时俱进、开拓创新、抢抓机遇，加快建设国内一流、国际知名旅游目的地发展目标的责任感和紧迫感，在全区形成全民参与创建国家AAAAA级旅游景区的浓厚社会氛围。

（三）加强协调配合，确保创建质量。区创AAAAA工作领导小组及各成员单位要建立职责明确的目标责任体系，区旅游局要加强督促、检查，发现问题及时督促并限期整改。各相关责任单位要紧紧结合创建工作的实际情况和发展需要，按照“统一指挥，分区作战，保质保量，限期完成”的总体要求，搞好协调配合。各单位要进一步明确职责，建立一级对一级负责的分工负责制，把创AAAAA工作作为头等大事来抓，以倒计时的工作方式逐项抓好落实。

（四）强化监督检查，促进整改提升。各工作小组和相关责任单位要对照《旅游景区质量等级划分与评定》的要求，分类把关，齐抓共创，高标准、严要求，及时整改工作中的不足，创造性解决创建中出现的困难和问题。创建工作领导小组要切实加强调度，定期督促检查，确保创建国家AAAAA级旅游景区目标的实现。

（五）主动对接联系，争取更多支持。创建国家AAAAA级旅游景区领导小组要积极主动邀请国家、省、市旅游局的领导、专家来我区具体指导创建国家AAAAA级旅游景区工作，各责任单位要多向上级部门联系汇报，取得上级部门的积极支持。

（六）加大资金投入，增强保障能力。区财政要安排创建国家AAAAA级旅游景区专项资金，各责任单位要把创建国家AAAAA级旅游景区活动纳入本部门、本单位的议事日程，结合业务工作安排资金计划，按照“缺什么、补什么”的原则，限期进行整改，确保创AAAAA工作顺利开展和目标实现。

2016年3月16日

修志机构、人员名单及审定单位

编纂委员会

（2015年11月18日）

主　任：李甫勇　市政府党组成员、风景区党委书记
副主任：于先葵　党委副书记、管委会主任
委　员：汪会友　党委副书记
　　　　江家和　党委副书记
　　　　邹秀峰　党委副书记
　　　　戴锦清　党委委员、管委会副主任
　　　　许松华　党委委员、管委会副主任
　　　　詹宏夫　党委委员、纪委书记
　　　　杨祖荣　党委委员、组宣部部长、副调研员
　　　　吴文礼　党委委员、副调研员
　　　　黄　海　管委会主任助理

第一次调整后的编纂委员会

（2016年1月15日）

主　任：李甫勇　市政府党组成员、风景区党委书记
副主任：于先葵　党委副书记、管委会主任
委　员：汪会友　党委副书记
　　　　江家和　党委副书记
　　　　邹秀峰　党委副书记
　　　　戴锦清　党委委员、管委会副主任
　　　　许松华　党委委员、管委会副主任
　　　　詹宏夫　党委委员、纪委书记
　　　　杨祖荣　党委委员、组织宣传部部长、副调研员
　　　　吴文礼　党委委员、副调研员

第二次调整后的编纂委员会

（2016年9月18日）

主　任：李甫勇　市政府党组成员、风景区党委书记
副主任：于先葵　党委副书记、管委会主任
委　员：汪会友　党委副书记
　　　　江家和　党委副书记
　　　　邹秀峰　党委副书记
　　　　戴锦清　党委委员、管委会副主任
　　　　许松华　党委委员、管委会副主任
　　　　李院清　党委委员、纪委书记
　　　　吴文礼　党委委员、副调研员
　　　　陈　立　党委委员、组织宣传部部长
　　　　刘　俊　党委委员、公安分局局长

编纂办公室

卢礼衡、刘兆安

编纂人员

刘兆安

审定单位

九江市史志办
中共庐山西海风景名胜区委员会
庐山西海风景名胜区管理委员会

编后记

《庐山西海风景名胜区志》编纂工作始于2015年11月底，经过宣传发动、单位供稿、整理汇总、专家指导、修改审定五个阶段，历时一年有余，数易其稿，现已批准出版。

2015年11月，为宣传造势、牢记历史，进一步让外界感受景区创业的艰辛，就下一步发展查找不足、总结经验，同时也是为迎接风景区成立10周年的到来，党委、管委会决定编纂《庐山西海风景名胜区志》，党政办专门下发《关于成立〈庐山西海风景名胜区志〉编纂委员会等机构及相关事宜的通知》，明确修志工作的指导思想和具体要求，成立《庐山西海风景名胜区志》编纂委员会及其办公室（以下简称编纂办），办公地点设在党政办，固定专人专职在编纂办开展工作。根据需要，适时邀请市史志办专家、学者前来授课、解惑，以指导《庐山西海风景名胜区志》编纂工作。

历史是人民写的。依据这一辩证唯物主义和历史唯物主义观点，我们自始至终致力于发挥景区各方面力量，共同编写自己的志书。2015年11月18日，在管委会四楼党政联席会议室召开《庐山西海风景名胜区志》编纂工作会议。要求各部门（单位）高度重视，做到主要领导亲自抓，安排专人负责报送编志资料。编纂办按照编志要求，参照和借鉴周边县区编志有关资料，拟定出《庐山西海风景名胜区志》所需征集资料的目录，分发给各资料征集单位。自2015年12月始，各部门、各单位开始撰写单位（部门）编志材料。2016年3月，开始进行资料征集、分类、核实。凡有疑问或资料不全的，就督促各单位进一步核实或补充，以确保资料的完整性和真实性。在此基础上三易其稿，调整目录，进入分卷编写阶段。

鉴于各种原因，从2016年2月起，编纂办专职人员变为1人，在工作量增加，人手反而减少的背景下，面对巨大的困难与压力，编纂办工作人员没有退缩，充分发扬“白加黑、五加二”的精神，加班加点、忘我工作，本着“尊重事实、还原历史”的原则，对各分卷材料进行认真梳理，调整增删部分章节，确保史志内容进一步得到充实。6月，将整理归类的电子稿发送至庐山西海QQ工作群向各有关单位（部门）征求意见，根据他们的意见再进行修改后形成第一送审稿，报送党政主要领导审稿，并征求了编委会成员及社会各界的意见。8月，根据领导的要求、编委会成员和有关方面的意见进一步加以修改完善，形成了第二送审稿，报送九江市史志办审定。11月，根据反馈的意见和建议，修改完成了第三送审稿。12月，九江市史志办复审原则通过修改后的第三送审稿。2017年2月，经风景区党委、管委会审定，《庐山西海风景名胜区志》出版发行。

编修风景名胜区志是一项浩繁的系统工程，任务光荣而艰巨。《庐山西海风景名胜区志》得以顺利编成，首先，得益于党委、管委会的正确领导和重视。李甫勇书记、于先葵主任在百忙之中经常过问修志情况，并对送审稿提出宝贵的修改意见。党委委员、组织宣传部部长杨祖荣（2016年9月之前）、陈立（2016年9月之后）更是定期或不定期认真听取有关修志工作情况汇报，针对编纂中出现的困难和障碍，及时调度、全力化解，时刻要求编纂办要以对景区、对干部、对历史负责的态度，严格考证资料，客观真实记载，高质量地完成好修志任务。与此同时，其他领导也在工作之余对编纂工作给予了一定的支持和关心。其次，得益于各单位（部门）和社会各界人士的大力支持。特别是许多部门以修志为己任，较好地解决修志中的具体问题，不少联络人员不辞辛劳，勤奋工作，为编纂工作提供了较为翔实的资料。

本志在编纂过程中，得到市史志办的精心指教，有关专家对全志提出许多指导和修改意见。趁《庐山西海风景名胜区志》出版之际，代表风景区全体工作人员和《庐山西海风景名胜区志》编委会向所有关心、支持、指导修志工作的各级领导，专家、学者、全体编纂人员，及出过力、献过策、提供资料的人员表示崇高的敬意和诚挚的感谢。

编写一部具有鲜明时代特色、景区特色的新志书，确属一项开拓性工作，学术性强、涉及面广，而我们的编纂力量和水平有限，书中错误、缺点在所难免，恳请史志界同仁、广大读者谅解和批评指正。

编者

2017年2月